# 中國各區域的技術進步速度與方向比較研究

蔡曉陳 著

財經錢線

# 目　錄

第一章　緒論 / 1
　第一節　研究背景與意義 / 1
　　一、研究背景：科技是第一生產力 / 1
　　二、研究意義：全要素生產率與高質量發展 / 4
　第二節　相關文獻概述 / 8
　　一、全要素生產率的相關文獻概述 / 8
　　二、技術進步方向的相關文獻概述 / 11
　第三節　本書研究範圍與創新之處 / 16
　　一、研究範圍 / 16
　　二、創新之處 / 16

第二章　基本概念、理論基礎與研究方法 / 17
　第一節　基本概念 / 17
　　一、技術進步、生產率與全要素生產率 / 17
　　二、技術進步方向與替代彈性 / 20
　第二節　技術進步與經濟增長 / 22
　第三節　經濟增長核算方法與技術進步方向測算方法 / 23
　　一、經濟增長核算方法 / 23
　　二、技術進步方向測算方法 / 23

## 第三章 省級地區技術進步速度與方向比較 / 25

### 第一節 數據來源與預處理 / 25
### 第二節 技術進步速度比較 / 27
一、東部地區 / 27
二、中部地區 / 40
三、西部地區 / 47
四、東北地區 / 62

### 第三節 技術進步方向比較及其結構性影響因素分析 / 66
一、替代彈性與平均技術進步偏向 / 66
二、二元經濟結構與技術進步偏向的有關理論命題 / 69
三、實證估計基本結果 / 70
四、穩健性分析 / 72
五、分時段迴歸與其他命題的檢驗 / 74

## 第四章 省會城市和副省級城市技術進步速度與方向比較 / 76

### 第一節 城市與數據處理方法 / 76
一、省會城市和副省級城市 / 76
二、數據處理方法 / 78

### 第二節 技術進步速度比較 / 79
一、東部地區 / 79
二、中部地區 / 93
三、西部地區 / 101
四、東北地區 / 114

### 第三節 技術進步方向比較及其結構性影響因素分析 / 120
一、平均技術進步偏向比較 / 120
二、二元經濟結構與技術進步偏向 / 121

## 第五章　其他地級行政區技術進步速度與方向比較 / 122

### 第一節　地區說明 / 122
### 第二節　各省會城市經濟增長核算 / 125
　　一、東部地區 / 125
　　二、中部地區 / 136
　　三、西部地區 / 147
　　四、東北地區 / 165
### 第三節　技術進步方向比較及其結構性影響因素分析 / 170
　　一、平均技術進步偏向比較 / 170
　　二、二元經濟結構與技術進步偏向 / 182

## 第六章　主要結論 / 184

## 參考文獻 / 187

# 第一章　緒論

## 第一節　研究背景與意義

技術進步是一個國家和社會經濟增長與發展的最主要的直接推動力。以當前最為活躍的信息技術革命為例，從 2G 升級到 3G、4G 後，人們的生活方式和生產方式都發生了巨大改變。在信息技術中，芯片運算速度是度量信息技術水準和進步速度的重要技術指標。然而，如果我們要度量一個國家或地區的整體技術水準或進步速度的話，就很難用可以直接度量的技術上或物理上的技術指標來衡量，而全要素生產率是這種情況下的一個替代衡量方法。雖然全要素生產率與技術進步（或者全要素生產率增長率與技術進步速度）兩者有差異[1]，但是用全要素生產率來代替技術進步仍是當前最可行的衡量方法。

### 一、研究背景：科技是第一生產力

2018 年 3 月，中美貿易戰爆發。經過一年多來雙方的十多次談判，到 2019 年 7 月，尚無完全解決的跡象。2020 年 8 月更是達到了冰點。與眾多觀察家的預計相符，從 2018 年的「中興事件」到 2019 年的「華為限購」，中美貿易戰不可避免地走向了科技戰，因為雙方都很清楚，決定一國真正實力的最終關鍵因素就在於科技力量。

縱觀全球幾次重大技術進步，尤其是工業技術革命，對各國競爭力無不產生巨大影響。以紡織業和蒸汽機動力為代表的第一次工業革命使得人類社會進入「蒸汽時代」，也使得英國從一個小漁村變成了世界霸主。以電力為代表的第二次工業革命使得人類社會進入「電氣時代」，也極大地提高了美、德、日等國的相對競爭力。以計算機、空間技術、原子能等為代表的第三次工業技術

---

[1] 概念差異參見第二章第一節。

革命使得人類社會進入「自動化時代」，歐、美、日等大大地發展了，也極大地提高了蘇聯的實力。當前正在發生的以互聯網應用為代表的第四次工業技術革命，使得人類社會進入「信息化時代」，也必將大大地改變各國相對實力。從目前趨勢來看，「信息化時代」技術革命必將推動中華民族實現偉大復興。

技術進步也給普通民眾的生活帶來了巨大的變化。例如，第一次工業技術革命使得英國紡織業獲得了長足進展，把每磅（1磅＝0.453,6千克）棉花紡織成線所用時間由此前的手工作坊的500小時降低到近代工廠的3小時。這帶來了紡織品價格的大幅下跌，紡織品乃至棉花的生產數量激增，內衣開始在普通民眾中逐步普及。

技術進步之所以有如此巨大的作用，乃是因為它能極大地提高生產力，提供新的產品和服務。技術進步之所以能成為各國政府重要的政策考量變量，乃是因為技術是眾多經濟社會變量中變化較快且能推動實現「彎道超車」「蛙跳式」發展的重要手段。雖然總體來看，技術具有累積性、繼承性，但是不可否認的是，有一定基礎但是技術較為落後的國家能通過佈局新一代技術，從而實現技術上的反超。誠如馬歇爾所說，「自然沒有飛躍」，但是技術是更為容易變動的變量，技術的飛躍與跨越在理論上有可能性，實踐上也不乏成功先例。

改革開放之初，中國決策者就充分認識到了科技進步對經濟社會發展的巨大促進作用，做出了「科學技術是第一生產力」的科學論斷。1975年，鄧小平指導起草《中國科學院工作匯報提綱》，就以馬克思「生產力中包括科學」的論述為依據，指出科學技術是生產力。1978年3月18日，全國科學大會在北京召開，鄧小平在講話中指出，腦力勞動者的絕大多數已經是無產階級自己的一部分，四個現代化的關鍵是科學技術的現代化，並提出「科學技術是生產力」的科學論斷。1988年，鄧小平在同捷克斯洛伐克總統胡薩克談話時進一步指出：「馬克思說過，科學技術是生產力，事實證明這話講得很對。依我看，科學技術是第一生產力。」

「科學技術是第一生產力」這一科學的、有力的論斷，深刻揭示了科學技術在社會經濟發展中的地位和作用，豐富和發展了馬克思主義的生產力學說，給中國的科技體制的改革與發展提供了強大的理論動力，點燃了中國科技創新的聖火，也給中國的社會主義現代化建設指明了方向。1985年，全國科技工作會議提出改革科技體制；1985年，中國科技體制改革的第一計劃——「星火計劃」誕生；1995年，全國科技大會提出「科教興國」戰略；1999年，全國技術創新大會提出進一步實施「科教興國」戰略，建設國家知識創新體系，

加速科技成果向現實生產力轉化；2006 年，全國科技大會提出要建設創新型國家，發布《國家中長期科學和技術發展規劃綱要（2006—2020 年）》；2012 年 7 月，中共中央、國務院在北京召開全國科技創新大會，大會提出了《關於深化科技體制改革 加快國家創新體系建設的意見》。2016 年 5 月 30 日召開的全國科技創新大會提出：大力實施科教興國戰略和人才強國戰略，堅持自主創新、重點跨越、支撐發展、引領未來的指導方針，全面落實國家中長期科學和技術發展規劃綱要，以提高自主創新能力為核心，以促進科技與經濟社會發展緊密結合為重點，進一步深化科技體制改革，著力解決制約科技創新的突出問題，充分發揮科技在轉變經濟發展方式和調整經濟結構中的支撐引領作用，加快建設國家創新體系，為全面建成小康社會進而建設世界科技強國奠定堅實基礎。正是由於極為重視科學技術創新，中國的科技研發投入突飛猛進，研發投入強度[①]已於 2013 年達到了以 OECD 即經濟合作與發展組織國家為代表的發達國家 2% 的平均水準，如圖 1-1 和表 1-1 所示。

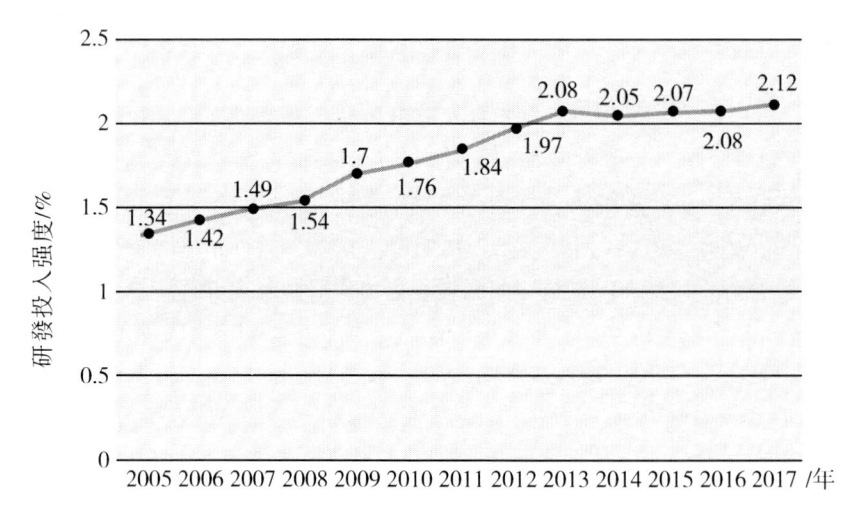

圖 1-1　中國研發投入強度變化

---

[①] 研發投入強度是指國家或地區研發投入總量與國內或地區生產總值之比。它是國際上通用的反應一個國家或地區科技投入水準的重要指標。

表 1-1　部分發達國家以及 OECD 成員研發投入強度

| 國家 | 研發人員數量/人 | 研發人員占勞動力比重/% | 研發支出/10億美元 | 研發強度/% |
| --- | --- | --- | --- | --- |
| 美國 | 1,412,639 | 0.89 | 398.2 | 2.8 |
| 日本 | 655,530 | 1.00 | 137.9 | 3.4 |
| 德國 | 311,519 | 0.74 | 82.7 | 2.8 |
| 法國 | 229,130 | 0.80 | 48 | 2.2 |
| 韓國 | 236,137 | 0.96 | 43.9 | 3.3 |
| OECD | 4,199,512 | 0.70 | 965.6 | 2.4 |

## 二、研究意義：全要素生產率與高質量發展

黨的十九大的召開在我黨歷史上留下了濃墨重彩的一筆。

對中國社會主要矛盾的科學判斷，並據此確定黨和國家的工作重點任務和奮鬥目標，歷來都是我黨推進中國特色社會主義事業不斷前進的基礎和前提，體現了我黨實事求是的哲學基礎與重要思想方法。1981年，《關於建國以來黨的若干歷史問題的決議》中寫道：「在社會主義改造基本完成以後，中國所要解決的主要矛盾，是人民日益增長的物質文化需要同落後的社會生產之間的矛盾。」這一表述正確認識和把握了改革開放新時期中國社會的主要矛盾，成為此後36年我們一貫的表述，從黨的十三大報告到黨的十八大報告都是如此表述的。2017年10月18日，黨的十九大報告指出，中國特色社會主義進入新時代，中國社會主要矛盾已經轉化為人民日益增長的美好生活需要和不平衡不充分的發展之間的矛盾。社會主要矛盾的變化標誌著中國特色社會主義取得重大歷史性成就，解決了十四億人口的溫飽問題，總體上實現小康，標誌著人民需要的拓展提升、經濟社會發展的前進上升，也反應了人民美好生活需要日益廣泛，不僅對物質文化生活提出了更高要求，而且在民主、法治、公平、正義、安全、環境等方面的要求日益增長。

黨的十九大報告還指出，中國經濟由高速增長階段轉向高質量發展階段。「高質量發展階段」這一表述是繼2014年11月「新常態」這個發展階段表述後的又一新表述。高質量發展階段是對新常態的繼承與具體化。「高質量發展」這一新概念被提出後，眾多學者對它的內涵、特徵尤其是實現路徑做了

眾多研究，目前的一個基本共識是：要以提高全要素生產率推動高質量發展（蔡昉，2018，《人民日報》海外版）。

蔡昉指出：經濟史表明，全要素生產率的高低可以在很大程度上解釋一國經濟發展成敗的原因。中國改革開放前後發展績效的對比，也顯示了提高全要素生產率的關鍵作用。長期以來，我們一直把提高勞動生產率即單位勞動投入創造的產值作為衡量經濟發展水準、質量及可持續性的重要指標。這個指標具有高度綜合性，可以作為衡量經濟發展質量的重要標準。同時還應看到，全要素生產率能夠更好地兼顧高質量發展的目的與手段，提供了可持續提高勞動生產率的途徑。我們可以從提高勞動生產率的三種途徑來認識二者之間的關係。

實際上，「全要素生產率」這一不為普通公眾所熟悉的經濟學專業詞彙早在2015年3月李克強所做的政府工作報告中就已被首次提出。下面我們來看看「全要素生產率」這一詞彙出現在國家領導人和政府文件中的時間點：

（1）2015年3月5日，國務院政府工作報告。國務院總理李克強在政府工作報告中指出，要增加研發投入，提高全要素生產率，加強質量、標準和品牌建設，促進服務業和戰略性新興產業比重提高、水準提升，優化經濟發展空間格局，加快培育新的增長點和增長極，實現在發展中升級、在升級中發展。

（2）2015年12月7日，「十三五」規劃編製工作國內外專家座談會。李克強總理在會上指出，規劃要突出提高發展的質量和效益。把體制創新和科技創新有機結合起來，提升全要素生產率，推動經濟增長從主要依賴自然資源向更多依靠人力資源轉變。通過細化目標和硬化舉措，引導地方、行業、部門把這方面要求變成自身追求。進一步加大研發投入，進一步加大人力資源投入，保護知識產權，提升國民素質，改善生態環境，提高創新對經濟增長的貢獻率。

（3）2015年12月18日，中央召開經濟工作會議。會議認為，必須銳意改革、大膽創新，必須解放思想、實事求是、與時俱進，按照創新、協調、綠色、開放、共享的發展理念，在理論上做出創新性概括，在政策上做出前瞻性安排，加大結構性改革力度，矯正要素配置扭曲，擴大有效供給，提高供給結構適應性和靈活性，提高全要素生產率。

（4）2016年1月18日，習近平在學習貫徹黨的十八屆五中全會精神專題研討班上發表講話，指出，供給側結構性改革，重點是解放和發展社會生產力，用改革的辦法推進結構調整，減少無效和低端供給，擴大有效和中高端供給，增強供給結構對需求變化的適應性和靈活性，提高全要素生產率。

（5）2016年1月26日，習近平在中央財經領導小組第十二次會議上發表

講話，指出，供給側結構性改革的根本目的是提高社會生產力水準，落實好以人民為中心的發展思想。要在適度擴大總需求的同時，去產能、去庫存、去槓桿、降成本、補短板，從生產領域加強優質供給，減少無效供給，擴大有效供給，提高供給結構適應性和靈活性，提高全要素生產率，使供給體系更好地適應需求結構變化。

（6）2016年3月5日，國務院政府工作報告。國務院總理李克強在政府工作報告中指出，當前發展中總量問題與結構性問題並存，結構性問題更加突出，要用改革的辦法推進結構調整。在適度擴大總需求的同時，突出抓好供給側結構性改革，既做減法，又做加法，減少無效和低端供給，擴大有效和中高端供給，增加公共產品和公共服務供給，使供給和需求協同促進經濟發展，提高全要素生產率，不斷解放和發展社會生產力。

（7）2016年4月19日，網絡安全和信息化工作座談會。習近平在會上發表講話，指出，黨的十八屆五中全會、「十三五」規劃綱要都對實施網絡強國戰略、「互聯網+」行動計劃、大數據戰略等做了部署，要切實貫徹落實好，著力推動互聯網和實體經濟深度融合發展，以信息流帶動技術流、資金流、人才流、物資流，促進資源配置優化，促進全要素生產率提升，為推動創新發展、轉變經濟發展方式、調整經濟結構發揮積極作用。

（8）2016年8月24日，習近平在青海省考察工作結束時發表講話，指出，推進供給側結構性改革，首先要解決好思路和方向問題，著力在三個層面上下功夫。一是優化現有生產要素配置和組合，提高生產要素利用水準，促進全要素生產率提高，不斷增強經濟內生增長動力。二是優化現有供給結構。三是優化現有產品和服務功能，大力培育發展新產業和新業態。

（9）2016年11月19日，亞太經合組織（APEC）工商領導人峰會。習近平在會上發表主旨演講，指出，亞太經合組織各成員要落實好這些共識和原則，推進發展方式轉變，下決心用改革推進經濟結構調整，提高全要素生產率。要加強宏觀政策協調，堅定推進結構性改革，強化正面溢出效應。要加快發展理念、模式、路徑創新，激發社會創造力和市場活力，推動產業和產品向全球價值鏈中高端躍升，拓展發展新空間。

（10）2017年1月15日，中共中央辦公廳、國務院辦公廳聯合印發的《關於促進移動互聯網健康有序發展的意見》指出，加快實施「互聯網+」行動計劃、國家大數據戰略，大力推動移動互聯網和農業、工業、服務業深度融合發展，以信息流帶動技術流、資金流、人才流、物資流，促進資源優化配置，促進全要素生產率提升。創新信息經濟發展模式，增強安全優質移動互聯

網產品、服務、內容有效供給能力，積極培育和規範引導基於移動互聯網的約車、租房、支付等分享經濟新業態，促進信息消費規模快速增長、信息消費市場健康活躍發展。

（11）2017年10月18日，習近平在中國共產黨第十九次全國代表大會上的報告中指出，中國經濟已由高速增長階段轉向高質量發展階段，正處在轉變發展方式、優化經濟結構、轉換增長動力的攻關期，建設現代化經濟體系是跨越關口的迫切要求和中國發展的戰略目標。必須堅持質量第一、效益優先，以供給側結構性改革為主線，推動經濟發展質量變革、效率變革、動力變革，提高全要素生產率，著力加快建設實體經濟、科技創新、現代金融、人力資源協同發展的產業體系，著力構建市場機制有效、微觀主體有活力、宏觀調控有度的經濟體制，不斷增強中國經濟創新力和競爭力。

（12）2017年11月11日，習近平在亞太經合組織工商領導人峰會上的主旨演講中指出，這是與時俱進、創新發展方式的新徵程。中國經濟已經由高速增長階段轉向高質量發展階段。我們將貫徹新發展理念，堅持質量第一、效益優先，建設現代化經濟體系。我們將以供給側結構性改革為主線，推動經濟發展質量變革、效率變革、動力變革，提高全要素生產率，著力加快建設實體經濟、科技創新、現代金融、人力資源協同發展的產業體系，著力構建市場機制有效、微觀主體有活力、宏觀調控有度的經濟體制，不斷增強經濟創新力和競爭力。我們將推動互聯網、大數據、人工智能和實體經濟深入融合，在數字經濟、共享經濟、清潔能源等領域培育新的增長動能。我們將不斷探索區域協調發展新機制新路徑，大力推動京津冀協同發展、長江經濟帶發展，建設雄安新區、粵港澳大灣區，建設世界級城市群，打造新的經濟增長極。

（13）2018年4月20日，習近平在全國網絡安全和信息化工作會議上強調：網（絡）（和）信（息化）事業代表著新的生產力和新的發展方向，應該在踐行新發展理念上先行一步，圍繞建設現代化經濟體系、實現高質量發展，加快信息化發展，整體帶動和提升新型工業化、城鎮化、農業現代化發展。要發展數字經濟，加快推動數字產業化，依靠信息技術創新驅動，不斷催生新產業新業態新模式，用新動能推動新發展。要推動產業數字化，利用互聯網新技術新應用對傳統產業進行全方位、全角度、全鏈條的改造，提高全要素生產率，釋放數字對經濟發展的放大、疊加、倍增作用。

（14）2018年5月8日，國務院印發的《關於推行終身職業技能培訓制度的意見》指出，職業技能培訓是全面提升勞動者就業創業能力、解決結構性就業矛盾、提高就業質量的根本舉措，是適應經濟高質量發展、培育經濟發展

新動能、推進供給側結構性改革的內在要求，對推動大眾創業萬眾創新、推進製造強國建設、提高全要素生產率、推動經濟邁上中高端具有重要意義。

（15）2018 年 9 月 25 日，中共中央、國務院印發的《鄉村振興戰略規劃（2018—2022 年）》指出，堅持質量興農、品牌強農，深化農業供給側結構性改革，構建現代農業產業體系、生產體系、經營體系，推動農業發展質量變革、效率變革、動力變革，持續提高農業創新力、競爭力和全要素生產率。

從以上相關國家領導人和政府文件中提及的全要素生產率概念時間點可以看出，提升全要素生產率的理念貫穿於中國整體經濟、信息、網絡、農業乃至人才培養等不同的方面，將在中國經濟生活中起到重要的指揮棒作用。

## 第二節　相關文獻概述

### 一、全要素生產率的相關文獻概述

（一）國外全要素生產率的思想與經典方法

全要素生產率的概念實際上是生產率概念的推廣。在經濟增長語境下，生產率的量化研究始於 20 世紀 20 年代美國數學家柯布（C. W. Cobb）和經濟學家保羅·道格拉斯（Paul H. Douglas）在探討投入和產出的關係時建立的柯布-道格拉斯生產函數。柯布-道格拉斯生產函數這個現在看來略顯簡單但仍被廣泛使用的生產函數，開創了生產率與經濟增長關係的量化和系統化研究的道路。關於生產率增長估算的研究最早可以追溯到第一屆諾貝爾經濟學獎得主丁伯根（1942）所做的研究。丁伯根通過在生產函數中添加時間趨勢的方法表示「效率」的變動水準，即生產率的變化。可惜的是，丁伯根的這篇文章是用德文寫成的，在英文文獻中傳播不廣。

在英文文獻中，美國經濟學家斯蒂格勒（G. J. Stigler, 1947）首次提出了全要素生產率的概念，他用邊際產品加權實際資本投入和勞動投入測度實際綜合要素投入，在此基礎上估算了全要素生產率的變動。海勒姆·戴維斯（Hiram Davis, 1954）首次從概念上明確了全要素生產率的內涵，指出估算全要素生產率時要考慮全部要素如資本投入、勞動投入、原材料和能源等，而不應只涉及部分要素。1956 年，艾布拉姆威茲（Abramowitz, 1956）提出了代數指數法，其基本思想是把全要素生產率表示為產出數量指數與所有投入要素加權指數的比率。代數指數法非常直觀地體現了全要素生產率的內涵，而且不依賴於具體生產函數形式。

在總量經濟層面，全要素生產率最為經典的實證研究無疑當屬「索洛餘值」。1957 年，羅伯特·索洛（R. Solow）提出增長核算法或「索洛餘值法」，將人均產出增長減去資本集約程度增長率即資本增長率與勞動投入增長率的加權和，所得差額即未被解釋部分歸為技術進步的結果，並稱之為技術進步率。這些未被解釋的部分後來被稱為「增長餘值」或「索洛餘值」，也即全要素生產率的增長率。「索洛餘值法」開創了經濟增長源泉分析的先河，是對新古典增長理論的一個重要貢獻（Lucas，1988）。但不幸的是，索洛估計出來的結果中，技術進步因素解釋了美國經濟增長的 87.5% 以上，與大多數經濟學家的直覺並不吻合。

增長核算方法後來經過丹尼森（E. Denison，1962）和喬根森（Jorgenson，1987）發展，成了經濟增長理論中全要素生產率研究的標準方法。丹尼森和喬根森對增長核算方法的發展主要體現在深化了對全要素生產率的理論認識，細化了核算數據。

丹尼森把經濟增長因素歸為生產要素投入量和生產要素生產率兩大類。生產要素投入量包括勞動和資本，其中勞動又可分為數量上的增長和質量上的提高，資本表現為物質資本存量數量上的增加。屬於生產要素生產率的指標有三項，即資源配置的改善、節約的規模、知識的進展及其在生產上的應用。知識的進展能使生產同樣的產品所需的投入量減少。在丹尼森的分析中，教育具有特別重大的意義，由增加教育量而引起的勞動者的受教育程度的提高，不但促進了過去的經濟增長，而且能改變未來的經濟增長方式。丹尼森認為，將來生產率的提高將主要是由知識的進展提供的，知識的進展對於經濟增長的重要性將日益顯著。

丹尼森利用美國 1905—1957 年的歷史數據，根據增長核算的公式計算後，得到如下結論：在美國年均 2.9% 的經濟增長率中，有 1.575% 來自資本和勞動力數量的增加，剩下的 1.325% 是生產函數中要素投入的增長所不能解釋的，也就是不能由勞動和資本的投入來解釋的「殘差」，即來源於全要素生產率的變化。丹尼森對投入要素進行了更為細緻的劃分，如將勞動投入分級為勞動時間、就業狀況等因素，從而最終估算出美國 1929—1948 年全要素生產率的國民收入增長的貢獻為 54.9%，顯著低於索洛的估算。丹尼森還提出了一套分解「索洛餘值」的方法。他將「索洛餘值」中包含的因素分為規模經濟效用、資源配置的改進和組織管理改善、知識上的延時效應以及資本和勞動力質量本身的提高等，這無論在理論上還是在現實上，都有著重要意義。

喬根森比丹尼森更為「數據控」，對產出與投入要素的組成進行了更為細

緻的分解，以保證數據的精確性。如勞動力是按行業、性別、年齡、教育、就業類別和職業六個特徵進行交叉分類，勞動投入的增長是工作小時數和勞動質量這兩者變動的總和。喬根森在1967年發表的論文《生產率變化的解釋》中，根據自己的研究方法和產出投入數據對戰後美國經濟增長進行了研究，得出了與前人不一樣的結論：人力資本和物質資本投入是經濟增長的主要根源，而生產率的作用卻明顯是次要的。1948—1979年，美國每年產出增長了3.4%，而與此同時，資本投入和勞動投入每年增長了2.6%，這兩項投入解釋了產出增長的3/4還多（76.47%），而全要素生產率提高的貢獻率平均每年僅為0.8%，占產出增長率的23.53%。

全要素生產率估算的另一個方法是估計生產前沿面。傳統的生產函數法假定生產在技術上是充分有效的，忽略了全要素生產率增長的另一個重要組成部分——技術效率提升的影響。而法雷爾（Farrell，1957）提出的前沿生產函數法（Frontier Production Function）則允許存在技術無效的可能，將TFP（全要素生產率）的變化分解為生產可能性邊界的移動和技術效率的變化。這種方法比傳統的生產函數法更接近於生產和經濟增長的實際情況，能夠將影響TFP的因素從TFP的變化率中分離出來，從而更全面地研究經濟增長的源泉。增長核算方法適用於對單個區域的時間序列分析，而前沿面的估計方法則需用到面板數據。

前沿生產函數法可分為兩種：一種是隨機前沿分析法（SFA）。這種方法屬於計量方法，可以很好地處理度量誤差，但需要給出生產函數形式和分佈的明確假設，對於樣本量較少的實證研究而言，存在著較大問題（Gong、Sickles，1992）。另一種是數據包絡分析法（DEA）。DEA直接利用線性優化給出邊界生產函數與距離函數的估算，不需要對生產函數結構做先驗假定和對參數進行估計，允許存在無效率行為，能對TFP變動進行分解，在近年來的研究中受到了越來越多學者的關注（Fare等，1998）。目前Malmquist指數通常與DEA結合在一起使用，它有效彌補了DEA研究方法的不足（Fare等，1992），使得該方法成了生產率分析中的一種重要方法。Malmquist生產率指數是一種利用距離函數的比率來測度生產率的非參數指數，可以將引起生產率變動的原因分解為技術變化、效率變化以及其他類型的變化（如偏向），並將技術變化進一步分解為純效率變化和規模效率變化，從而使得估計結果更具有政策含義。

（二）中國全要素生產率研究概述

進入20世紀90年代以後，隨著西方經濟學理論與方法在中國的傳播，同時也由於中國經濟經過十多年的增長，取得了明顯的成效，對中國經濟增長過

程中全要素生產率及其與經濟增長的關係的研究逐漸流行起來。

在全要素生產率分時段特徵方面，早期的眾多研究主要基於增長核算方法，大多認為改革開放前後中國的全要素生產率區別較明顯，改革開放之後中國的工業生產率大幅度上升，對經濟增長發揮了重大作用，其貢獻率比改革開放之前大大提高（謝千里 等，1992、1995；王小魯，2000；Chow，1993）。甚至有的研究認為改革開放前中國全要素生產率為負值，如李京文等（1991、1998年）。也有研究指出，進入20世紀90年代中期以後，中國全要素生產率增長呈現下滑趨勢。

在2005年前後，應用前沿生產函數方法對中國全要素生產率進行研究的做法開始流行起來，乃至有學者認為隨機前沿分析對於中國來說，可能是更為適用的生產率分析工具，其結論也更為可靠（傅曉霞、吳利學，2007）。鄭京海、胡鞍鋼（2005）、顏鵬飛、王兵（2004）運用非參數的 Malmquist 生產率指數測算中國省際生產率也發現，1995—2001年，中國的生產率呈現下降態勢。他們認為，產能過剩、體制轉型遇到了制度瓶頸，人力資本和制度因素影響了技術效率、技術進步和生產率增長，並且1992年以前中國經濟出現了效率的趨同，1992年以後技術進步成為各個地區生產率差異的主要原因。類似的較為早期的研究還有章祥蓀、貴斌威（2008）、郭慶旺等（2005）、李培（2007）等，其中李培（2007）研究的是中國城市全要素生產率。

在行業分析方面，劉學成、陳成林（2007）研究了林業，戎剛、聶惠（2005）研究了第二產業，王永保（2007）分析了中國裝備製造業，張莉、劉榮茂、孟令杰（2006）研究了乳製品行業，陳潔、呂延杰（2006）分析了電信業，於忠軍、盛力（1999）首次分析了煤炭行業，閆彥（2003）研究了電力行業，餘思勤、蔣迪娜、盧劍超（2004）探討了運輸行業，曹乾（2006）研究了保險業，等等。

## 二、技術進步方向的相關文獻概述

### （一）國外技術進步方向思想發展脈絡

技術進步方向，又稱技術進步偏向、誘導性技術變化、導向型技術進步、有偏技術進步等。技術進步方向的提出最早可以追溯到希克斯（Hicks，1932），其後，索羅和哈羅德也根據自己研究問題的需要對技術方向下過定義（陸雪琴、章上峰，2013）。希克斯認為技術進步受到相對價格變化的誘導，技術發明偏向於節約使用已經變得相對昂貴的生產要素。技術進步誘導型研究傳統在後來的發展經濟學和制度經濟學中得到了繼承。20世紀60年代，

Fellner（1961）、Kennedy（1964）在引入創新可能性邊界概念的基礎上擴展希克斯的論述並試圖解釋偏向性的起因。然而，這些論述缺乏微觀基礎，只有當技術進步符合哈羅德中性時才會有穩態增長，因此有關技術進步偏向性的論述長期以來都沒有引起更多的關注（Nordhaus，1973）。

最近10多年來，由於Acemoglu（2002、2007、2009）將技術偏向引入了內生經濟增長模型框架，有關技術與技能偏向的問題再次引起了研究者的關注。Acemoglu等一批學者分析了價格變化、市場規模對技術進步的偏向作用，認為價格效應和市場規模效應是影響有偏技術進步的微觀機制。

實證研究方面，技術進步方向性的度量涉及資本與勞動效率，即資本增進型技術進步、勞動增進型技術進步和替代彈性兩個方面（David、Klundert，1965）。目前國外文獻中已有相對成熟的測度方法，其中應用較多的是Klump（2007）提出的供給面標準化系統估計方法。大部分實證研究結論表明，技術進步是偏向資本的。

（二）國內技術進步方向相關研究概述

最近幾年來，有較多國內文獻應用Klump的標準化三方程供給面系統估計中國總體經濟、農業、工業的技術進步方向（戴天仕，2010；陳曉玲、連玉君，2012；雷欽禮，2013），其基本結論表明中國技術進步總體上是偏向資本的。文獻主要分為三大類，首先是對有偏技術進步的存在性問題的討論以及測算，其次是對技術進步技能偏向性的研究，最後是技術進步有偏帶來的效應問題研究。

1. 有偏技術進步的存在性問題及測算

在討論是否存在技術進步偏向性問題時，許多學者通過不同的方法進行測算，普遍認為目前中國存在有偏技術進步，並且是資本偏向型技術進步。

在中國技術進步偏向測算方面，戴天仕、徐現祥（2010）從Acemoglu（2002）的定義出發，推導出度量技術進步方向的方法，採用CES生產函數即替代彈性為常數的生產函數，度量了1978—2005年的技術進步方向，發現中國的技術進步大體是偏向資本的，並且偏向的速度越來越快。陸雪琴和章上峰（2013）梳理了技術進步偏向的定義，考察了希克斯偏向型技術進步和哈羅德偏向型技術進步，基於年時間序列數據估算了要素替代彈性、要素增強型技術進步和偏向型技術進步，發現兩種偏向型技術進步大體上都是偏向資本的。雷欽禮（2013）對1991—2011年的技術進步偏向性進行了測算，結果同樣表明技術進步為資本偏向型。但孫焱林和溫湖煒（2014）對中國各省份在1978—2012年期間的資本-勞動替代彈性、要素效率增長率以及希克斯技術進步偏向

指數和哈羅德技術進步偏向指數，平均而言，各省區技術進步偏向資本使用，但從趨勢看，技術進步的資本使用偏向並不明顯，其用於解釋中國勞動收入份額持續下降的能力有限。

而對於技術進步在細分產業中是否仍有偏，鐘世川和劉岳平（2014）利用 CES 生產函數構建了技術進步偏向理論模型，運用 1978—2011 年中國工業數據進行了實證分析，表明資本技術進步增長率小於勞動技術進步增長率，工業行業的技術進步具有明顯的資本偏向性。鐘世川（2014）也得出了相似結論，並且證明了 1987—2011 年要素替代彈性變大，資本偏向型技術進步促進了行業經濟增長。同樣的，在製造業部門，技術進步總體偏向使用資本和節約勞動，並且中西部地區資本偏向水準是最高的，東北地區的偏向水準最低（段國蕊，2014）。鐘世川（2015）基於要素增強型生產函數構建了技術進步偏向對就業增長發生影響的理論模型，利用 1987—2013 年中國製造業數據進行實證分析，得出樣本期間製造業各行業均為資本偏向型技術進步，這對於製造業就業增長具有抑製作用。陳曉玲、徐舒、連玉君（2015）提出多數行業的技術進步是資本、能源偏向型技術進步，因為多數行業中資本與能源為互補關係。文章採用了標準化供給面系統方法，確定了不同類型行業資本、能源與勞動的嵌套 CES 生產函數。

2. 技能偏向型技術進步對於技能溢價現象的解釋力

隨著生產技術和教育的進步，擁有較高技能水準和勞動生產率的技能型勞動逐漸從普通勞動中分離出來，勞動力市場也出現了不同類型勞動報酬分化現象，其主要表現為同質性勞動者內部同工不同酬現象、同類勞動者由於工齡和行業差異，其勞動報酬出現不平等、異質性勞動者工資不平等即技能溢價的現象（董直慶、王林輝，2014）。

王林輝、蔡嘯、高慶昆（2014）運用雙側嵌套型 CES 生產函數，採用標準化系統的貝葉斯方法和 FGNLS 方法，測算了中國 1979—2010 年技術進步技能偏向水準，發現樣本期間技術進步明顯偏向技能勞動，但其偏向性逐年減弱，同時，結果表明中性技術進步和資本性技術進步均引致技術進步偏向於技能勞動，人力資本投資對技術進步技能偏向起促進作用。宋東林等（2010）構建了新古典經濟增長模型，利用 1978—2007 年時間序列數據考察了中國技能偏向型技術進步的存在性，發現不同類型技術進步均呈現技能偏向特徵。董直慶等（2013、2014）也探究了技術進步的技能偏向問題，利用雙層嵌套 CES 生產函數和非線性不相關方法估計中國技能溢價水準，得出中國技能溢價現象主要源於技術進步偏向的結論，並且引入個體的教育選擇，發現中國的技術進

步朝著偏向技能勞動方向日益迅猛地發展，誘發工資溢價，而中性技術進步能夠增加技能勞動的供給，並縮小二者的工資差距。李群峰等（2015）採用 CES 生產函數，通過 Firpo 提出的 RIF 迴歸分解對教育投入對勞動者收入分配不平等的影響進行實證分析。結果表明，教育的要素結構效應降低了收入不平等程度，但教育的要素回報效應卻在更大程度上擴大了收入不平等，其總效果最終仍然為收入不平等程度上升。這種上升應該歸因於技能偏向型技術進步導致的高低技能勞動者之間收入差距的擴大。

3. 技術進步有偏的效應問題

對於技術進步偏向性及其帶來的後果，學者們在要素結構和要素配置效率以及收入分配效應方面做出了闡述。

首先，在要素結構和要素配置效率方面，王光棟等（2015）以要素偏向性為視角分析說明了不同的技術進步來源對就業增長的影響。作者對省際技術進步的不同來源（自主創新和技術引進）的要素偏向性進行了測度，發現自主創新更多的省份偏向於勞動而技術引進則更多地表現為資本偏向型，並且發現自主創新可以顯著地促進中國就業增長而技術引進促進就業增長的效果則不確定。雷欽禮等（2015）在要素增強型 CES 生產函數假定下，採用標準化供給面系統，利用 1978—2012 年數據對各參數進行了估計，探究了技術進步偏向、要素投入偏向與中國 TFP 增長之間的關係，認為中國技術進步和要素的配置均呈現為資本偏向型，並促進了生產率的提高。張莉等（2012）構建了要素收入份額的決定方程，證實了偏向型技術進步的重要性，並從貿易角度進行瞭解釋。

其次，許多學者還探究了有偏技術進步背景下，全要素生產率增長同要素結構變動的關係。董直慶和陳銳（2014）基於 CES 生產函數分解全要素生產率增長率，結合中國東、中、西部地區面板數據，考察技術進步偏向性對要素結構和全要素生產率的作用效應，指出技術進步偏向性變動會通過改變要素結構影響全要素生產率增長，技術進步偏向性與要素結構適配性逐漸增強，有利於全要素生產率增長。王林輝、董直慶（2012）基於動態前沿生產面的非參數方法分工業行業研究全要素生產率並考察是否存在技術進步合意結構，結果表明，在中國製造業中，資本體現式技術進步對生產率增長有著重要的影響，但技術進步合意結構受國有化程度和利潤率影響，高度國有化行業和高利潤行業存在合意的技術結構。要素配置效率對全要素生產率也有著重要的影響，要素結構與技術結構不適宜或要素錯配都會導致全要素生產率的損失。袁志剛、解棟棟（2011）發現勞動力錯配對中國農業部門的全要素生產率有著明顯的

負效應，並呈逐漸擴大趨勢；當把總效應進一步分解為工資差異效應和部門份額效應以後，他們發現部門間的工資差異是導致勞動力錯配的主要原因。董直慶和徐曉莉（2016）立足於中等收入背景，提出在工業行業中，資本和勞動的要素替代彈性小於1，資本和勞動互補，在中等收入階段初期，三大工業行業的勞動生產率增長接近，後期逐漸拉開距離。在中等收入階段之前，資本偏向型技術進步水準較低且增勢緩慢，進入中等收入階段之後，資本偏向型技術進步呈現明顯的上升趨勢，表明在中等收入階段，技術進步對於資本邊際產出的提升作用越來越明顯。偏向型技術進步通過兩種效應影響全要素生產率增長，一種為直接作用於影響全要素生產率增長的偏向型技術進步效應，另一種為間接通過與要素配置結構相結合的綜合效應。偏向型技術進步效應整體上對全要素生產率增長率的提高具有抑製作用。

　　李博文（2015）運用技術進步具有部門偏向性理論解釋了工業與農業勞動生產率產生差異的原因及其變動軌跡。隨著工業部門勞動者逐漸增多，工業部門的技術水準逐漸提高並提高了農產品的相對價格水準；隨著農產品相對價格水準的提高，農業部門的勞動者會逐漸增加勞動力供給、縮短家庭生產的時間；隨著農業部門勞動者用於家庭生產時間的減少，工業與農業之間的勞動生產率差異會逐漸縮小。

　　最後，有的學者還研究了偏向型技術進步對於收入分配效應的影響。董直慶（2013）提出，目前的研究局限於CES函數和替代彈性不變假設，並對中國適宜性生產函數形態進行了探究。結果發現，描述中國1978—2010年經濟產出時用有偏性生產函數比較好，技術進步正朝著有利於資本的方向發展，其偏向水準不斷強化並同時降低了勞動收入占比，表明解決勞動收入占比問題應關注技術進步方向問題。王林輝、董直慶、劉宇清（2013）構建了基於異質性企業和消費者假定的勞動收入份額與技術進步的作用關係模型，指出只有通過提升生產技術和人力資本，特別是通過人力資本投資方式增加其對產出的貢獻，打破原有的生產要素組合模式，才能從根本上抑制勞動收入占比下降趨勢。董直慶、安佰珊、張朝輝（2013）基於省際和行業數據考察技術進步偏向性及其收入分配效應，發現技術進步偏向性對勞動收入占比的下降產生了巨大影響。王林輝和趙景（2015）利用地區面板數據的分位數迴歸，得出了相似的結論：資本偏向型技術進步抑制了勞動收入的份額，其抑製作用在到達50%分位點之後逐漸減弱。

　　總之，現有文獻表明，學者們在研究技術進步資本偏向性問題時最常採用的是CES生產函數，對全國和各省以及工業部門和製造業的技術進步偏向性都有

所測算。同時，技術進步的技能偏向性可用於解釋技能溢價的問題。學者們最主要的研究方向還是技術進步資本偏向性所帶來的效應問題，因為它不僅影響要素結構的變遷從而影響全要素生產率增長率，還會影響勞動的收入分配。

## 第三節　本書研究範圍與創新之處

### 一、研究範圍

本書核心研究課題是中國大陸地區技術進步速度（全要素生產率增長率）與技術進步方向（技術進步偏向性）比較，其中涵蓋省級（一級行政區，包括22個省、4個直轄市和5個自治區）、地級（二級行政區）兩個層面，樣本數據均不包括香港、澳門和臺灣這三個一級行政區。二級行政區包括地級市、盟和自治州，共計334個。

本書研究四個問題：其一為在解釋各地區推動經濟增長的因素中，技術進步或全要素生產率的相對重要性如何；其二為比較各地區全要素生產率增長率差異以及全要素生產率增長率在經濟增長過程中的相對差異；其三為比較各地區技術進步方向的差異；其四為就業結構、產出結構等結構性因素在解釋地區技術進步方向中的作用。

在時間範圍方面，省級地區全要素生產率的分析為1978—2017年，地級全要素生產率的分析為1992—2017年。時間界限有差異主要是因為考慮了數據的可獲得性。在地級層面上，1992年之前的很多數據是不可獲得的，而且地級行政區劃變動較頻繁，進一步加劇了1992年之前的地級層面數據可獲得性問題。

### 二、創新之處

本書研究主要創新點有三個：其一，在研究的區域對象上，我們在省級與地級這兩個層面上開展了研究。在地區技術進步和方向比較方面，現有大多數文獻研究的是省級區域，地級區域研究比較少見。其二，在研究的問題上，本書將技術進步速度與方向看成技術進步的數量和結構兩個不同方面，並同時對這兩個層面進行區域比較研究。其三，本書認為，技術進步方向屬於技術進步的結構內容，其理所當然受到經濟社會結構的影響，即技術的結構性來自經濟社會的結構性。在此觀點下，本書研究了技術進步方向與就業和（或）產出結構的關係。

# 第二章　基本概念、理論基礎與研究方法

## 第一節　基本概念

### 一、技術進步、生產率與全要素生產率

　　一般所說的技術進步是指生產新的產品、運用新的生產方法和生產工藝、新設備、新材料等。這樣的技術進步通常與科學技術相關聯。對於單個或具體的技術而言，我們很容易用技術上或物理上的指標來衡量該技術是否進步以及技術進步的速度，比如計算機芯片運算速度提高了一倍等。但是如果我們說的是整個社會的技術進步，則很難用技術或者物理意義上的指標度量，因為不同的技術指標不能直接加總。比如我們不能將芯片運算速度提高一倍與能耗降低30%加總成一個整體的技術進步指標，因為它們的單位本身就不一致從而無法比較。在經濟學上，衡量整體或綜合性技術進步的指標是生產率或者全要素生產率。

　　籠統來講，所謂生產率，是指產出與投入之比。直觀上來講，同樣多投入的情況下，能生產更多產出者生產率更高，或者生產同樣的產出，投入更少者生產率更高。但不幸的是，我們遇到的問題中往往沒有這種「同樣的投入」和「同樣的產出」條件，我們現實中遇到的往往是投入和產出都不同的個體，因此，我們需要找到一個比較的基準，即求出產出與投入的比值，也就是求出平均來講每一單位投入的產出。

　　當只用一種投入生產一種產出時，用產出與投入之比來衡量生產率是準確無誤的，因為這種計算度量出了這種要素的所用貢獻，乃至刻畫了導致這種單一產出增加的全部原因。但是，當用多種投入來生產一種產出時，例如，農民

用勞動和土地兩種投入生產糧食，仍然用上述方式來計算生產率，即用產出除以投入，就不那麼好操作了。第一個問題就是，現在有兩種甚至更多種投入，產出（如果只有一種的話）除以哪一種投入為好呢？實際上，產出除以任一要素投入如勞動投入也是可以的，但是這時候計算出來的是偏生產率或單要素生產率（科埃利，2008）。單要素或偏要素生產率也是我們常用的分析工具，如勞動生產率會被用於很多微觀與宏觀問題的分析，而且勞動生產率的短期週期性行為與全要素生產率非常類似。但是，從概念上講，偏要素生產率有一個問題，那就是我們計算出來的比如勞動生產率，並不能反應勞動這種要素的貢獻。就像數學求導一樣，偏導數的值取決於其他變量的取值，勞動生產率反應的是資本的作用。

由此導致的用產出與投入比來度量生產率的第二個問題就是，如果我們想要知道所有要素的全部貢獻，在多投入的情況下，需要把不同類型的投入進行某種加總平均，這樣計算出來的生產率就不會出現類似上面那種偏要素生產率不能反應要素貢獻的情況。這種將不同類型要素投入加總再平均計算總的或綜合的投入水準，以此去除產出，計算出來的就是全要素生產率。但是，如何「加總平均」呢？這顯然涉及很多計算的技術細節問題。

從上文的分析中我們也知道了全要素生產率的本質含義：將所有要素投入加總起來，看成綜合的或者全部的投入要素，全要素生產率考察這種綜合的或全部的生產要素的生產效率問題，這實際上也是全要素生產率（TFP，Total Factor Productivity）名字的來源。

本書所指技術進步即為全要素生產率的增長率。在宏觀經濟學或經濟增長理論中，我們通常用全要素生產率的增長率來表示技術進步的速度。全要素生產率的這種含義在經濟學文獻以及一些公開報導中是最為常見的，乃至在經濟增長理論文獻中，全要素生產率與技術進步在有些語境下具有同等含義。但是我們需要記住的是，經濟學家們尤其是研究經濟增長的經濟學家們並不認為全要素生產率就是技術進步，有時在技術進步與全要素生產率之間畫等號，是因為在理論文獻中這種區分有時沒必要甚至沒可能。此外，全要素生產率中技術進步這一構成部分具有特別的含義：其一，它是全要素生產率中最活躍、變動最大的部分；其二，技術進步的程度決定了其他構成部分尤其是效率的變動範圍。

從全要素生產率的測量方法來看，全要素生產率實際上還包括了資本與勞動這兩種要素之外的所有其他能影響勞均產出或經濟增長的因素。從實證或測量的角度來看，全要素生產率實際上是一個非常含混的概念，包括了很多具體

的內容，以至於半個世紀以前的莫塞斯·阿布拉莫維茲（Moses Abramovitz）認為全要素生產率是對我們「無知的度量」。那麼，全要素生產率除了包括一般意義上的技術進步外，到底還包括哪些具體因素呢？

首先，全要素生產率中應該包括效率改進這一部分。效率改進可能來自宏觀社會管理的進步——這使得更多資源被用於生產性活動，也可能來自企業微觀管理的進步——這導致企業更高效地生產。許多經濟理論文獻證明，效率改進對全要素生產率的貢獻比技術進步的貢獻還大。當然，如果依賴實證證據做出這一結論，則需要對全要素生產率進行分解，至少分解為純技術與效率兩部分。需要注意的是，在有些文獻中，如隨機前沿分析的實證研究文獻中，「效率」實際上是指我們這裡所說的全要素生產率，即在同樣的技術和投入要素情況下產出的不同，也就是說實際生產活動位於生產可能性邊界之內，或者說資源未能被有效利用。哪些具體原因會阻礙生產位於生產可能性邊界之上呢？其一是非生產性活動，也就是社會資源被浪費在沒有實際投入生產的很多活動中；其二是資源未能被充分利用，諸如怠工、失業、產能過剩。

其次，全要素生產率中應包括結構變化。這是一種來自發展經濟學家的觀點，其根源在於發展經濟學早期的「結構主義」學派。早期的結構主義學派認為，經濟社會結構變化會導致經濟發展。結構變化提高全要素生產率的觀點為早期的「結構導致發展」的觀點提供了一個具體的解釋機制。結構變化提高全要素生產率的邏輯相當簡單，即當生產要素從低生產率部門或行業撤出並轉移到高生產率部門或行業時，投入沒有變而產出增加，從而全要素生產率得到提高。

再次，全要素生產率包括其他要素的價格變化帶來的影響。雖然全要素生產率冠名「全部要素」，但是我們在實際測量中，並不可能包括所有生產過程中使用的投入要素，其原因在於數據的可獲得性不支持我們這麼做。通常情況下，我們只能勉強有勞動投入、資本投入的數據可用，而且勞動投入與資本投入的測量本身也會有相當大的誤差。再生產過程中被使用的能源、信息以及其他中間投入，常常不在我們的考慮範圍之內。當這種情況出現時，如果某種要素比如能源的價格上升，從企業角度來看，能源相對價格更貴了，因此在給定產出的情況下，需要重新調整投入要素的組合，比如會雇傭更多的勞動力或使用更多的其他資本投入。由於計算全要素生產率時在投入要素中沒有考慮能源要素，而只考慮了資本和勞動要素，於是我們計算出來的全要素生產率必定就會下降了。

最後，全要素生產率包括運氣好壞的成分。在經濟發展過程中，諸如歷史

背景、地理位置、氣候與自然資源等運氣因素有時是相當重要的，因為它們會影響全要素生產率。歷史背景會通過制度遺產對社會發展的進程與全要素生產率產生廣泛的影響。地理位置會影響貿易成本從而影響全要素生產率。氣候與自然資源有時候就是生產過程中投入要素的一部分，比如農業生產本身就非常依賴土地與氣候條件。

筆者不得不說，上述的最後亮點實際上是一種測量誤差。從全要素生產率測量的文獻來看，投入數據的準確性是非常重要的。當重要投入被遺漏時，所度量出來的全要素生產率當然不那麼精準。真實商業週期學派與新凱恩斯學派關於全要素生產率與經濟週期波動的因果關係的爭論很好地說明了這種看法。全要素生產率是高度順週期變量，真實商業週期理論據此認為，全要素生產率是導致經濟波動的原因。但是新凱恩斯學派認為這種因果關係的解釋是真實商業週期學派對全要素生產率高度順週期這一現象的誤讀。新凱恩斯學派認為：總需求下降則產出下降，而由於各種原因和機制，儘管投入實際生產的勞動和資本減少了，統計數據卻並沒有反應出這一點，比如企業不會因為需求有所減少就立馬解雇工人，因此資本投入測量中往往沒有資本利用率的數據。

## 二、技術進步方向與替代彈性

所謂技術進步方向，是指技術進步偏向於資本要素還是勞動要素。如何偏向呢？我們可以從收入分配意義上界定。按照希克斯（1932）對技術進步分類的定義，偏向型技術進步是指在保持要素投入不變的情況下，如果技術進步使得資本勞動邊際產出比增加，那麼技術進步的初始效應就是使邊際產量與勞動邊際產量之比增大。如果技術是一維的，其生產函數形式為 $Y = F(K, L, A)$，則資本偏向型技術進步是指（勞動偏向型則不等號反向）：

$$\frac{\partial \frac{\partial F(K, L, A)/\partial K}{\partial F(K, L, A)/\partial L}}{\partial A} = \frac{\partial \frac{MP_K}{MP_L}}{\partial A} \geq 0 \qquad (2\text{-}1)$$

也就是說，有偏的技術進步使得要素的相對需求曲線變化，從而在任一給定要素比例下提高了要素的邊際產品從而提高了要素的相對價格，最終收入分配將有利於（偏向於）資本要素。對於一維的技術進步偏向難以進行深入分析，因此我們通常假定技術是二維的，以要素增進型方式進入生產函數，且假定生產函數為固定替代彈性的即 CES：

$$Y_t = [\alpha (A_t K_t)^{-\rho} + (1-\alpha)(B_t L_t)^{-\rho}]^{-\frac{1}{\rho}} \qquad (2\text{-}2)$$

上式中，$Y_t$、$K_t$、$L_t$、$A_t$、$B_t$ 依次為 $t$ 期實際產出、資本投入、勞動投入、資本

要素的生產效率和勞動要素的生產效率，α 表示資本密集度。$\rho = (1-\sigma)/\sigma$ 表示替代參數，$\sigma$ 是資本和勞動兩種要素的替代彈性。資本-勞動替代彈性刻畫了在資本-勞動要素相對價格發生變化時要素組合（資本與勞動比）做出調整的程度。當 $\sigma < 1$ 時，表明資本和勞動之間總體上是互補關係；當 $\sigma = 1$ 時，生產函數便是 C-D 函數；當 $\sigma > 1$ 時，資本和勞動之間總體上是替代關係。技術進步的動態相對變化（資本）偏向指數定義為（Acemoglu，2009）：

$$\frac{\partial (MP_K/MP_L)}{\partial (A/B)} = \frac{\alpha}{1-\alpha}\left(\frac{K_t}{L_t}\right)^{-\frac{1}{\sigma}}\left(\frac{A_t}{B_t}\right)^{-\frac{1}{\sigma}} \quad (2-3)$$

該指數大於 0，則表明技術進步偏向資本；該指數小於 0，則技術進步是偏向勞動的；該指數等於 0，則技術進步就是中性的。式（2-3）表明：第一，相對技術進步（資本與勞動邊際效率之比）對邊際產品的影響取決於替代彈性，當替代彈性大於 1 時，相對技術進步提高了相對邊際產品，從而技術進步偏向於進步更快的要素；反之，當替代彈性小於 1 時，相對技術進步降低了相對邊際產品，從而技術進步偏向於技術進步更慢的生產要素。第二，在存在勞動力扭曲或摩擦時，勞動邊際產品不會做出及時靈活的調整，如果技術進步使得資本與勞動邊際產品之比提高，則技術進步更偏向資本。

Acemoglu（2002、2009）的均衡弱偏向理論解釋了要素的相對供給的外生一次性變化對於技術進步偏向的影響。兩種要素效率增長率的相對變化取決於各自增進技術進步的相對獲利能力，相對獲利更多的技術會增長更快，價格效應和市場規模效應影響相對獲利能力與技術進步相對偏向。價格效應表明，更為稀缺的要素的相對價格更高，創新者傾向於提高更為稀缺要素的效率。市場規模效應則表明，使用某一技術的要素是該技術的市場，因此該要素供給增加代表補充該要素的技術的市場擴大，創新激勵增強，從而市場規模效應導致創新者傾向於提高更為豐裕的要素的效率。替代彈性與兩種效應相對優勢關係見表 2-1。值得注意的是，如果考慮的兩種要素是資本和勞動，則其要素替代彈性通常小於 1（Acemoglu，2009），因此，此時價格效應將發揮主導性作用。

表 2-1 技術偏向、創新激勵與替代彈性的關係

| 替代彈性 | 創新激勵 | 提高相對效率 | 提高相對邊際產品 | 技術進步偏向 |
| --- | --- | --- | --- | --- |
| 大於 1 | 市場規模效應占優 | 更為豐裕要素 | 更為豐裕要素 | 更為豐裕要素 |
| 小於 1 | 價格效應占優 | 更為稀缺要素 | 更為稀缺要素 | 更為稀缺要素 |

## 第二節　技術進步與經濟增長

本節中我們用經典的新古典增長理論索洛增長模型來解釋技術進步在經濟增長中的重要作用。索洛模型又被稱為新古典經濟增長模型、外生經濟增長模型，是在新古典經濟學框架內的經濟增長模型，是索洛於 1956 年首次創立的，用來說明儲蓄、資本累積和經濟增長之間的關係。索洛模型的基本結論是：儲蓄率的提高對長期經濟增長無影響，人均收入的持續增加來自全要素生產率的提高。從生產函數角度來看，索洛模型修改了之前的經典增長模型即哈羅德-多瑪增長模型中生產函數的替代彈性不變的假設，使得長期經濟增長更為穩定，而不是像哈羅德-多瑪模型那樣出現「刃鋒式增長」。

要在索洛增長模型中引入技術進步變量，我們首先說說技術進步的分類標準問題。一般的生產函數形式為：$Y = F(K, L, A)$。按相對要素投入變動區分，技術進步分為資本或勞動節約型以及中性技術進步。中性的技術進步有三種類型：①希克斯中性：$Y = AF(K, L)$；②哈羅德中性：$Y = F(K, L \cdot A)$，又叫勞動增進型；③索洛中性：$Y = F(K \cdot A, L)$，又叫資本增進型。可以證明，技術進步為勞動增進型或生產函數是 C-D 型時，才有穩態，所以理論模型中我們常常用勞動增進型的技術進步，但是在實證模型中我們則會更多地用希克斯中性技術進步或者直接用 C-D 生產函數。

基於此，在有外生技術進步的索洛模型中，假設生產函數為 $Y = F(K, L \cdot A)$，並且它滿足新古典的性質假設，即規模報酬不變（競爭性投入是一次性的）、邊際產品為正且遞減、稻田條件以及必要性條件。除此之外，索洛模型還包括單一產品、儲蓄率外生、折舊率外生、人口增長率外生等假設。其總量資本動態方程為：

$$\dot{K} = sF(K, L \cdot A) - \delta K \qquad (2\text{-}4)$$

上式中，字母頭上加點表示對時間求導，$\delta$ 為折舊率。為了尋找穩態，定義 $\hat{k} = \dfrac{K}{AL} = \dfrac{k}{A}$ 更加方便，$AL$ 為有效勞動數量。這樣的集約型生產函數為：

$$\hat{y} = f(\hat{k}) \qquad (2\text{-}5)$$

並且 $f$ 具有新古典性質。假定 $A$ 的增長率為 $x$，即 $A(t) = A(0)e^{xt}$，式 (2-4) 可變形為：

$$\dot{\hat{k}} = sf(\hat{k}) - (\delta + n + x)\hat{k} \qquad (2\text{-}6)$$

上式中，$n$ 為人口增長率。其穩態為：

$$sf(\hat{k}^*) = (x + n + \delta)\hat{k}^* \qquad (2-7)$$

所得基本結論為：$\hat{y}$、$\hat{k}$ 的穩態增長率為 0，人均變量 $k$、$y$ 的穩態增長率為 $x$，而相應總量變量增長率為 $x + n$。

這個模型的基本結論表明：勞均產出的穩態增長率與技術進步速度是一致的。換句話說，長期來看，勞均或人均收入的唯一影響因素是技術進步速度。

# 第三節　經濟增長核算方法與技術進步方向測算方法

## 一、經濟增長核算方法

我們進行經濟增長核算的目的是考察全要素生產率增長率在經濟增長過程中的作用，通常需要假定技術進步或全要素生產率是希克斯中性的：

$$Y = AF(K, L) \qquad (2-8)$$

在這一生產函數兩邊取對數後對時間求導，得到：

$$\frac{\dot{A}}{A} = \frac{\dot{Y}}{Y} - \left(\frac{AF_K(K, L)K}{AF(K, L)}\frac{\dot{K}}{K} + \frac{AF_L(K, L)L}{AF(K, L)}\frac{\dot{L}}{L}\right) \qquad (2-9)$$

上式中，$\frac{\dot{A}}{A}$ 為增長率。當生產函數為柯布—道格拉斯型時，上式變為：

$$\frac{\dot{A}}{A} = \frac{\dot{Y}}{Y} - \left(\alpha \frac{\dot{K}}{K} + (1 - \alpha)\frac{\dot{L}}{L}\right) \qquad (2-10)$$

我們根據該式核算全要素生產率增長率。式（2-10）表明，全要素生產率增長率是產出增長率減去投入要素增長率的加權和。和經濟發展核算一樣，在經濟增長核算公式中，生產函數的指數 $\alpha$ 為資本報酬份額。全要素生產率增長率對經濟增長的貢獻為：

$$全要素生產率增長率對經濟增長的貢獻 = \frac{\dot{A}}{A} \Big/ \frac{\dot{Y}}{Y} \qquad (2-11)$$

## 二、技術進步方向測算方法

參照 León-Ledesma、McAdam 和 Willman（2010）的模型設定，假定 $t_0$ 期時資本和勞動投入分別為 $K_0$ 和 $L_0$，要素效率增長率為指數形式：

$$A_t = A_0 e^{\gamma_A(t_0, t)}, \quad B_t = B_0 e^{\gamma_B(t_0, t)} \qquad (2-12)$$

對 CES 生產函數式（2-2）及其一階條件標準化才能更好地識別出替代彈

性與技術進步的影響，由此得到三方程供給面系統：

$$\log\left(\frac{r_t K_t}{Y_t}\right) = \log(\alpha) - \frac{\sigma-1}{\sigma}\log\left(\frac{Y_t/\bar{Y}}{K_t/\bar{K}}\right) + \frac{\sigma-1}{\sigma}\log(\xi) + \frac{\sigma-1}{\sigma}\gamma_Y(t-\bar{t})$$

(2-13)

$$\log\left(\frac{w_t L_t}{Y_t}\right) = \log(1-\alpha) - \frac{\sigma-1}{\sigma}\log\left(\frac{Y_t/\bar{Y}}{L_t/\bar{L}}\right) + \frac{\sigma-1}{\sigma}\log(\xi) + \frac{\sigma-1}{\sigma}\gamma_L(t-\bar{t})$$

(2-14)

$$\log\left(\frac{Y_t}{\bar{Y}}\right) = \log(\xi) + \frac{\sigma-1}{\sigma}\log\left[\alpha\left(e^{\gamma_r(t-\bar{t})}\left(\frac{K_t}{\bar{K}}\right)\right)^{\frac{\sigma-1}{\sigma}} + (1-\alpha)\left(e^{\gamma_r(t-\bar{t})}\left(\frac{L_t}{\bar{L}}\right)\right)^{\frac{\sigma-1}{\sigma}}\right]$$

(2-15)

上式中，$r_t$ 表示資本回報率，$w_t$ 表示工資率，$\frac{r_t K_t}{Y_t}$ 和 $\frac{w_t L_t}{Y_t}$ 為資本與勞動報酬份額。樣本期間內的平均技術進步偏向為：

$$Bias = \frac{\sigma-1}{\sigma}(\gamma_K - \gamma_L)$$

(2-16)

為進一步探討二元經濟結構與技術進步偏向的關係，定義如下時點資本偏向指數（雷欽禮，2013）：

$$D_t = \frac{\sigma-1}{\sigma}\left(\frac{\dot{A}_t}{A_t} - \frac{\dot{B}_t}{B_t}\right)$$

(2-17)

上式中資本效率增長率、勞動效率增長率的計算方法如下：

$$\left(\frac{\dot{A}}{A}\right)_{it} = \frac{\left(\frac{\dot{z}}{z}\right)_{it} - \sigma_i\left(\frac{\dot{r}}{r}\right)_{it}}{1-\sigma_i}, \quad \left(\frac{\dot{B}}{B}\right)_{it} = \frac{\left(\frac{\dot{q}}{q}\right)_{it} - \sigma_i\left(\frac{\dot{w}}{w}\right)_{it}}{1-\sigma_i}, \quad \sigma_i \neq 1$$

(2-18)

# 第三章　省級地區技術進步速度與方向比較

## 第一節　數據來源與預處理

本章的數據主要來源於《新中國六十年統計資料匯編》《中國國內生產總值核算歷史資料（1952—2004）》《中國國內生產總值核算歷史資料（1952—1995）》和近年31個省（區、市）的統計年鑒，樣本期間為1978—2017年。不變價產出（GDP）用1978年GDP以及隨後各年GDP指數計算得到，勞動投入為各地區年末就業人數。勞動者報酬份額按照如下簡單公式計算：

勞動者報酬份額＝勞動者報酬/（勞動者報酬+固定資產折舊+營業盈餘）

計算勞動者報酬的基本數據來源為：1978—1992年數據來自《中國國內生產總值核算歷史資料（1952—1995）》；1993—2004年數據來自《中國國內生產總值核算歷史資料（1952—2004）》；其餘年份數據來自各年《中國統計年鑒》；2008年和2013年《中國統計年鑒》數據缺失，通過各省（區、市）統計年鑒補齊，仍然缺失的省（區、市），勞動者報酬份額取相鄰兩年均值。重慶市1978—1992年勞動者報酬份額計算所需基本數據缺失，通過如下方法估算：計算出重慶市與四川省1993—1995年勞動者報酬份額的比值（0.84），該比值與1978—1992年四川省勞動者報酬份額的乘積得到重慶市勞動者報酬份額。海南省1978—1989年勞動者報酬份額計算所需數據缺失，由於1990—1992年廣西壯族自治區和海南省勞動者報酬份額相差不大，故以廣西壯族自治區1978—1989年勞動者報酬份額代替。西藏自治區1978—1984年計算勞動者報酬所需數據缺失，以1985—1987年勞動者報酬份額平均值（0.98）代替，此外，西藏自治區部分年份生產稅淨額有負數情況，使得計算出來的勞動者報酬份額大於1，超過1的按1處理。

資本投入以永續盤存法（PIM）計算：

$$K_{t+1} = I_t + (1-\delta)K_t \qquad (3-1)$$

上式中，$\delta$、$K_t$、$I_t$依次為折舊率、期初資本存量與固定資本形成（或稱投資）。現有文獻折舊率取值5%～15%不等，本書選擇中間值8%。假定資本產出比為2，由1952年各地區生產總值估算出初始資本存量①，用各地區固定資本形成數據序列：1952—1992年數據來自《中國國內生產總值核算歷史資料（1952—1995）》各省（區、市）固定資本形成發展速度，1993—2004年數據來自《中國國內生產總值核算歷史資料（1952—2004）》各省（區、市）固定資本形成發展速度，以1978年各省（區、市）固定資本形成總額與其發展速度計算得到1952—2004年各省（區、市）固定資本形成；將2005—2017年固定資產形成名義值用各省（區、市）固定資產投資價格指數②折算成1978年不變價值。其中，在《中國國內生產總值核算歷史資料（1952—2004）》中，1996年及之前年份重慶市的固定資本形成總額發展速度數據缺失，而《新中國六十週年統計資料匯編》中「資本形成（當年價）」這一指標中，四川省和重慶市的數據又是分開統計的③，並且重慶市資本形成總額中沒有單獨分出固定資本形成總額。我們將重慶市固定資本形成總額占資本形成總額的比例以四川省的來代替，從而計算出重慶市的固定資本形成總額，然後再根據重慶市、四川省固定資產投資價格指數和重慶市CPI計算得到重慶市不變價固定資本形成。天津市1988年之前的固定資本形成總額發展速度數據缺失，以天津市CPI作為價格指數推算出不變價固定資本形成。海南省1990年之前的固定資本形成總額發展速度數據缺失、1978年之前的固定資本形成總額數據缺失，1978—1990年不變價固定資本形成由當年價格固定資本經CPI平減得到，1978年之前的固定資本形成由當年固定資本投資乘以0.67（1978—1980年固定資本形成/固定資產投資均值）得到。西藏自治區1992年之前的固定資本形成總額數據缺失，以固定資本投資乘以0.80（1993—1995年固定資本形成/固定資產投資均值）得到。

---

① 海南省1952年生產總值數據缺失，以工農業總產值指數代替地方GDP指數，由1978年地方GDP推算出海南省1952年地方GDP。

② 各省（區、市）固定資產投資價格指數起始年份不一，缺失固定資產投資價格指數依次按照全國固定資產投資價格指數、各省（區、市）自身CPI、全國CPI優先順序代替。

③ 我們用到的1978—1996年產出和就業這兩個指標中分開了重慶市和四川省的數據，也來自《新中國六十週年統計資料匯編》。

## 第二節　技術進步速度比較

### 一、東部地區

#### （一）北京市

北京市是中華人民共和國首都、直轄市、國家中心城市、超大城市，全國政治中心、文化中心、國際交流中心、科技創新中心、世界著名古都和現代化國際城市。北京市面積16,410.54平方千米，截至2018年末，北京市常住人口2,154.2萬人。據《北京市2018年國民經濟和社會發展統計公報》初步核算，北京市全年實現地區生產總值30,320億元，占全國GDP比重①的3.3%，按可比價格計算，比2017年增長6.6%。其中，第一產業增加值118.7億元，下降2.3%；第二產業增加值5,647.7億元，增長4.2%；第三產業增加值24,553.6億元，增長7.3%。三次產業構成由2017年的0.4∶19.0∶80.6變化為0.4∶18.6∶81.0。按常住人口計算，北京市人均地區生產總值為14萬元，在31個省（區、市）中排名第1位。

北京市各年與分時段經濟增長核算結果見圖3-1和表3-1。改革開放40年（1978—2017年）來，北京市地區生產總值增長較快，但是波動性較大，1991年之前增長速度波動尤為劇烈，1991—2007年高速增長，2007年之後增長速度逐步放緩，其中增長最低年份（1980年）增長速度不超過-1%，增長最高年份（1983年）增長速度超過16%。全要素生產率增長率波動劇烈，40年內有12年為負值，最大值超過10%，最小值低於-13%。總體來看，1978—2017年北京市全要素生產率增長率對經濟增長的貢獻率為17.1%，並不是很高。分時段來看，1978—1987年，北京市全要素生產率增長率對經濟增長的貢獻率為-31.9%，1988—1997年為4.5%，1998—2007年為44.2%，2008—2017年最高，為47.7%。

---

① 指占各省（區、市）地區生產總值加總數比重，下同。

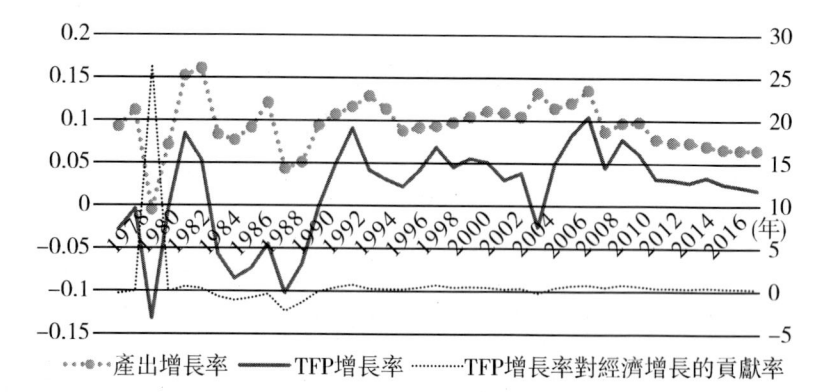

······ 產出增長率 ——— TFP增長率 -------- TFP增長率對經濟增長的貢獻率

註：左軸為產出增長率和 TFP 增長率；右軸為 TFP 增長率對經濟增長的貢獻率。全書同樣，不再贅述。

圖 3-1　北京市各年經濟增長核算

表 3-1　北京市分時段經濟增長核算　　　　　　　　單位:%

| 時間區間 | 產出增長率 | TFP 增長率 | TFP 增長率對經濟增長的貢獻率 |
| --- | --- | --- | --- |
| 1978—1987 年 | 9.2 | -2.9 | -31.9 |
| 1988—1997 年 | 9.5 | 0.4 | 4.5 |
| 1998—2007 年 | 11.2 | 5.0 | 44.2 |
| 2008—2017 年 | 7.8 | 3.7 | 47.7 |
| 1978—2017 年 | 9.4 | 1.6 | 17.1 |

（二）天津市

天津市是直轄市、國家中心城市、超大城市，國務院批復確定的環渤海地區經濟中心，面積 11,916.05 平方千米。截至 2018 年末，天津市常住人口 1,559.60 萬人。據《天津市 2018 年國民經濟和社會發展統計公報》初步核算，天津市全年實現地區生產總值 18,809.64 億元，占全國 GDP 比重的 2.1%，按可比價格計算，比 2017 年增長 3.6%。其中，第一產業增加值 172.71 億元，增長 0.1%；第二產業增加值 7,609.81 億元，增長 1.0%；第三產業增加值 11,027.12 億元，增長 5.9%。三次產業構成由 2017 年的 1.2∶40.8∶58.0 變化為 0.9∶40.5∶58.6。按常住人口計算，天津市人均地區生產總值為 12 萬元，在 31 個省（區、市）中排名第 3 位。

天津市各年與分時段經濟增長核算結果見圖 3-2 和表 3-2。改革開放 40 年（1978—2017）來，天津市地區生產總值增長較快，但是波動性較大，1992 年之

前增長速度波動尤為劇烈，1992—2010 年高速增長，2010 年之後增長速度逐步放緩，其中增長最低年份（1988 年）增長速度不到 2%，增長最高年份（1983 年）增長速度超過 17%。全要素生產率增長率波動劇烈，40 年內有 10 年為負值，最大值為 16.3%，最小值接近 -14%。總體來看，1978—2017 年天津市全要素生產率增長率對經濟增長的貢獻率為 27%，並不是很高。分時段來看，1978—1987 年天津市全要素生產率增長率對經濟增長的貢獻率為 10.1%，1988—1997 年最高，為 45.0%，1998—2007 年為 42.0%，2008—2017 年為 8.4%。

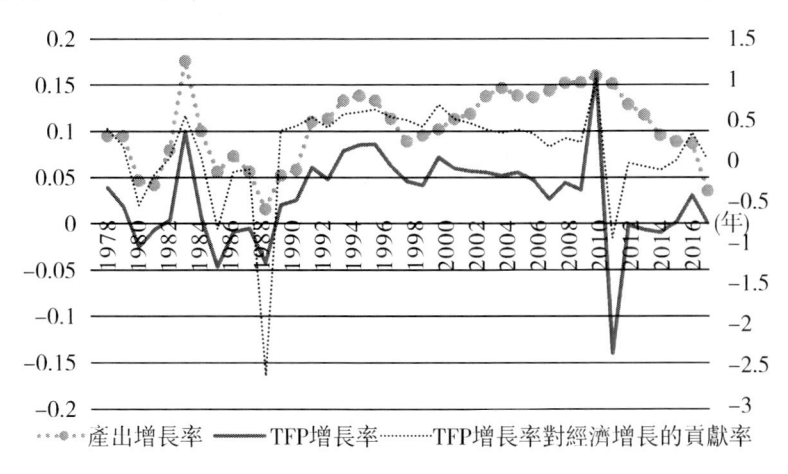

圖 3-2　天津市各年經濟增長核算

表 3-2　天津市分時段經濟增長核算　　　　　　　　單位：%

| 時間區間 | 產出增長率 | TFP 增長率 | TFP 增長率對經濟增長的貢獻率 |
| --- | --- | --- | --- |
| 1978—1987 年 | 8.4 | 0.9 | 10.1 |
| 1988—1997 年 | 9.2 | 4.1 | 45.0 |
| 1998—2007 年 | 12.2 | 5.1 | 42.0 |
| 2008—2017 年 | 11.7 | 1.0 | 8.4 |
| 1978—2017 年 | 10.4 | 2.8 | 27.0 |

（三）河北省

河北省處於中國經濟由東向西梯次推進發展的東部地帶，面積 188,800 平方千米。截至 2018 年末，河北省常住總人口 7,556.30 萬人。據《河北省 2018 年國民經濟和社會發展統計公報》初步核算，河北省全年實現地區生產總值 36,010.3 億元，占全國 GDP 比重的 3.9%，按可比價格計算，比 2017 年增長 6.6%。其

中，第一產業增加值3,338.0億元，增長3.0%；第二產業增加值16,040.1億元，增長4.3%；第三產業增加值16,632.2億元，增長9.8%。三次產業構成由2017年的9.2∶46.6∶44.2變化為9.3∶44.5∶46.2。按常住人口計算，河北省人均地區生產總值為47,772元，在31個省（區、市）中排名第21位。

河北省各年與分時段經濟增長核算結果見圖3-3和表3-3。改革開放40年（1978—2017年）來，河北省地區生產總值增長較一般，但是波動性較大，1994年之前增長速度波動尤為劇烈，1994—2010年之間高速增長，2010年之後增長速度逐步放緩，其中增長最低年份（1980年）增長速度不到1%，增長最高年份（1992年）增長速度超過16%。全要素生產率增長率波動總體較為平緩，40年內僅有3年為負值。總體來看，1978—2017年河北省全要素生產率增長率對經濟增長的貢獻率為41.7%，相對比較高。分時段來看，1978—1987年河北省全要素生產率增長率對經濟增長的貢獻率為38.7%，1988—1997年最高，為46.3%，1998—2007年為44.3%，2008—2017年為34.7%。

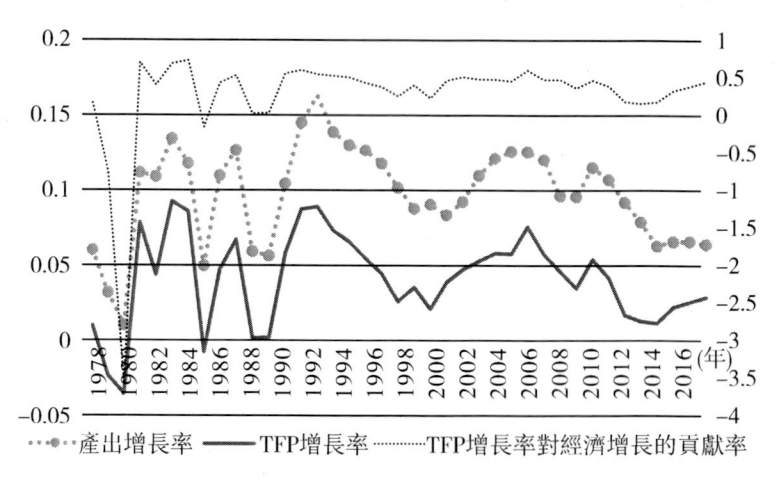

圖3-3 河北省各年經濟增長核算

表3-3 河北省分時段經濟增長核算　　　　　　　　單位:%

| 時間區間 | 產出增長率 | TFP 增長率 | TFP 增長率對經濟增長的貢獻率 |
| --- | --- | --- | --- |
| 1978—1987 年 | 8.1 | 3.1 | 38.7 |
| 1988—1997 年 | 11.6 | 5.4 | 46.3 |
| 1998—2007 年 | 10.6 | 4.7 | 44.3 |
| 2008—2017 年 | 8.4 | 2.9 | 34.7 |
| 1978—2017 年 | 9.7 | 4.0 | 41.7 |

（四）上海市

上海市是直轄市，中國經濟、金融、貿易、航運、科技創新中心，面積6,340.5平方千米。截至2018年末，上海市常住人口總數為2,423.78萬人。據《上海市2018年國民經濟和社會發展統計公報》初步核算，上海市全年實現生產總值32,679.87億元，占全國GDP比重的3.6%，按可比價格計算，比2017年增長6.6%。其中，第一產業增加值104.37億元，下降6.9%；第二產業增加值9,732.54億元，增長1.8%；第三產業增加值22,842.96億元，增長8.7%。三次產業構成由2017年的0.3∶30.7∶69.0，變化為0.3∶29.8∶69.9。按常住人口計算，上海市人均地區生產總值為13.50萬元，在31個省（區、市）中排名第2位。

上海市各年與分時段經濟增長核算結果見圖3-4和表3-4。改革開放40年（1978—2017年）來，上海市地區生產總值增長較快，但是波動性較大，1993年之前增長速度波動尤為劇烈，1993—2008年高速增長，2008年之後增長速度逐步放緩，其中增長最低年份（1988年）增長速度不到3%，增長最高年份（2006年）增長速度超過13%。全要素生產率增長率波動劇烈，40年內有13年為負值，導致全要素生產率增長率對經濟增長的貢獻率波動劇烈，最大值為97%，最小值為-182%。總體來看，1978—2017年上海市全要素生產率增長率對經濟增長的貢獻率為19.7%，並不是很高。分時段來看，1978—1987年上海市全要素生產率增長率對經濟增長的貢獻率為-22.7%，1988—1997年為16.6%，1998—2007年最高，為45.8%，2008—2017年為25.9%。

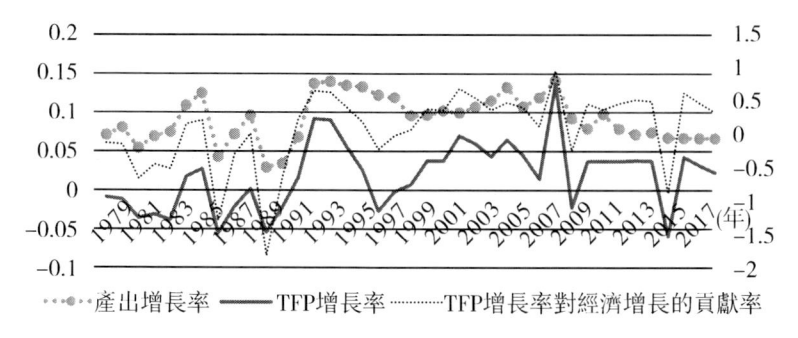

圖3-4　上海市各年經濟增長核算

表 3-4　上海市分時段經濟增長核算　　　　單位:%

| 時間區間 | 產出增長率 | TFP 增長率 | TFP 增長率對經濟增長的貢獻率 |
| --- | --- | --- | --- |
| 1978—1987 年 | 7.8 | -1.8 | -22.7 |
| 1988—1997 年 | 10.1 | 1.7 | 16.6 |
| 1998—2007 年 | 11.2 | 5.1 | 45.8 |
| 2008—2017 年 | 7.6 | 2.0 | 25.9 |
| 1978—2017 年 | 9.2 | 1.8 | 19.7 |

（五）江蘇省

江蘇省地處長江經濟帶，下轄 13 個設區市，全部都進入「全國百強」，是唯一的所有地級市都躋身「百強」的省份。江蘇省面積 107,200 平方千米。截至 2018 年末，江蘇省常住總人口 8,050.7 萬人。據《江蘇省 2018 年國民經濟和社會發展統計公報》初步核算，江蘇省全年實現地區生產總值 92,595.4 億元，占全國 GDP 比重的 10.1%，按可比價格計算，比 2017 年增長 6.7%。其中，第一產業增加值 4,141.7 億元，增長 1.8%；第二產業增加值 41,248.5 億元，增長 5.8%；第三產業增加值 47,205.2 億元，增長 7.9%。三次產業構成由 2017 年的 4.7：45.0：50.3 變化為 4.5：44.5：51。按常住人口計算，江蘇省人均地區生產總值為 115,168 元，在 31 個省（區、市）中排名第 4 位。

江蘇省各年與分時段經濟增長核算結果見圖 3-5 和表 3-5。改革開放 40 年（1978—2017 年）來，江蘇省地區生產總值增長較快，但是波動性巨大，1994 年之前增長速度波動尤為劇烈，1994—2007 年高速增長，2007 年之後增長速度逐步放緩，其中增長最低年份（1988 年）增長速度不到 3%，增長最高年份（1991 年）增長速度超過 22%。全要素生產率增長率波動劇烈，40 年內有 4 年為負值，最大值為 16.3%，最小值為 -10.7%。總體來看，1978—2017 年江蘇省全要素生產率增長率對經濟增長的貢獻率為 38.7%，相對比較高。分時段來看，1978—1987 年江蘇省全要素生產率增長率對經濟增長的貢獻率為 25.6%，1988—1997 年為 26.6%，1998—2007 年為 46.8%，2008—2017 年最高，為 58.3%。

┈┈┈•┈┈┈ 產出增長率 ──── TFP增長率 ┈┈┈┈┈ TFP增長率對經濟增長的貢獻率

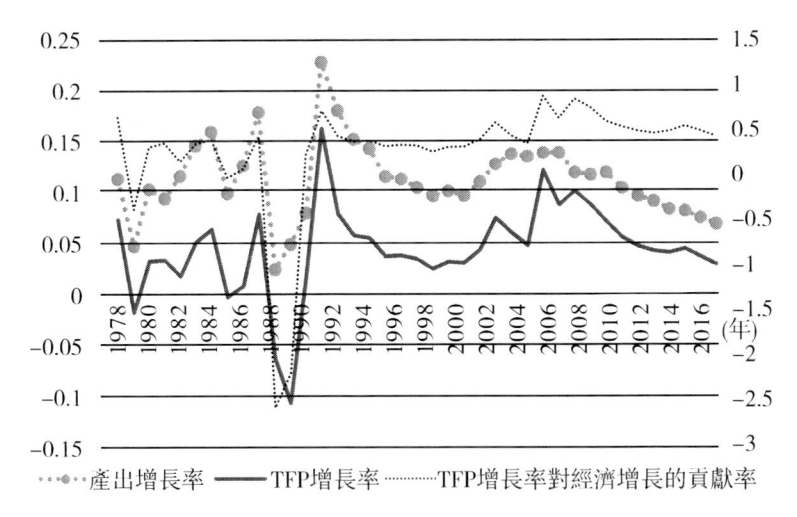

圖 3-5　江蘇省各年經濟增長核算

表 3-5　江蘇省分時段經濟增長核算　　　　　　單位：%

| 時間區間 | 產出增長率 | TFP 增長率 | TFP 增長率對經濟增長的貢獻率 |
| --- | --- | --- | --- |
| 1978—1987 年 | 11.1 | 2.8 | 25.6 |
| 1988—1997 年 | 12.5 | 3.3 | 26.6 |
| 1998—2007 年 | 11.9 | 5.6 | 46.8 |
| 2008—2017 年 | 9.6 | 5.6 | 58.3 |
| 1978—2017 年 | 11.3 | 4.4 | 38.7 |

（六）浙江省

浙江省面積105,500平方千米。截至2018年末，浙江省常住人口5,737萬人。據《浙江省2018年國民經濟和社會發展統計公報》初步核算，浙江省全年實現地區生產總值56,197億元，占全國GDP比重的6.1%，按可比價格計算，比2017年增長7.1%。其中，第一產業增加值1,967億元，增長1.9%；第二產業增加值23,506億元，增長6.7%；第三產業增加值30,724億元，增長7.8%。三次產業構成由2017年的3.7：43.0：53.3變化為3.5：41.8：54.7。按常住人口計算，浙江省人均地區生產總值為98,643元，在31個省（區、市）中排名第5位。

浙江省各年與分時段經濟增長核算結果見圖3-6和表3-6。改革開放40年（1978—2017年）來，浙江省地區生產總值增長較快，但是波動性較大，

1991年之前增長速度波動尤為劇烈，1991—2007年高速增長，2007年之後增長速度逐步放緩，其中增長最低年份（1988年）增長速度為-1%，增長最高年份（1992年）增長速度不超過20%。全要素生產率增長率波動劇烈，40年內有6年為負值，最大值為13.5%，最小值為-15.4%。總體來看，1978—2017年浙江省全要素生產率增長率對經濟增長的貢獻率為23.6%，並不是很高。分時段來看，1978—1987年浙江省全要素生產率增長率對經濟增長的貢獻率最高，為52.3%，1988—1997年為37.0%，1998—2007年為-3.5%，2008—2017年為3.0%。

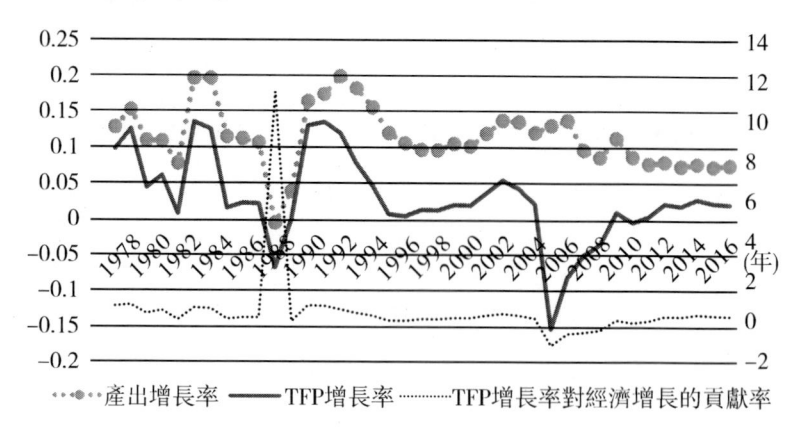

圖 3-6 浙江省各年經濟增長核算

表 3-6 浙江省分時段經濟增長核算　　　　　　單位:%

| 時間區間 | 產出增長率 | TFP增長率 | TFP增長率對經濟增長的貢獻率 |
| --- | --- | --- | --- |
| 1978—1987年 | 13.2 | 6.9 | 52.3 |
| 1988—1997年 | 12.2 | 4.5 | 37.0 |
| 1998—2007年 | 11.8 | -0.4 | -3.5 |
| 2008—2017年 | 8.3 | 0.3 | 3.0 |
| 1978—2017年 | 11.3 | 2.7 | 23.6 |

（七）福建省

福建省是中國大陸重要的出海口，面積121,400平方千米。截至2018年末，福建省常住人口3,941萬人。據《福建省2018年國民經濟和社會發展統計公報》初步核算，福建省全年實現地區生產總值35,804.04億元，占全國GDP比重的3.9%，按可比價格計算，比2017年增長8.3%。其中，第一產業

增加值2,379.82億元,增長3.5%;第二產業增加值17,232.36億元,增長8.5%;第三產業增加值16,191.86億元,增長8.8%。三次產業構成由2017年的7.6:48.8:43.6變化為6.7:48.1:45.2。按常住人口計算,福建省人均地區生產總值為91,197元,在31個省(區、市)中排名第6位。

福建省各年與分時段經濟增長核算結果見圖3-7和表3-7。改革開放40年(1978—2017年)來,福建省地區生產總值增長較快,但波動性較大,相對來說,1998年之前增長速度波動較為劇烈,1998—2007年高速增長,2007年之後增長速度逐步放緩,其中增長最低年份(1978年)增長速度僅有5%,增長最高年份(1992年)增長速度超過20%。全要素生產率增長率波動較為劇烈,40年內有3年為負值,最大值為15.5%,最小值為-1%。總體來看,1978—2017年福建省全要素生產率增長率對經濟增長的貢獻率為37.9%,相對比較高。分時段來看,1978—1987年福建省全要素生產率增長率對經濟增長的貢獻率為47.8%,1988—1997年最高,為55.6%,1998—2007年為26.3%,2008—2017年為17.0%。

······產出增長率 ——TFP增長率 -------TFP增長率對經濟增長的貢獻率

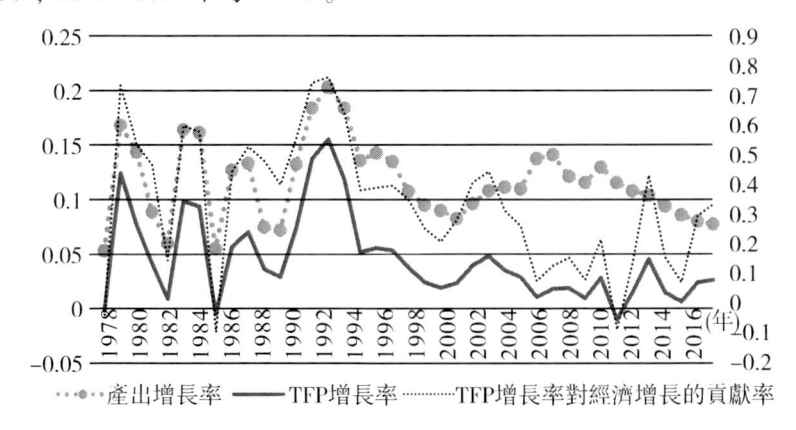

圖3-7 福建省各年經濟增長核算

表3-7 福建省分時段經濟增長核算　　　　　　　　　　單位:%

| 時間區間 | 產出增長率 | TFP增長率 | TFP增長率對經濟增長的貢獻率 |
|---|---|---|---|
| 1978—1987年 | 11.3 | 5.4 | 47.8 |
| 1988—1997年 | 13.9 | 7.8 | 55.6 |
| 1998—2007年 | 10.8 | 2.8 | 26.3 |
| 2008—2017年 | 10.3 | 1.8 | 17.0 |
| 1978—2017年 | 11.6 | 4.4 | 37.9 |

（八）山東省

山東省面積157,100平方千米，自2007年以來經濟總量居全國第3位。截至2018年末，山東省常住人口10,047.24萬人。據《山東省2018年國民經濟和社會發展統計公報》初步核算，山東省全年實現地區生產總值76,469.7億元，占全國GDP比重的8.4%，按可比價格計算，比2017年增長6.4%。其中，第一產業增加值4,950.5億元，增長2.6%；第二產業增加值33,641.7億元，增長5.1%；第三產業增加值37,877.4億元，增長8.3%。三次產業構成由2017年的6.7：45.3：48.0變化為6.5：44.0：49.5。按常住人口計算，山東省人均地區生產總值為76,267元，在31個省（區、市）中排名第8位。

山東省各年與分時段經濟增長核算結果見圖3-8和表3-8。改革開放40年（1978—2017年）來，山東省地區生產總值增長較快，但是波動性較大，相對來說，1996年之前增長速度波動較為劇烈，1996—2004年高速增長，2004年之後增長速度逐步放緩，其中增長最低年份（1988年）增長速度不到4%，增長最高年份（1992年）增長速度超過18%。全要素生產率增長率波動較為劇烈，40年內有5年為負值，最大值為98%，最小值為-45%。總體來看，1978—2017年山東省全要素生產率增長率對經濟增長的貢獻率為36.5%，相對比較高。分時段來看，1978—1987年山東省全要素生產率增長率對經濟增長的貢獻最高，為39.0%，1988—1997年為37.1%，1998—2007年為38.8%，2008—2017年為30.4%。

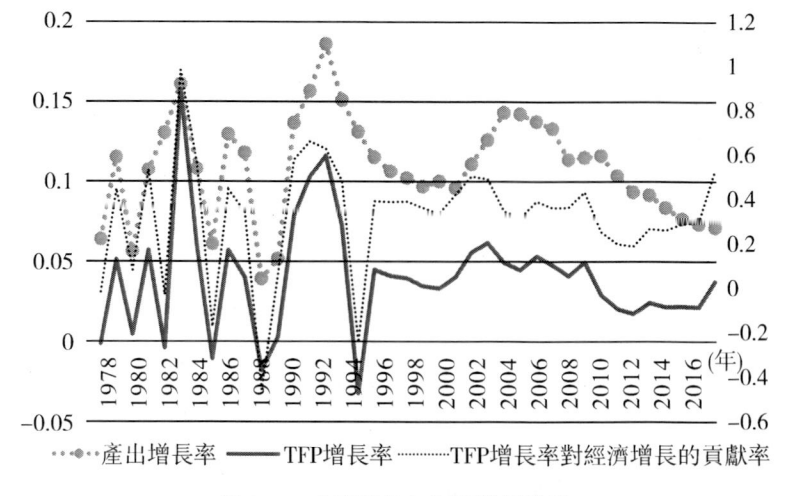

圖3-8　山東省各年經濟增長核算

表 3-8　山東省分時段經濟增長核算　　　　　單位:%

| 時間區間 | 產出增長率 | TFP 增長率 | TFP 增長率對經濟增長的貢獻率 |
|---|---|---|---|
| 1978—1987 年 | 10.3 | 4.0 | 39.0 |
| 1988—1997 年 | 11.8 | 4.4 | 37.1 |
| 1998—2007 年 | 11.8 | 4.6 | 38.8 |
| 2008—2017 年 | 9.4 | 2.8 | 30.4 |
| 1978—2017 年 | 10.8 | 4.0 | 36.5 |

（九）廣東省

廣東省自 1989 年起，地區國內生產總值連續居全國第一位，成為中國第一經濟大省，經濟總量占全國的 1/8，已達到中上等收入國家水準和中等發達國家水準。廣東省域經濟綜合競爭力居全國第一。2016 年，廣東省高新技術企業數量達到 19,857 家，總量居全國第一；PCT 國際專利申請量連續 15 年領跑全國。廣東省面積 179,700 平方千米。截至 2018 年末，廣東省常住人口 11,346.00 萬人。據《廣東省 2018 年國民經濟和社會發展統計公報》初步核算，廣東省全年實現地區生產總值 97,277.77 億元，占全國 GDP 比重的 10.6%，按可比價格計算，比 2017 年增長 6.8%。其中，第一產業增加值 3,831.44 億元，增長 4.2%；第二產業增加值 40,695.15 億元，增長 5.9%；第三產業增加值 52,751.18 億元，增長 7.8%。三次產業構成由 2017 年的 4.2：43.0：52.8 變化為 4.0：41.8：54.2。按常住人口計算，廣東省人均地區生產總值為 86,412 元，在 31 個省（區、市）中排名第 7 位。

廣東省各年與分時段經濟增長核算結果見圖 3-9 和表 3-9。改革開放 40 年（1978—2017 年）來，廣東省地區生產總值增長較快，但是波動性較大，相對來說，1996 年之前增長速度波動較為劇烈，1996—2007 年高速增長，2007 年之後增長速度逐步放緩，其中增長最低年份（1988 年）增長速度不到 7%，增長最高年份（1992 年）增長速度超過 20%。全要素生產率增長率波動非常平緩，40 年內只有 1 年為負值，最大值為 13.3%，最小值為-0.3%。總體來看，1978—2017 年，廣東省全要素生產率增長率對經濟增長的貢獻率為 44.9%，相對比較高。分時段來看，1978—1987 年廣東省全要素生產率增長率對經濟增長的貢獻率最高，為 55.5%，1988—1997 年為 46.2%，1998—2007 年為 38.1%，2008—2017 年為 38.8%，1978—2017 年為 44.9%。

图 3-9　广东省各年经济增长核算

表 3-9　广东省分时段经济增长核算　　　　　　　　　单位:%

| 时间区间 | 产出增长率 | TFP 增长率 | TFP 增长率对经济增长的贡献率 |
| --- | --- | --- | --- |
| 1978—1987 年 | 12.3 | 6.8 | 55.5 |
| 1988—1997 年 | 14.1 | 6.5 | 46.2 |
| 1998—2007 年 | 11.9 | 4.5 | 38.1 |
| 2008—2017 年 | 8.6 | 3.3 | 38.8 |
| 1978—2017 年 | 11.7 | 5.3 | 44.9 |

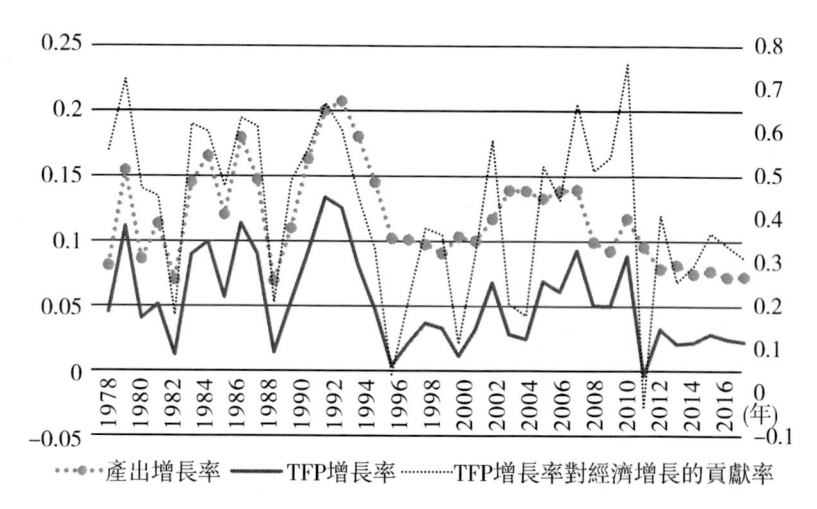

（十）海南省

海南省是中国的经济特区、自由贸易港试验区，位于中国华南地区，其中海南岛总面积 33,900 平方千米，海域面积约 2,000,000 平方千米。截至 2018 年末，海南省常住人口 934.32 万人。据《海南省 2018 年国民经济和社会发展统计公报》初步核算，海南省全年实现地区生产总值 4,832.05 亿元，占全国 GDP 比重的 0.5%，按可比价格计算，比 2017 年增长 5.8%。其中，第一产业增加值 1,000.11 亿元，增长 3.9%；第二产业增加值 1,095.79 亿元，增长 4.8%；第三产业增加值 2,736.15 亿元，增长 6.8%。三次产业构成由 2017 年的 22.0∶22.3∶55.7 变化为 20.7∶22.7∶56.6。按常住人口计算，海南省人均地区生产总值为 51,955 元，在 31 个省（区、市）中排名第 17 位。

海南省各年与分时段经济增长核算结果见图 3-10 和表 3-10。改革开放 40

年（1978—2017年）來，海南省地區生產總值增長較快，但是波動性巨大，相對來說，1995年之前增長速度波動較為劇烈，1995—2010年高速增長，2010年之後增長速度逐步放緩，其中增長最低年份（1979年）增長速度不到2%，增長最高年份（1991年）增長速度超過35%。全要素生產率增長率波動非常劇烈，40年內有11年為負值，最大值為29%，最小值為-3.9%。總體來看，1978—2017年海南省全要素生產率增長率對經濟增長的貢獻率為37.8%，相對比較高。分時段來看，1978—1987年海南省全要素生產率增長率對經濟增長的貢獻率為37.5%，1988—1997年為44.6%，1998—2007年最高，為56%，2008—2017年為11.3%。

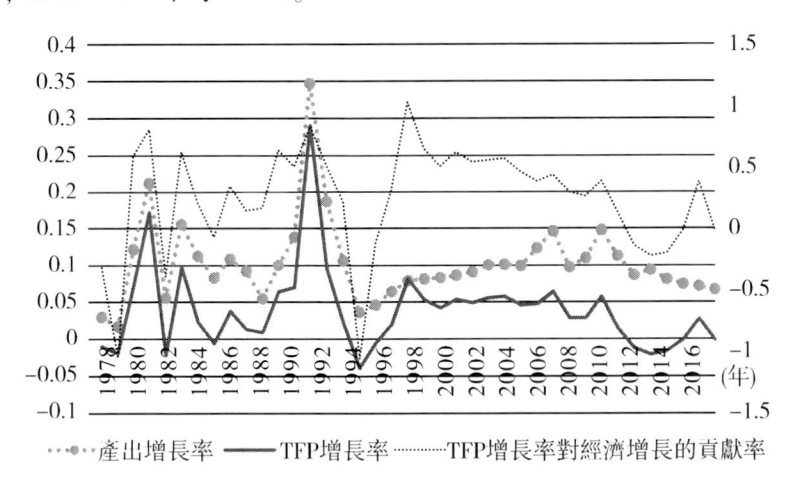

圖3-10　海南省各年經濟增長核算

表3-10　海南省分時段經濟增長核算　　　　單位:%

| 時間區間 | 產出增長率 | TFP增長率 | TFP增長率對經濟增長的貢獻率 |
| --- | --- | --- | --- |
| 1978—1987年 | 9.9 | 3.7 | 37.5 |
| 1988—1997年 | 11.5 | 5.1 | 44.6 |
| 1998—2007年 | 10.0 | 5.6 | 56.0 |
| 2008—2017年 | 9.5 | 1.1 | 11.3 |
| 1978—2017年 | 10.2 | 3.9 | 37.8 |

## 二、中部地區

### （一）山西省

山西省面積156,700平方千米，截至2018年末，常住人口3,718.34萬人。據《山西省2018年國民經濟和社會發展統計公報》初步核算，山西省全年實現地區生產總值16,818.1億元，占全國GDP比重的1.8%，按不變價計算，比2017年增長6.7%。其中，第一產業增加值740.6億元，增長2.1%；第二產業增加值7,089.2億元，增長4.5%；第三產業增加值8,988.3億元，增長8.8%。三次產業構成由2017年的5.2∶41.3∶53.5變化為4.4∶42.2∶53.4。按常住人口計算，山西省人均地區生產總值為45,328元，在31個省（區、市）中排名第25位。

山西省各年與分時段經濟增長核算結果見圖3-11和表3-11。改革開放40年（1978—2017年）來，山西省地區生產總值增長較快，但是波動性巨大，相對來說，1979—2017年增長速度波動較為劇烈，除1980年、1981年、1991年、2015年、2016年增長較慢外，其餘年份均在高速增長，其中增長最低年份（1980年）增長速度不到1%，增長最高年份（1983年）增長速度在20%左右。全要素生產率增長率波動較為劇烈，40年內有12年為負值，最大值為14.3%，最小值為-3%。總體來看，1978—2017年山西省全要素生產率增長率對經濟增長的貢獻率為32.5%，並不是很高。分時段來看，1978—1987年山西省全要素生產率增長率對經濟增長的貢獻率為39.0%，1988—1997年最高，為57.7%，1998—2007年為34.1%，2008—2017年為-4.5%。

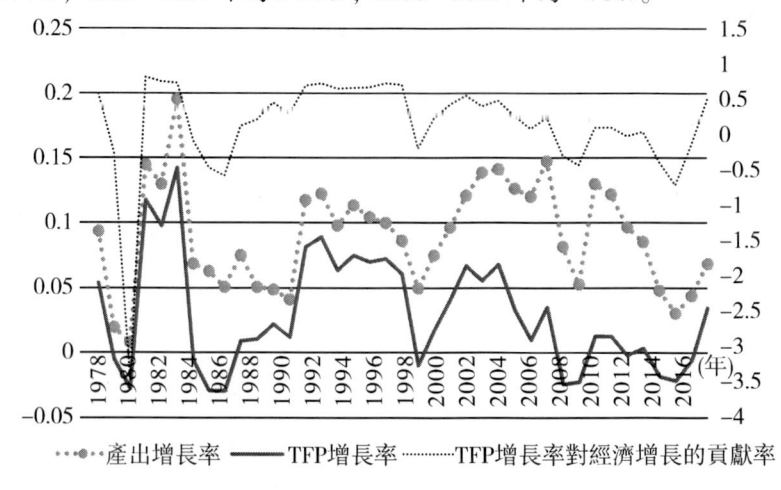

**圖3-11　山西省各年經濟增長核算**

表 3-11　山西省分時段經濟增長核算　　　　　單位:%

| 時間區間 | 產出增長率 | TFP 增長率 | TFP 增長率對經濟增長的貢獻率 |
| --- | --- | --- | --- |
| 1978—1987 年 | 8.5 | 3.3 | 39.0 |
| 1988—1997 年 | 8.7 | 5.0 | 57.7 |
| 1998—2007 年 | 11.0 | 3.7 | 34.1 |
| 2008—2017 年 | 7.5 | -0.3 | -4.5 |
| 1978—2017 年 | 8.9 | 2.9 | 32.5 |

（二）安徽省

安徽省是長江三角洲經濟區的重要組成部分，面積140,100平方千米。截至2018年末，安徽省常住人口6,323.6萬人。據《安徽省2018年國民經濟和社會發展統計公報》初步核算，安徽省全年實現地區生產總值30,006.8億元，占全國GDP比重的3.3%，按可比價格計算，比2017年增長8.02%。其中，第一產業增加值2,638.01億元，增長3.2%；第二產業增加值13,842.09億元，增長8.5%；第三產業增加值13,526.72億元，增長8.6%。三次產業結構由2017年的9.6：47.5：42.9變化為8.8：46.1：45.1。按常住人口計算，安徽省人均地區生產總值為47,712元，在31個省（區、市）中排名第22位。

安徽省各年與分時段經濟增長核算結果見圖3-12和表3-12。改革開放40年（1978—2017年）來，安徽省地區生產總值增長較快，但是波動性巨大，相對來說，1994年之前增長速度波動較為劇烈，1994—2010年高速增長，2010年之後增長速度逐步放緩，其中增長最低年份（1990年）增長速度不到-2%，增長最高年份（1983年）增長速度超過18%。全要素生產率增長率波動較為劇烈，40年內有12年為負值，最大值為12.6%，最小值為-5.4%。總體來看，1978—2017年安徽省全要素生產率增長率對經濟增長的貢獻率為42.5%，相對比較高。分時段來看，1978—1987年安徽省全要素生產率增長率對經濟增長的貢獻率為45.3%，1988—1997年最高，為48.5%，1998—2007年為43.3%，2008—2017年為33.7%。

······產出增長率 ——TFP增長率 ········TFP增長率對經濟增長的貢獻率

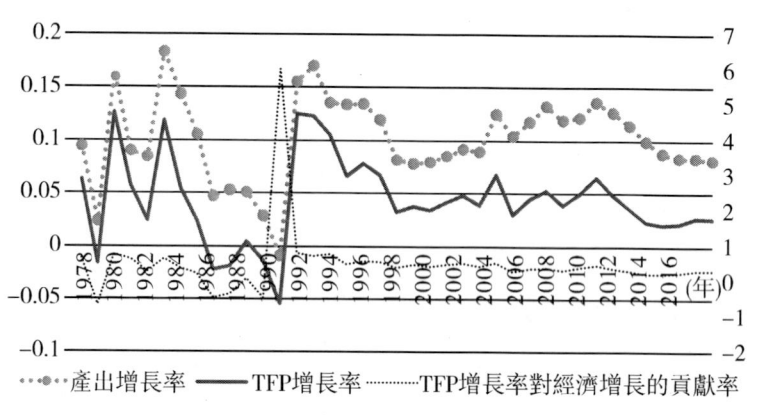

圖 3-12　安徽省各年經濟增長核算

表 3-12　安徽省分時段經濟增長核算　　　　　　　單位:%

| 時間區間 | 產出增長率 | TFP 增長率 | TFP 增長率對經濟增長的貢獻率 |
| --- | --- | --- | --- |
| 1978—1987 年 | 10.3 | 4.7 | 45.3 |
| 1988—1997 年 | 9.6 | 4.6 | 48.5 |
| 1998—2007 年 | 9.8 | 4.3 | 43.3 |
| 2008—2017 年 | 10.5 | 3.5 | 33.7 |
| 1978—2017 年 | 10.0 | 4.3 | 42.5 |

(三) 江西省

江西省是長江三角洲經濟區、珠江三角洲經濟區和海峽西岸經濟區的腹地，面積166,900平方千米。截至2018年末，江西省常住人口4,647.6萬人。據《江西省2018年國民經濟和社會發展統計公報》初步核算，江西省全年實現地區生產總值21,984.8億元，占全國GDP比重的2.4%，按可比價格計算，比2017年增長8.7%。其中，第一產業增加值1,877.3億元，增長3.4%；第二產業增加值10,250.2億元，增長8.3%；第三產業增加值9,857.2億元，增長10.3%。三次產業結構由2017年的9.4∶47.9∶42.7變化為8.6∶46.6∶44.8。按常住人口計算，江西省人均地區生產總值為47,434元，在31個省（區、市）中排名第24位。

江西省各年與分時段經濟增長核算結果見圖3-13和表3-13。改革開放40年（1978—2017年）來，江西省地區生產總值增長較快，但波動性較大，相對來說，1998年之前增長速度波動較為劇烈，1998—2010年高速增長，2010

年之後增長速度逐步放緩,其中增長最低年份(1979年)增長速度在4%左右,增長最高年份(1978年)增長速度超過14%。全要素生產率增長率波動較為劇烈,40年內有3年為負值,最大值為13.8%,最小值為-16.6%。總體來看,1978—2017年江西省全要素生產率增長率對經濟增長的貢獻率為49%,相對比較高。分時段來看,1978—1987年江西省全要素生產率增長率對經濟增長的貢獻率為44.9%,1988—1997年為38.2%,1998—2007年最高,為56.6%,2008—2017年為54.6%。

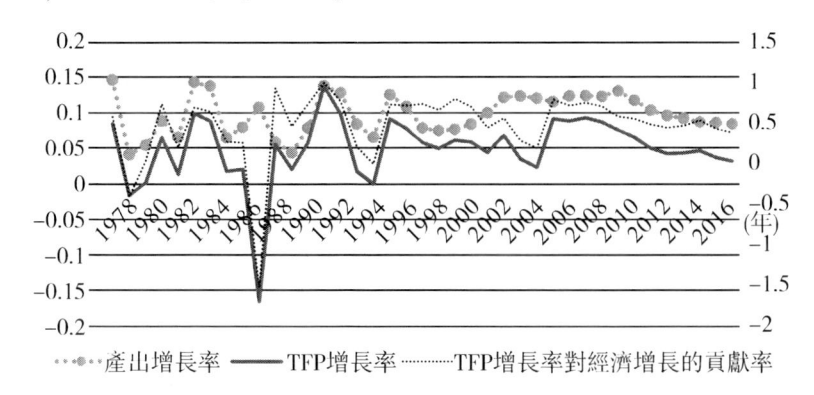

圖3-13 江西省各年經濟增長核算

表3-13 江西省分時段經濟增長核算　　　　　　　單位:%

| 時間區間 | 產出增長率 | TFP增長率 | TFP增長率對經濟增長的貢獻率 |
| --- | --- | --- | --- |
| 1978—1987年 | 9.1 | 4.1 | 44.9 |
| 1988—1997年 | 9.4 | 3.6 | 38.2 |
| 1998—2007年 | 10.2 | 5.8 | 56.6 |
| 2008—2017年 | 10.5 | 5.7 | 54.6 |
| 1978—2017年 | 9.8 | 4.8 | 49.0 |

(四)河南省

河南省面積167,000平方千米。截至2018年末,常住人口9,605萬人。據《河南省2018年國民經濟和社會發展統計公報》初步核算,河南省全年實現地區生產總值48,055.86億元,占全國GDP比重5.3%,按可比價格計算,比2017年增長7.6%。其中,第一產業增加值4,289.38億元,增長3.3%;第二產業增加值22,034.83億元,增長7.2%;第三產業增加值21,731.65億元,增長9.2%。三次產業結構由2017年的9.6∶47.7∶42.7變化為8.9∶45.9∶

45.2。按常住人口計算，河南省人均地區生產總值為 50,152 元，在 31 個省（區、市）中排名第 18 位。

河南省各年與分時段經濟增長核算結果見圖 3-14 和表 3-14。改革開放 40 年（1978—2017 年）來，河南省地區生產總值增長較快，但是波動性巨大，相對來說，1992 年之前增長速度波動較為劇烈，1992—2007 年高速增長，2007 年之後增長速度逐步放緩，其中增長最低年份（1981 年）增長速度超過 4%，增長最高年份（1982 年）增長速度超過 21%。全要素生產率增長率波動較為劇烈，40 年內有 5 年為負值，最大值為 15.5%，最小值為 -0.9%。總體來看，1978—2017 年河南省全要素生產率增長率對經濟增長的貢獻率為 37.5%，相對比較高。分時段來看，1978—1987 年河南省全要素生產率增長率對經濟增長的貢獻率為 50.4%，1988—1997 年最高，為 50.6%，1998—2007 年為 32.4%，2008—2017 年為 16.0%。

‥‥● 產出增長率　──── TFP增長率　‥‥‥ TFP增長率對經濟增長的貢獻率

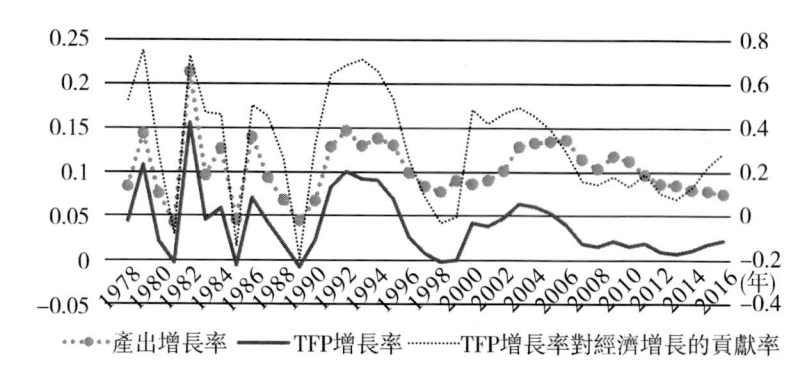

圖 3-14　河南省各年經濟增長核算

表 3-14　河南省分時段經濟增長核算　　　　單位:%

| 時間區間 | 產出增長率 | TFP 增長率 | TFP 增長率對經濟增長的貢獻率 |
| --- | --- | --- | --- |
| 1978—1987 年 | 10.6 | 5.3 | 50.4 |
| 1988—1997 年 | 10.4 | 5.3 | 50.6 |
| 1998—2007 年 | 10.6 | 3.4 | 32.4 |
| 2008—2017 年 | 9.5 | 1.5 | 16.0 |
| 1978—2017 年 | 10.3 | 3.8 | 37.5 |

（五）湖北省

湖北省面積 185,900 平方千米，截至 2018 年末，常住人口 5,917 萬人。據

《湖北省2018年國民經濟和社會發展統計公報》初步核算，湖北省全年實現地區生產總值39,366.55億元，占全國GDP比重的4.3%，按可比價格計算，比2017年增長7.8%。其中，第一產業增加值3,547.51億元，增長2.9%；第二產業增加值17,088.95億元，增長6.8%；第三產業增加值18,730.09億元，增長9.9%。三次產業結構由2017年的10.0∶43.5∶46.5變化為9.0∶43.4∶47.6。按常住人口計算，湖北省人均地區生產總值為66,531元，在31個省（區、市）中排名第10位。

湖北省各年與分時段經濟增長核算結果見圖3-15和表3-15。改革開放40年（1978—2017年）來，湖北地區生產總值增長較快，但是波動性較大，相對來說，1992年之前增長速度波動較為劇烈，1992—2007年高速增長，2007年之後增長速度逐步放緩，其中增長最低年份（1988年）增長速度超過4%，增長最高年份（1983年）增長速度在19%左右。全要素生產率增長率波動非常劇烈，40年內有2年為負值，最大值為14.5%，最小值為-12%。總體來看，1978—2017年湖北省全要素生產率增長率對經濟增長的貢獻率為48.6%，相對比較高。分時段來看，1978—1987年湖北省全要素生產率增長率對經濟增長的貢獻率最高，為62.1%，1988—1997年為37.6%，1998—2007年為52.3%，2008—2017年為43.6%。

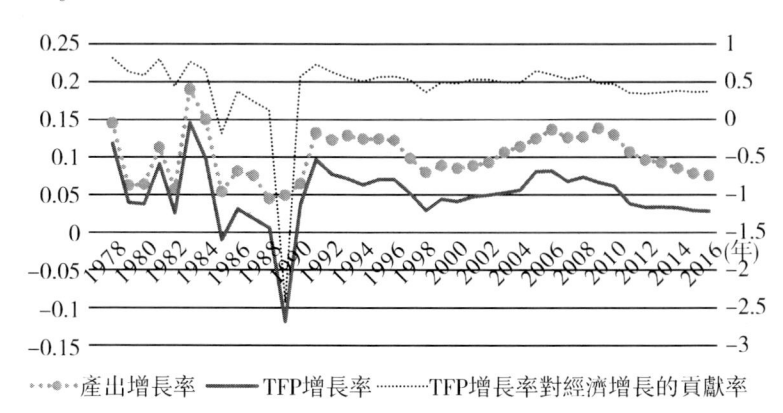

圖3-15　湖北省各年經濟增長核算

表 3-15　湖北省分時段經濟增長核算　　　　　單位:%

| 時間區間 | 產出增長率 | TFP 增長率 | TFP 增長率對經濟增長的貢獻率 |
| --- | --- | --- | --- |
| 1978—1987 年 | 10.1 | 6.3 | 62.1 |
| 1988—1997 年 | 9.8 | 3.7 | 37.6 |
| 1998—2007 年 | 10.1 | 5.3 | 52.3 |
| 2008—2017 年 | 10.5 | 4.6 | 43.6 |
| 1978—2017 年 | 10.1 | 4.9 | 48.6 |

（六）湖南省

湖南省面積211,800平方千米，截至2018年末，常住人口6,898.8萬人。據《湖南省2018年國民經濟與社會發展統計公報》初步核算，湖南省全年實現地區生產總值36,425.8億元，占全國GDP比重的4%，按可比價格計算，比2017年增長7.8%。其中，第一產業增加值3,083.6億元，增長3.5%；第二產業增加值14,453.5億元，增長7.2%；第三產業增加值18,888.7億元，增長9.2%。三次產業結構由2017年的10.7∶40.9∶48.4變化為8.5∶39.7∶51.8。按常住人口計算，湖南省人均地區生產總值為52,949元，在31個省（區、市）中排名第16位。

湖南省各年與分時段經濟增長核算結果見圖3-16和表3-16。改革開放40年（1978—2017年）來，湖南省地區生產總值增長較快，但是波動性較大，相對來說，1998年之前增長速度波動較為劇烈，1998—2010年高速增長，2010年之後增長速度逐步放緩，其中增長最低年份（1988年）增長速度不到4%，增長最高年份（2009年）增長速度超過13%。全要素生產率增長率波動較為劇烈，40年內有1年為負值，最大值為76%，最小值為-40%。總體來看，1978—2017年湖南省全要素生產率增長率對經濟增長的貢獻率為48%，相對比較高。分時段來看，1978—1987年湖南省全要素生產率增長率對經濟增長的貢獻率為48.5%，1988—1997年最高，為58.3%，1998—2007年為47.4%，2008—2017年為39.4%。

······產出增長率 ──── TFP增長率 ········ TFP增長率對經濟增長的貢獻率

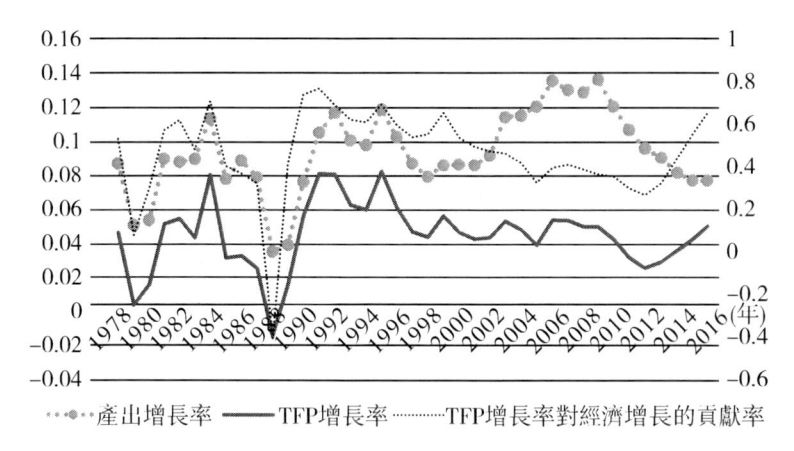

圖3-16 湖南省各年經濟增長核算

表3-16 湖南省分時段經濟增長核算　　　　單位:%

| 時間區間 | 產出增長率 | TFP 增長率 | TFP 增長率對經濟增長的貢獻率 |
| --- | --- | --- | --- |
| 1978—1987 年 | 8.2 | 4.0 | 48.5 |
| 1988—1997 年 | 8.7 | 5.1 | 58.3 |
| 1998—2007 年 | 10.0 | 4.7 | 47.4 |
| 2008—2017 年 | 10.4 | 4.1 | 39.4 |
| 1978—2017 年 | 9.4 | 4.5 | 48.0 |

### 三、西部地區

（一）內蒙古自治區

內蒙古自治區面積1,183,000平方千米，截至2018年末，區內常住人口2,534.0萬人。據《內蒙古自治區2018年國民經濟和社會發展統計公報》初步核算，內蒙古自治區全年實現地區生產總值17,289.2億元，占全國GDP比重的1.9%，按可比價格計算，比2017年增長5.3%。其中，第一產業增加值1,753.8億元，增長3.2%；第二產業增加值6,807.3億元，增長5.1%；第三產業增加值8,728.1億元，增長6.0%。三次產業結構由2017年的10.2∶39.8∶50.0變化為10.1∶39.4∶50.5。按常住人口計算，內蒙古自治區人均地區生產總值為68,302元，在31個省（區、市）中排名第9位。

內蒙古自治區各年與分時段經濟增長核算結果見圖3-17和表3-17。改革

開放40年（1978—2017年）來，內蒙古自治區地區生產總值增長較快，但是波動性巨大。相對來說，1992年之前增長速度波動較為劇烈，1992—2005年高速增長，2005年之後增長速度逐步放緩，增長最低年份（1979年）增長速度不到2%，增長最高年份（2004年）增長速度超過21%。全要素生產率增長率波動較為劇烈，40年內有5年為負值，最大值為13.4%，最小值為-4.3%。總體來看，1978—2017年內蒙古自治區全要素生產率增長率對經濟增長的貢獻率為34.2%，相對比較高。分時段來看，1978—1987年內蒙古自治區全要素生產率增長率對經濟增長的貢獻率為33.9%，1988—1997年為39.9%，1998—2007年最高，為43.9%，2008—2017年為17.0%。

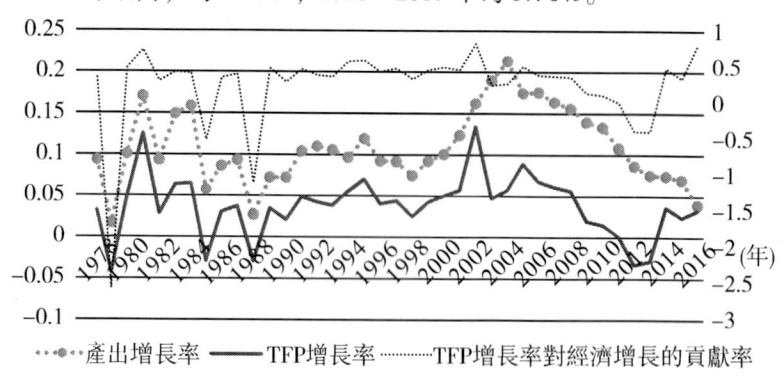

圖3-17　內蒙古自治區各年經濟增長核算

表3-17　內蒙古自治區分時段經濟增長核算　　　　單位:%

| 時間區間 | 產出增長率 | TFP增長率 | TFP增長率對經濟增長的貢獻率 |
| --- | --- | --- | --- |
| 1978—1987年 | 10.2 | 3.5 | 33.9 |
| 1988—1997年 | 8.9 | 3.6 | 39.9 |
| 1998—2007年 | 13.9 | 6.1 | 43.9 |
| 2008—2017年 | 10.4 | 1.8 | 17.0 |
| 1978—2017年 | 10.9 | 3.7 | 34.2 |

（二）廣西壯族自治區

廣西壯族自治區陸地面積237,600平方千米，海域面積約40,000平方千米，截至2018年末，常住人口4,926萬人。據《廣西壯族自治區2018年國民經濟和社會發展統計公報》初步核算，廣西壯族自治區全年實現地區生產總值20,352.51億元，占全國GDP比重的2.2%，按可比價格計算，比2017年增長6.8%。其中，第一產業增加值3,012.17億元，增長5.6%；第二產業增加

值8,079.95亿元,增长4.3%;第三产业增加值9,260.39亿元,增长9.4%。三次产业结构由2017年的14.2：45.6：40.2变化为14.8：39.7：45.5。按常住人口计算,广西壮族自治区人均地区生产总值为41,489元,在31个省（区、市）中排名第28位。

广西壮族自治区各年与分时段经济增长核算结果见图3-18和表3-18。改革开放40年（1978—2017年）来,广西壮族自治区地区生产总值增长较快,但是波动性巨大。相对来说,1997年之前增长速度波动较为剧烈,1997—2007年高速增长,2007年之后增长速度逐步放缓,其中增长最低年份（1982年）增长速度超过3%,增长最高年份（1991年）增长速度超过16%。全要素生产率增长率波动较为平缓,40年内有2年为负值,最大值为14.6%,最小值为-0.2%。总体来看,1978—2017年广西壮族自治区全要素生产率增长率对经济增长的贡献率为45.9%,相对比较高。分时段来看,1978—1987年广西壮族自治区全要素生产率增长率对经济增长的贡献率为50.6%,1988—1997年最高,为55.9%,1998—2007年为43.0%,2008—2017年为35.6%。

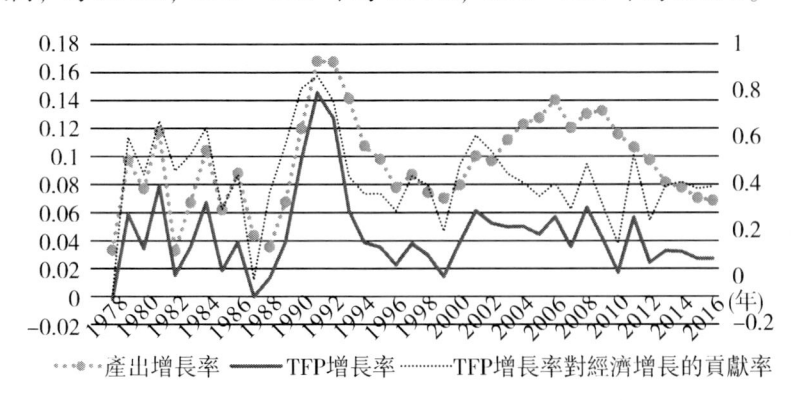

图3-18　广西壮族自治区各年经济增长核算

表3-18　广西壮族自治区分时段经济增长核算　　　　单位:%

| 时间区间 | 产出增长率 | TFP增长率 | TFP增长率对经济增长的贡献率 |
| --- | --- | --- | --- |
| 1978—1987年 | 7.5 | 3.8 | 50.6 |
| 1988—1997年 | 10.2 | 5.7 | 55.9 |
| 1998—2007年 | 10.1 | 4.3 | 43.0 |
| 2008—2017年 | 10.0 | 3.6 | 35.6 |
| 1978—2017年 | 9.5 | 4.4 | 45.9 |

### (三) 重慶市

重慶市是中西部唯一的直轄市、國家中心城市、超大城市、國際大都市，長江上游地區的經濟、金融、科創、航運和商貿物流中心，西部大開發重要的戰略支點、「一帶一路」和長江經濟帶重要連接點以及內陸開放高地，面積82,400平方千米。截至2018年末，重慶市常住人口3,101.79萬人。據《重慶市2018年國民經濟和社會發展統計公報》初步核算，重慶市全年實現地區生產總值20,363.19億元，佔全國GDP比重的2.2%，按可比價格計算，比2017年增長6.0%。其中，第一產業增加值1,378.27億元，增長4.4%；第二產業增加值8,328.79億元，增長3.0%；第三產業增加值10,656.13億元，增長9.1%。三次產業結構由2017年的6.9∶44.1∶49.0變化為6.8∶40.9∶52.3。按常住人口計算，重慶市人均地區生產總值為65,933元，在31個省（區、市）中排名第11位。

重慶市各年與分時段經濟增長核算結果見圖3-19和表3-19。改革開放40年（1978—2017年）來，重慶市地區生產總值增長較快，但是波動性較大，相對來說，1992年之前增長速度波動較為劇烈，1992—2010年高速增長，2010年之後增長速度逐步放緩，其中增長最低年份（1988年）增長速度超過4%，增長最高年份（2009年）增長速度超過15%。全要素生產率增長率波動較為劇烈，40年內有3年為負值，最大值為12.8%，最小值為-2.3%。總體來看，1978—2017年重慶市全要素生產率增長率對經濟增長的貢獻率為49.4%，相對比較高。分時段來看，1978—1987年重慶市全要素生產率增長率對經濟增長的貢獻率為60.9%，1988—1997年最高，為69.9%，1998—2007年為21.6%，2008—2017年為48.6%。

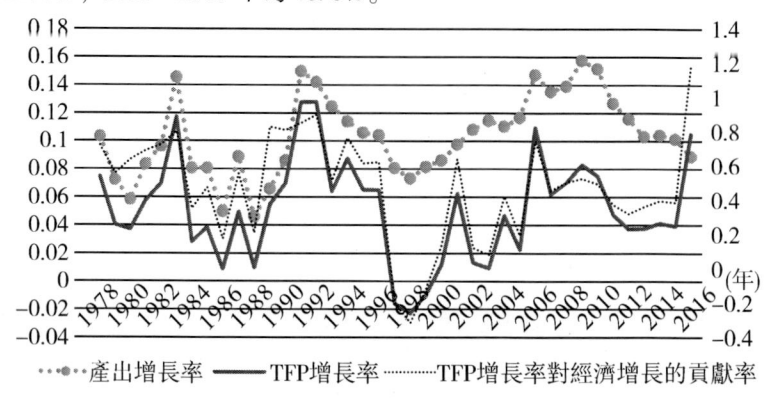

圖3-19 重慶市各年經濟增長核算

表 3-19　重慶市分時段經濟增長核算　　　　單位:%

| 時間區間 | 產出增長率 | TFP 增長率 | TFP 增長率對經濟增長的貢獻率 |
| --- | --- | --- | --- |
| 1978—1987 年 | 8.5 | 5.2 | 60.9 |
| 1988—1997 年 | 10.2 | 7.2 | 69.9 |
| 1998—2007 年 | 10.2 | 2.2 | 21.6 |
| 2008—2017 年 | 12.2 | 6.0 | 48.6 |
| 1978—2017 年 | 10.3 | 5.1 | 49.4 |

(四) 四川省

四川省面積486,000平方千米,截至2018年末,常住人口8,341萬人。據《四川省2018年國民經濟和社會發展統計公報》初步核算,四川省全年實現地區生產總值40,678.13億元,占全國GDP比重的4.4%,按可比價格計算,比2017年增長8.0%。其中,第一產業增加值4,426.7億元,增長3.6%;第二產業增加值15,322.7億元,增長7.5%;第三產業增加值20,928.7億元,增長9.4%。三次產業結構由2017年的11.6∶38.7∶49.7變化為10.9∶37.7∶51.4。按常住人口計算,四川省人均地區生產總值為48,883元,在31個省(區、市)中排名第20位。

四川省各年與分時段經濟增長核算結果見圖3-20和表3-20。改革開放40年(1978—2017年)來,四川省地區生產總值增長較快,但是波動性較大,相對來說,1992年之前增長速度波動較為劇烈,1992—2009年高速增長,其中1998年、2007年增長速度迅速下降然後回升,2010年之後增長速度逐步放緩,其中增長最低年份(1988年)增長速度超過3%,增長最高年份(1999年)增長速度超過14%。全要素生產率增長率波動較為平緩,40年內有3年為負值,最大值為10.2%,最小值為-1.1%。總體來看,1978—2017年四川省全要素生產率增長率對經濟增長的貢獻率為41.7%,相對比較高。分時段來看,1978—1987年四川省全要素生產率增長率對經濟增長的貢獻率為38.8%,1988—1997年最高,為58.9%,1998—2007年為38.6%,2008—2017年為31.7%。

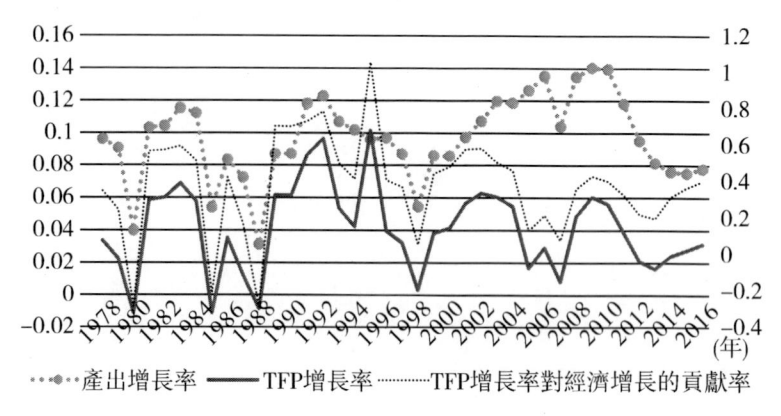

图 3-20　四川省各年經濟增長核算

表 3-20　四川省分時段經濟增長核算　　　　　　　　單位:%

| 時間區間 | 產出增長率 | TFP 增長率 | TFP 增長率對經濟增長的貢獻率 |
| --- | --- | --- | --- |
| 1978—1987 年 | 8.9 | 3.4 | 38.8 |
| 1988—1997 年 | 9.2 | 5.4 | 58.9 |
| 1998—2007 年 | 10.2 | 3.9 | 38.6 |
| 2008—2017 年 | 10.4 | 3.3 | 31.7 |
| 1978—2017 年 | 9.7 | 4.0 | 41.7 |

（五）貴州省

貴州省為中國西南地區交通樞紐，是長江經濟帶重要組成部分，全國首個國家級大數據綜合試驗區，面積 176,167 平方千米。截至 2018 年末，貴州省常住人口 3,600 萬人。據《貴州省 2018 年國民經濟和社會發展統計公報》初步核算，貴州省全年實現地區生產總值 14,806.45 億元，占全國 GDP 比重的 1.6%，按可比價格計算，比 2017 年增長 9.1%。其中，第一產業增加值 2,159.54 億元，增長 6.9%；第二產業增加值 5,755.54 億元，增長 9.5%；第三產業增加值 6,891.37 億元，增長 9.5%。三次產業結構由 2017 年的 14.9：40.2：44.9 變化為 14.6：38.9：46.5。按常住人口計算，貴州省人均地區生產總值為 41,244 元，在 31 個省（區、市）中排名第 29 位。

貴州省各年與分時段經濟增長核算結果見圖 3-21 和表 3-21。改革開放 40 年（1978—2017 年）來，貴州省地區生產總值增長較快，但是波動性較大，相對來說，1991 年之前增長速度波動較為劇烈，1991—2011 年高速增長，

2011年之後增長速度逐步放緩，其中增長最低年份（1989年）增長速度超過4%，增長最高年份（1983年）增長速度超過18%。全要素生產率增長率波動劇烈，40年內有5年為負值，最大值為27.4%，最小值為－5.1%。總體來看，1978—2017年貴州省全要素生產率增長率對經濟增長的貢獻率為49.8%，相對比較高。分時段來看，1978—1987年貴州省全要素生產率增長率經濟增長的貢獻率為51.1%，1988—1997年最高，為56.3%，1998—2007年為37.9%，2008—2017年為55.0%。

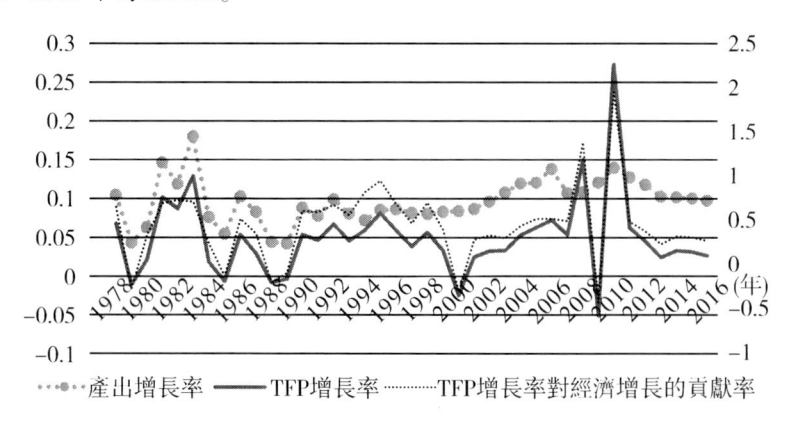

圖3-21 貴州省各年經濟增長核算

表3-21 貴州省分時段經濟增長核算　　　　　　單位:%

| 時間區間 | 產出增長率 | TFP增長率 | TFP增長率對經濟增長的貢獻率 |
| --- | --- | --- | --- |
| 1978—1987年 | 9.8 | 5.0 | 51.1 |
| 1988—1997年 | 7.6 | 4.3 | 56.3 |
| 1998—2007年 | 10.0 | 3.8 | 37.9 |
| 2008—2017年 | 11.2 | 6.2 | 55.0 |
| 1978—2017年 | 9.6 | 4.8 | 49.8 |

（六）雲南省

雲南省面積394,000平方千米，截至2018年末，常住人口4,829.5萬人。據《雲南省2018年國民經濟和社會發展統計公報》初步核算，雲南省全年實現地區生產總值17,881.12億元，占全國GDP比重的2%，按可比價格計算，比2017年增長8.9%。其中，第一產業增加值2,498.86億元，增長6.3%；第二產業增加值6,957.44億元，增長11.3%；第三產業增加值8,424.82億元，

增長7.6%。三次產業結構由2017年的14.3∶37.9∶47.8變化為14.0∶38.9∶47.1。按常住人口計算，雲南省人均地區生產總值為37,136元，在31個省（區、市）中排名第30位。

雲南省各年與分時段經濟增長核算結果見圖3-22和表3-22。改革開放40年（1978—2017年）來，雲南省地區生產總值增長較快，但是波動性較大，相對來說，1992年之前增長速度波動較為劇烈，1992—2012年高速增長，2012年之後增長速度逐步放緩，其中增長最低年份（1978年）增長速度超過4%，增長最高年份（1987年）增長速度接近15%。全要素生產率增長率波動較為平緩，40年內有1年為負值，最大值為11.8%，最小值為-0.6%。總體來看，1978—2017年雲南省全要素生產率增長率對經濟增長的貢獻率為41.9%，相對比較高。分時段來看，1978—1987年雲南省全要素生產率增長率對經濟增長的貢獻率最高，為65.7%，1988—1997年為38.3%，1998—2007年為30.6%，2008—2017年為36.0%。

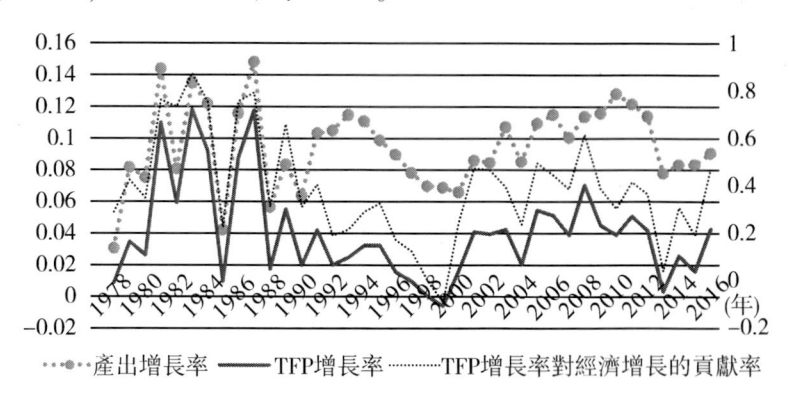

圖3-22　雲南省各年經濟增長核算

表3-22　雲南省分時段經濟增長核算　　　　　單位：%

| 時間區間 | 產出增長率 | TFP 增長率 | TFP 增長率對經濟增長的貢獻率 |
| --- | --- | --- | --- |
| 1978—1987年 | 9.1 | 6.0 | 65.7 |
| 1988—1997年 | 9.7 | 3.7 | 38.3 |
| 1998—2007年 | 8.7 | 2.7 | 30.6 |
| 2008—2017年 | 10.3 | 3.7 | 36.0 |
| 1978—2017年 | 9.5 | 4.0 | 41.9 |

## （七）西藏自治區

西藏自治區是中國五個少數民族自治區之一，面積1,202,189平方千米。截至2018年末，西藏自治區常住人口343.82萬人。據《西藏自治區2018年國民經濟和社會發展統計公報》初步核算，西藏自治區全年實現地區生產總值1,477.63億元，占全國GDP比重的0.2%，按可比價格計算，比2017年增長9.1%。其中，第一產業增加值130.25億元，增長3.4%；第二產業增加值628.37億元，增長17.5%；第三產業增加值719.01億元，增長4.1%。三次產業結構由2017年的9.4：39.2：51.4變化為8.8：42.5：48.7。按常住人口計算，西藏自治區人均地區生產總值為43,397元，在31個省（區、市）中排名第26位。

西藏自治區各年與分時段經濟增長核算結果見圖3-23和表3-23。改革開放40年（1978—2017年）來，西藏自治區地區生產總值增長較快，但是波動性較大，相對來說，1993年之前增長速度波動較為劇烈，1993—2017年持續高速增長，2017年後增長速度逐步放緩，其中增長最低年份（1985年）增長速度接近-10%，增長最高年份（1983年）增長速度超過22%。全要素生產率增長率波動劇烈，40年內有1年為負值，最大值為20%，最小值為-11.6%。總體來看，1978—2017年西藏自治區全要素生產率增長率對經濟增長的貢獻率為54%，相對比較高。分時段來看，1978—1987年西藏自治區全要素生產率增長率對經濟增長的貢獻率為74.8%，1988—1997年最高，為77.9%，1998—2007年為53.2%，2008—2017年為20.0%。

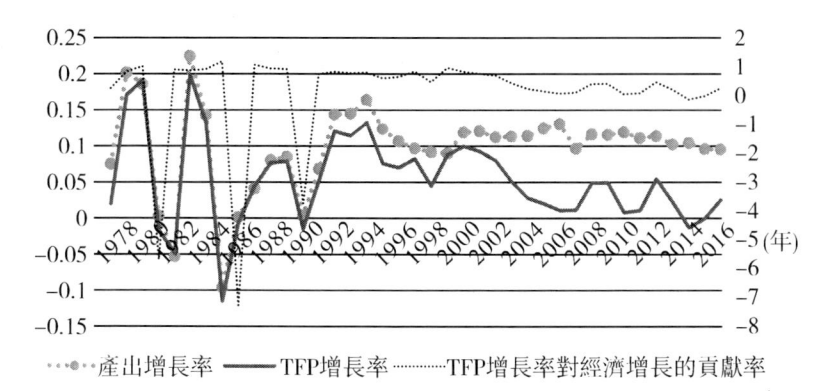

圖3-23　西藏自治區各年經濟增長核算

表 3-23　西藏自治區分時段經濟增長核算　　　　單位:%

| 時間區間 | 產出增長率 | TFP 增長率 | TFP 增長率對經濟增長的貢獻率 |
|---|---|---|---|
| 1978—1987 年 | 7.0 | 5.3 | 7.0 |
| 1988—1997 年 | 9.5 | 7.4 | 9.5 |
| 1998—2007 年 | 11.2 | 5.9 | 11.2 |
| 2008—2017 年 | 10.7 | 2.1 | 10.7 |
| 1978—2017 年 | 9.7 | 5.2 | 9.7 |

（八）陝西省

陝西省面積 205,600 平方千米。截至 2018 年末，陝西省常住人口 3,864.40 萬人。據《陝西省 2018 年國民經濟和社會發展統計公報》初步核算，陝西省全年實現地區生產總值 24,438.32 億元，占全國 GDP 比重的 2.7%，按可比價格計算，比 2017 年增長 8.3%。其中，第一產業增加值 1,830.19 億元，增長 3.2%；第二產業增加值 12,157.48 億元，增長 8.7%；第三產業增加值 10,450.65 億元，增長 8.8%。三次產業結構由 2017 年的 7.9：49.8：42.3 變化為 7.5：49.7：42.8。按常住人口計算，陝西省人均地區生產總值為 63,477 元，在 31 個省（區、市）中排名第 12 位。

陝西省各年與分時段經濟增長核算結果見圖 3-24 和表 3-24。改革開放 40 年（1978—2017 年）來，陝西省地區生產總值增長較快，但是波動性較大，相對來說，1994 年之前增長速度波動較劇烈，1994—2008 年持續高速增長，2008 年之後增長速度逐步放緩，其中增長最低年份（1988 年）增長速度超過 3%，增長最高年份（1987 年）增長速度超過 19%。全要素生產率增長率波動劇烈，40 年內有 4 年為負值，最大值為 17.3%，最小值為 -10.5%，總體來看，1978—2017 年陝西省全要素生產率增長率對經濟增長的貢獻率為 43.7%，相對比較高。分時段來看，1978—1987 年陝西省全要素生產率增長率對經濟增長的貢獻率為 41.5%，1988—1997 年最高，為 52.1%，1998—2007 年為 45.9%，2008—2017 年為 36.2%。

...•... 產出增長率 ——— TFP增長率 ——— TFP增長率對經濟增長的貢獻率

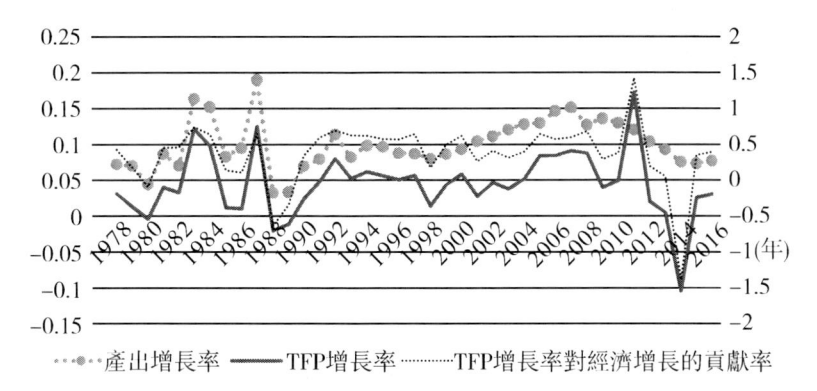

圖 3-24　陝西省各年經濟增長核算

表 3-24　陝西省分時段經濟增長核算　　　　　　　　　　單位：%

| 時間區間 | 產出增長率 | TFP 增長率 | TFP 增長率對經濟增長的貢獻率 |
|---|---|---|---|
| 1978—1987 年 | 9.3 | 3.8 | 41.5 |
| 1988—1997 年 | 8.8 | 4.6 | 52.1 |
| 1998—2007 年 | 10.9 | 5.0 | 45.9 |
| 2008—2017 年 | 10.9 | 3.9 | 36.2 |
| 1978—2017 年 | 10.0 | 4.3 | 43.7 |

（九）甘肅省

甘肅省面積425,900平方千米，截至2018年末，常住人口2,637.26萬人。據《甘肅省2018年國民經濟和社會發展統計公報》初步核算，甘肅省全年實現地區生產總值8,246.1億元，占全國GDP比重的0.9%，按可比價格計算，比2017年增長6.3%。其中，第一產業增加值921.3億元，增長5.0%；第二產業增加值2,794.7億元，增長3.8%；第三產業增加值4,530.1億元，增長8.4%。三次產業結構由2017年的13.8：33.4：52.8變化為11.2：33.9：54.9。按常住人口計算，甘肅省人均地區生產總值為31,336元，在31個省（區、市）中排名第31位。

甘肅省各年與分時段經濟增長核算結果見圖3-25和表3-25。改革開放40年（1978—2017年）來，甘肅省地區生產總值增長較快，但是波動性較大，相對來說，1992年之前增長速度波動較為劇烈，1992—2012年持續高速增長，2012年之後增長速度逐步放緩，其中增長最低年份（1980年）增長速度接近-9%，增長最高年份（1982年）增長速度接近14%。全要素生產率增長率波

動較為劇烈，40年內有5年為負值，最大值為9.6%，最小值為-12.8%。總體來看，1978—2017年甘肅省全要素生產率增長率對經濟增長的貢獻率為46.7%，相對比較高。分時段來看，1978—1987年甘肅省全要素生產率增長率對經濟增長的貢獻率為28.3%，1988—1997年為46.3%，1998—2007年最高，為56.2%，2008—2017年為50.4%。

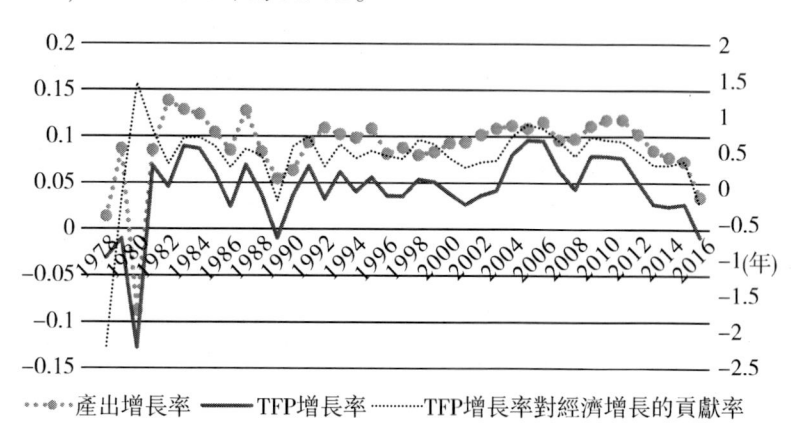

圖3-25 甘肅省各年經濟增長核算

表3-25 甘肅省分時段經濟增長核算　　　　　　　　　單位：%

| 時間區間 | 產出增長率 | TFP增長率 | TFP增長率對經濟增長的貢獻率 |
|---|---|---|---|
| 1978—1987年 | 7.3 | 2.1 | 28.3 |
| 1988—1997年 | 9.2 | 4.3 | 46.3 |
| 1998—2007年 | 9.9 | 5.5 | 56.2 |
| 2008—2017年 | 9.1 | 4.6 | 50.4 |
| 1978—2017年 | 8.9 | 4.2 | 46.7 |

（十）青海省

青海省總面積722,300平方千米，截至2018年末，常住人口603.23萬人。據《青海省2018年國民經濟和社會發展統計公報》初步核算，青海省全年實現地區生產總值2,865.23億元，占全國GDP比重的0.3%，按可比價格計算，比2017年增長7.2%。其中，第一產業增加值268.10億元，增長4.5%；第二產業增加值1,247.06億元，增長7.8%；第三產業增加值1,350.07億元，增長6.9%。三次產業結構由2017年的9.0∶44.7∶46.3變化為9.4∶43.5∶47.1。按常住人口計算，青海省人均地區生產總值為47,689元，在31個省

(區、市)中排名第23位。

青海省各年與分時段經濟增長核算結果見圖3-26和表3-26。改革開放40年(1978—2017年)來,青海省地區生產總值增長較快,但是波動性較大,相對來說,1989年之前增長速度波動較為劇烈,1989—2010年持續高速增長,2010年之後增長速度逐步放緩,其中增長最低年份(1978年)增長速度接近-10%,增長最高年份(1979年)增長速度超過16%。全要素生產率增長率波動較為劇烈,40年內有7年為負值,最大值為10.4%,最小值為-16.1%。總體來看,1978—2017年青海省全要素生產率增長率對經濟增長的貢獻率為35.3%,相對比較高。分時段來看,1978—1987年青海省全要素生產率增長率對經濟增長的貢獻率為31.8%,1988—1997年為29.9%,1998—2007年最高,為47.5%,2008—2017年為28.1%。

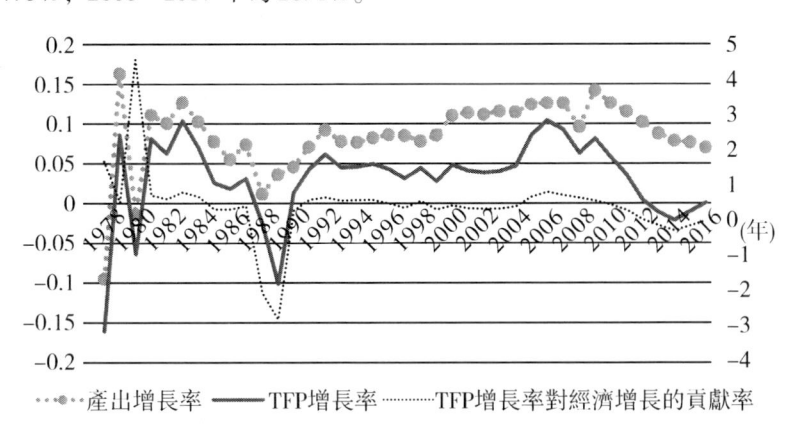

圖3-26　青海省各年經濟增長核算

表3-26　青海省分時段經濟增長核算　　　　　　　單位:%

| 時間區間 | 產出增長率 | TFP 增長率 | TFP 增長率對經濟增長的貢獻率 |
| --- | --- | --- | --- |
| 1978—1987 年 | 6.7 | 2.1 | 31.8 |
| 1988—1997 年 | 6.5 | 2.0 | 29.9 |
| 1998—2007 年 | 10.7 | 5.1 | 47.5 |
| 2008—2017 年 | 10.2 | 2.9 | 28.1 |
| 1978—2017 年 | 8.6 | 3.0 | 35.3 |

(十一)寧夏回族自治區

寧夏回族自治區面積66,400平方千米,截至2018年末,常住人口688.11

萬人。據《寧夏回族自治區2018年國民經濟和社會發展統計公報》初步核算，寧夏回族自治區全年實現地區生產總值3,705.18億元，占全國GDP比重的0.4%，按可比價格計算，比2017年增長7.0%。其中，第一產業增加值279.85億元，增長4.0%；第二產業增加值1,650.26億元，增長6.8%；第三產業增加值1,775.07億元，增長7.7%。三次產業結構由2017年的7.6：45.8：46.6變化為7.6：44.5：47.9。按常住人口計算，寧夏回族自治區人均地區生產總值為54,094元，在31個省（區、市）中排名第15位。

　　寧夏回族自治區各年與分時段經濟增長核算結果見圖3-27和表3-27。改革開放40年（1978—2017年）來，寧夏回族自治區地區生產總值增長較快，但是波動性較大，相對來說，1997年之前增長速度波動較為劇烈，1997—2010年持續高速增長，2010年之後增長速度逐步放緩，其中增長最低年份（1980年）增長速度不超過2%，增長最高年份（1995年）增長速度超過16%。全要素生產率增長率波動較為劇烈，40年內有2年為負值，最大值為12.8%，最小值為-0.6%。總體來看，1978—2017年寧夏回族自治區全要素生產率增長率對經濟增長的貢獻率為39.5%，相對比較高。分時段來看，1978—1987年寧夏回族自治區全要素生產率增長率對經濟增長的貢獻率最高，為49.8%，1988—1997年為48.1%，1998—2007年為40.9%，2008—2017年為22.1%。

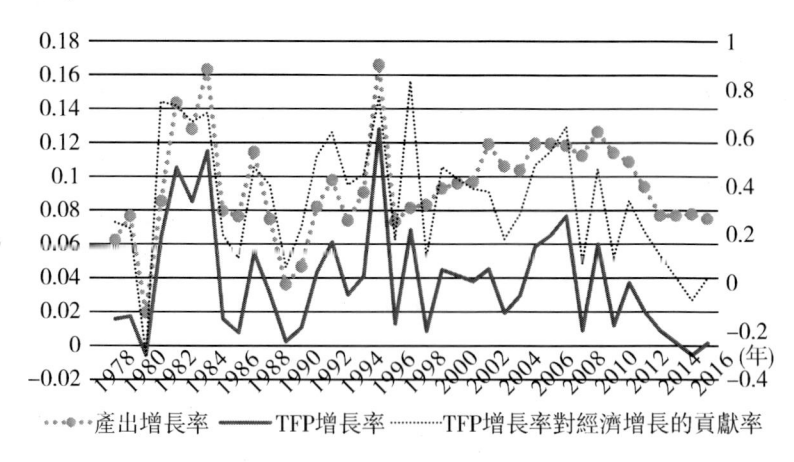

圖3-27　寧夏回族自治區各年經濟增長核算

表 3-27  寧夏回族自治區分時段經濟增長核算　　　　單位:%

| 時間區間 | 產出增長率 | TFP 增長率 | TFP 增長率對經濟增長的貢獻率 |
| --- | --- | --- | --- |
| 1978—1987 年 | 9.2 | 4.6 | 49.8 |
| 1988—1997 年 | 8.5 | 4.1 | 48.1 |
| 1998—2007 年 | 10.2 | 4.2 | 40.9 |
| 2008—2017 年 | 9.8 | 2.2 | 22.1 |
| 1978—2017 年 | 9.4 | 3.7 | 39.5 |

（十二）新疆維吾爾自治區

新疆維吾爾自治區是中國陸地面積最大的省級行政區，面積1,660,000平方千米，占中國國土總面積的1/6，在歷史上是古絲綢之路的重要通道，現在是第二座「亞歐大陸橋」的必經之地。截至2018年末，新疆維吾爾自治區常住人口2,486.76萬人。據《新疆維吾爾自治區2018年國民經濟和社會發展統計公報》初步核算，新疆維吾爾自治區全年實現地區生產總值12,199.08億元，占全國GDP比重的1.3%，按可比價格計算，比2017年增長6.1%。其中，第一產業增加值1,692.09億元，增長4.7%；第二產業增加值4,922.97億元，增長4.2%；第三產業增加值5,584.02億元，增長8.0%。三次產業結構由2017年的15.5：39.3：45.2變化為13.9：40.3：45.8。按常住人口計算，新疆維吾爾自治區人均地區生產總值為49,475元，在31個省（區、市）中排名第19位。

新疆維吾爾自治區各年與分時段經濟增長核算結果見圖3-28和表3-28。改革開放40年（1978—2017年）來，新疆維吾爾自治區地區生產總值增長較快，但是波動性較大，相對來說，1979—2017年增長速度波動較為劇烈，除1980年、1988年、1995年、1997年、1998年、2008年、2016年、2017年增長較慢外，其餘年份均在高速增長，其中增長最低年份（1988年）增長速度不超過6%，增長最高年份（1984年）增長速度超過15%。全要素生產率增長率波動較為平緩，40年內有3年為負值，最大值為10.6%，最小值為-1.4%。總體來看，1978—2017年新疆維吾爾自治全要素生產率增長率對經濟增長的貢獻率為40.3%，相對較高。分時段來看，1978—1987年新疆維吾爾自治區全要素生產率增長率對經濟增長的貢獻率最高，為56.4%，1988—1997年為43.0%，1998—2007年為43.2%，2008—2017年為18.5%。

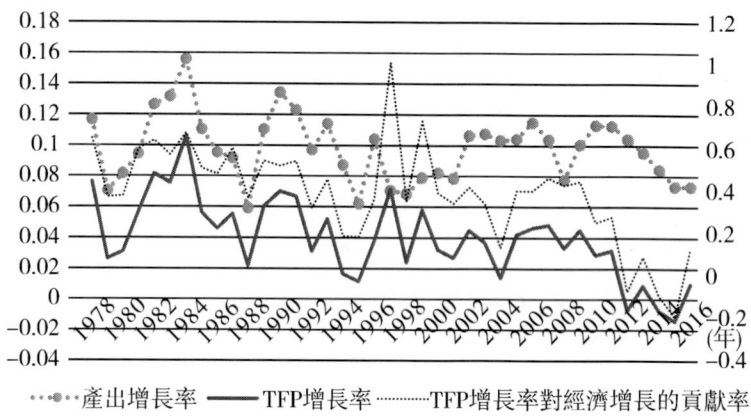

图 3-28　新疆维吾尔自治区各年经济增长核算

表 3-28　新疆维吾尔自治区分时段经济增长核算　　　　单位:%

| 时间区间 | 产出增长率 | TFP 增长率 | TFP 增长率对经济增长的贡献率 |
| --- | --- | --- | --- |
| 1978—1987 年 | 10.9 | 6.1 | 56.4 |
| 1988—1997 年 | 9.8 | 4.2 | 43.0 |
| 1998—2007 年 | 9.1 | 4.0 | 43.2 |
| 2008—2017 年 | 9.4 | 1.7 | 18.5 |
| 1978—2017 年 | 9.8 | 3.9 | 40.3 |

## 四、东北地区

（一）辽宁省

辽宁省面积 148,000 平方千米，截至 2018 年末，辽宁省常住人口 4,359.3 万人。据《辽宁省 2018 年国民经济和社会发展统计公报》初步核算，辽宁省全年实现地区生产总值 25,315.4 亿元，占全国 GDP 比重的 2.8%，按可比价格计算，比 2017 年增长 5.7%。其中，第一产业增加值 2,033.3 亿元，增长 3.1%；第二产业增加值 10,025.1 亿元，增长 7.4%；第三产业增加值 13,257.0 亿元，增长 4.8%。三次产业结构由 2017 年的 9.1∶39.3∶51.6 变化为 8.0∶39.6∶52.4。按常住人口计算，辽宁省人均地区生产总值为 58,008 元，在 31 个省（区、市）中排名第 13 位。

辽宁省各年与分时段经济增长核算结果见图 3-29 和表 3-29。改革开放 40 年（1978—2017 年）来，辽宁省地区生产总值增长较快，但是波动性较大，

相對來說，1987年之前增長速度波動較為劇烈，1987—1994年持續高速增長，1994年之後增長速度逐步放緩，其中增長最低年份（2015年）增長速度接近-3%，增長最高年份（1983年）增長速度超過15%。全要素生產率增長率波動較為劇烈，40年內有5年為負值，最大值為11%，最小值為-4.6%。總體來看，1978—2017年遼寧省全要素生產率增長率對經濟增長的貢獻率為40%，相對較高。分時段來看，1978—1987年遼寧省全要素生產率增長率對經濟增長的貢獻率為41.3%，1988—1997年為34.1%，1998—2007年最高，為51.9%，2008—2017年為29.0%。

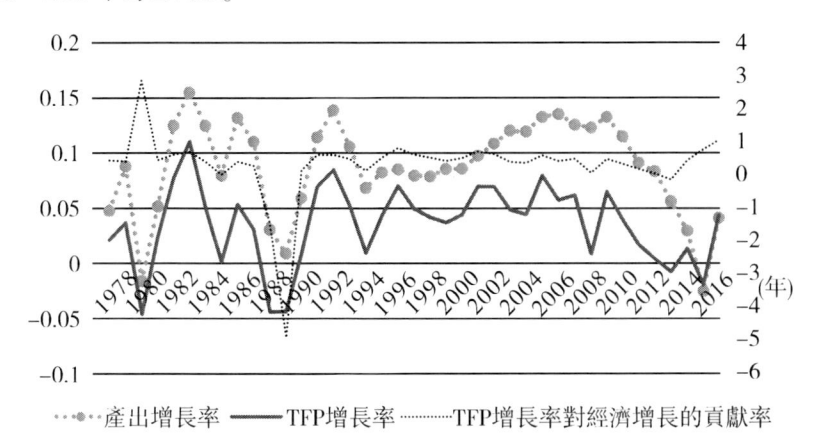

圖3-29　遼寧省各年經濟增長核算

表3-29　遼寧省分時段經濟增長核算　　　　　　單位:%

| 時間區間 | 產出增長率 | TFP增長率 | TFP增長率對經濟增長的貢獻率 |
| --- | --- | --- | --- |
| 1978—1987年 | 8.6 | 3.6 | 41.3 |
| 1988—1997年 | 8.0 | 2.7 | 34.1 |
| 1998—2007年 | 10.4 | 5.4 | 51.9 |
| 2008—2017年 | 7.6 | 2.2 | 29.0 |
| 1978—2017年 | 8.7 | 3.5 | 40.0 |

（二）吉林省

吉林省面積187,400平方千米，截至2018年末，常住人口2,704.06萬人。據《吉林省2018年國民經濟和社會發展統計公報》初步核算，吉林省全年實現地區生產總值15,074.62億元，占全國GDP比重的1.7%，按可比價格計算，比2017年增長4.5%。其中，第一產業增加值1,160.75億元，增長

2.0%；第二產業增加值6,410.85億元，增長4.0%；第三產業增加值7,503.02億元，增長5.5%。三次產業結構由2017年的9.3∶45.9∶44.8變化為7.7∶42.5∶49.8。按常住人口計算，吉林省人均地區生產總值為55,611元，在31個省（區、市）中排名第14位。

  吉林省各年與分時段經濟增長核算結果見圖3-30和表3-30。改革開放40年（1978—2017年）來，吉林省地區生產總值增長較快，但是波動性較大，相對來說，1997年之前增長速度波動較為劇烈，1997—2007年持續高速增長，2007年之後增長速度逐步放緩，其中增長最低年份（1988年）增長速度超過-2%，增長最高年份（1982年）增長速度接近20%。全要素生產率增長率波動極為劇烈，40年內有11年為負值，最大值為17.1%，最小值為-9.3%。總體來看，1978—2017年吉林省全要素生產率增長率對經濟增長的貢獻率為35.5%，相對較高。分時段來看，1978—1987年吉林省全要素生產率增長率對經濟增長的貢獻率為28.9%，1988—1997年為44.6%，1998—2007年最高，為60.1%，2008—2017年為7.5%。

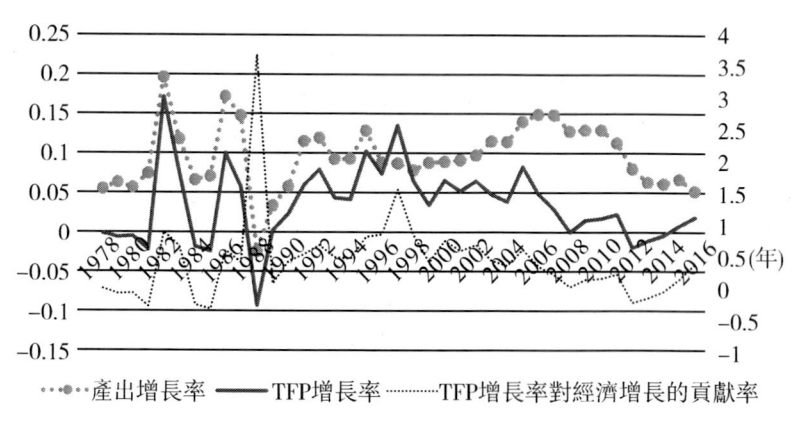

圖3-30　吉林省各年經濟增長核算

表3-30　吉林省分時段經濟增長核算　　　　　　單位:%

| 時間區間 | 產出增長率 | TFP 增長率 | TFP 增長率對經濟增長的貢獻率 |
| --- | --- | --- | --- |
| 1978—1987年 | 9.6 | 2.8 | 28.9 |
| 1988—1997年 | 8.4 | 3.7 | 44.6 |
| 1998—2007年 | 10.5 | 6.3 | 60.1 |
| 2008—2017年 | 9.6 | 0.7 | 7.5 |
| 1978—2017年 | 9.5 | 3.4 | 35.5 |

(三) 黑龍江省

黑龍江省面積473,000平方千米，截至2018年末，常住人口3,773.1萬人。據《黑龍江省2018年國民經濟和社會發展統計公報》初步核算，黑龍江省全年實現地區生產總值16,361.6億元，占全國GDP比重的1.8%，按可比價格計算，比2017年增長4.7%。其中，第一產業增加值3,001.0億元，增長3.7%；第二產業增加值4,030.9億元，增長2.1%；第三產業增加值9,329.7億元，增長6.4%。三次產業結構由2017年的18.3∶26.5∶55.2變化為18.3∶24.6∶57.1。按常住人口計算，黑龍江省人均地區生產總值為43,274元，在31個省（區、市）中排名第27位。

黑龍江省各年與分時段經濟增長核算結果見圖3-31和表3-31。改革開放40年（1978—2017年）來，黑龍江省地區生產總值增長較快，但是波動性較大，相對來說，1989年之前增長速度波動較為劇烈，1989—2010年持續高速增長，2010年之後增長速度逐步放緩，其中增長最低年份（1978年）增長速度不到3%，增長最高年份（2009年）增長速度接近12%。全要素生產率增長率波動較為劇烈，40年內有9年為負值，最大值為6.3%，最小值為-3.6%。總體來看，1978—2017年黑龍江省全要素生產率增長率對經濟增長的貢獻率為25.8%，相對較高。分時段來看，1978—1987年黑龍江省全要素生產率增長率對經濟增長的貢獻率為-8.5%，1988—1997年最高，為46.2%，1998—2007年為44.9%，2008—2017年為10.5%。

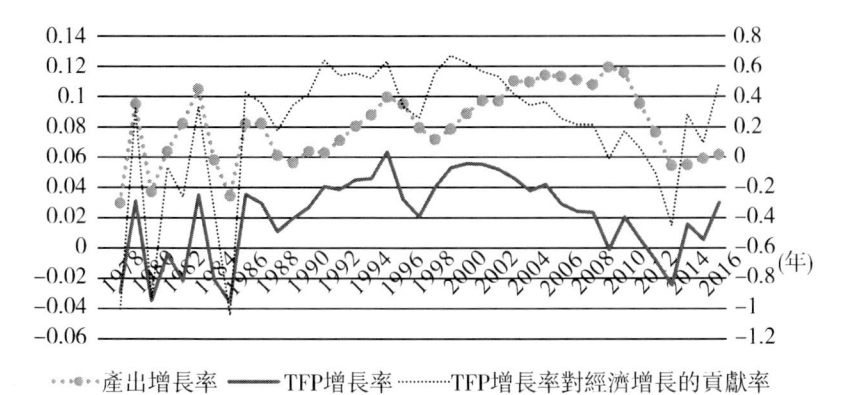

圖3-31 黑龍江省各年經濟增長核算

表 3-31　黑龍江省分時段經濟增長核算　　　　單位:%

| 時間區間 | 產出增長率 | TFP 增長率 | TFP 增長率對經濟增長的貢獻率 |
|---|---|---|---|
| 1978—1987 年 | 6.5 | -0.6 | -8.5 |
| 1988—1997 年 | 7.6 | 3.5 | 46.2 |
| 1998—2007 年 | 9.6 | 4.3 | 44.9 |
| 2008—2017 年 | 8.5 | 0.9 | 10.5 |
| 1978—2017 年 | 8.1 | 2.1 | 25.8 |

## 第三節　技術進步方向比較及其結構性影響因素分析

在本節中我們將計算出各省（區、市）技術進步方向，並分析經濟社會結構性因素對技術進步方向的影響。

### 一、替代彈性與平均技術進步偏向

參數的初始值設定為：$\xi = 1$，$\gamma_K = 0.001$，$\gamma_L = 0.002$。對於最為重要的參數——資本-勞動替代彈性的初始值，考慮到中國經濟的發展狀況，將其設置為 $\sigma(0) \in (0.02:0.05:3.2)$，即在一個初始值為 0.02、終值為 3.2、公差為 0.05 的等差數列中依此取值作為 $\sigma$ 的初始值，以 nlsur 方法估計第二章中的式（2-13）、式（2-14）、式（2-15）的標準化供給面系統。

從迴歸結果來看（表 3-32），規模 $\xi$ 的值都非常接近 1，符合我們的預期（期望值為 1）。中國各省（區、市）的要素替代彈性在 0.731 至 1.535 之間，均值為 0.895。中國大部分省（區、市）的替代彈性小於 1，表明在中國經濟發展過程中，絕大部分地區的資本和勞動力要素之間是互補關係。從要素效率來看，除了重慶市資本效率增長率估計值不顯著（p 值為 0.14）以及寧夏回族自治區資本和勞動效率增長率估計值不顯著且系數較大外，大多數估計值顯著且與前期文獻基本結論相符。大部分地區相對效率增長率為負（表 3-32 中倒數第二列），表明勞動效率增長率快於資本增長率。大部分地區平均技術進步偏向為正（表 3-32 最後一列），並且表現為資本偏向。這與現有大部分研究結論是基本一致的（鐘世川，2014；戴天仕、徐現祥，2010；陳曉玲、連玉君，2012）。

表 3-32　迴歸結果與平均技術進步偏向指數（1978—2017 年）

| 省（區、市） | $\xi$ | $\sigma$ | $\alpha$ | $\gamma_K$ | $\gamma_L$ | $\gamma_K - \gamma_L$ | Bias |
|---|---|---|---|---|---|---|---|
| 北京 | 1.078*** | 0.787*** | 0.517*** | 0.037,9*** | 0.009,31*** | 0.028,59 | -0.008 |
| 天津 | 0.995*** | 1.282*** | 0.572*** | -0.034,7*** | 0.125*** | -0.159,7 | -0.035 |
| 河北 | 0.991*** | 1.017*** | 0.408*** | -0.063,3 | 0.123** | -0.186,3 | -0.003 |
| 山西 | 0.994*** | 0.757*** | 0.478*** | -0.029,3*** | 0.097,6*** | -0.126,9 | 0.041 |
| 內蒙古 | 0.952*** | 1.041*** | 0.439*** | 0.127*** | -0.022,1 | 0.149,1 | 0.006 |
| 遼寧 | 1.037*** | 0.899*** | 0.502*** | 0.061,1*** | 0.014,5** | 0.046,6 | -0.005 |
| 吉林 | 1.067*** | 0.882*** | 0.435*** | -0.092,8*** | 0.138*** | -0.230,8 | 0.031 |
| 黑龍江 | 1.029*** | 0.756*** | 0.481*** | -0.035,7*** | 0.089,3*** | -0.125 | 0.040 |
| 上海 | 1.034*** | 0.811*** | 0.585*** | 0.029,3*** | 0.018,5*** | 0.010,8 | -0.003 |
| 江蘇 | 1.025*** | 0.910*** | 0.468*** | -0.067,6*** | 0.149*** | -0.216,6 | 0.021 |
| 浙江 | 1.153*** | 0.972*** | 0.448*** | -0.351*** | 0.341*** | -0.692 | 0.020 |
| 安徽 | 1.039*** | 0.731*** | 0.373*** | -0.055,5*** | 0.107*** | -0.162,5 | 0.060 |
| 福建 | 1.073*** | 0.922*** | 0.364*** | -0.171*** | 0.180*** | -0.351 | 0.030 |
| 江西 | 1.074*** | 0.760*** | 0.372*** | -0.060,4*** | 0.117*** | -0.177,4 | 0.056 |
| 山東 | 1.020*** | 0.840*** | 0.459*** | -0.048,4*** | 0.122*** | -0.170,4 | 0.032 |
| 河南 | 1.024*** | 0.852*** | 0.387*** | -0.083,1*** | 0.121*** | -0.204,1 | 0.035 |
| 湖南 | 1.058*** | 0.818*** | 0.343*** | -0.074,4*** | 0.113*** | -0.187,4 | 0.042 |
| 湖北 | 1.038*** | 0.912*** | 0.413*** | -0.061,4*** | 0.120*** | -0.181,4 | 0.018 |
| 廣東 | 1.078*** | 0.889*** | 0.394*** | -0.117*** | 0.170*** | -0.287 | 0.036 |
| 廣西 | 1.014*** | 0.857*** | 0.328*** | -0.068,6*** | 0.107*** | -0.175,6 | 0.029 |
| 海南 | 1.038*** | 0.921*** | 0.334*** | -0.149*** | 0.151*** | -0.3 | 0.026 |
| 重慶 | 0.983*** | 1.080*** | 0.451*** | 0.010,7 | 0.075,4*** | -0.064,7 | -0.005 |
| 四川 | 0.986*** | 1.535*** | 0.379*** | -0.004,43 | 0.073,2*** | -0.077,6 | -0.027 |
| 貴州 | 1.038*** | 0.912*** | 0.332*** | -0.047,6*** | 0.099,3*** | -0.146,9 | 0.014 |
| 雲南 | 0.993*** | 0.724*** | 0.373*** | -0.025,1*** | 0.082,8*** | -0.107,9 | 0.041 |
| 西藏 | 1.048*** | 0.498*** | 0.098,2*** | -0.111*** | 0.087,3*** | -0.198,3 | 0.200 |
| 陝西 | 1.070*** | 0.793*** | 0.413*** | -0.057,6*** | 0.125*** | -0.182,6 | 0.048 |
| 甘肅 | 1.021*** | 0.820*** | 0.386*** | -0.031,4*** | 0.103*** | -0.134,4 | 0.030 |
| 青海 | 1.079*** | 0.850*** | 0.379*** | -0.081,4*** | 0.114*** | -0.195,4 | 0.034 |

表3-32(續)

| 省<br>(區、市) | $\xi$ | $\sigma$ | $\alpha$ | $\gamma_K$ | $\gamma_L$ | $\gamma_K - \gamma_L$ | Bias |
|---|---|---|---|---|---|---|---|
| 寧夏 | 1.033*** | 0.998*** | 0.401*** | −0.589 | 0.465 | −1.054 | 0.002 |
| 新疆 | 1.062*** | 0.921*** | 0.332*** | −0.165*** | 0.149*** | −0.314 | 0.027 |

註：

（1）*** 表示在1%以上水準上顯著，** 表示在5%水準上顯著，* 表示在10%水準上顯著；

（2）$\xi$ 為表示規模係數的規模因子，$\sigma$ 為資本-勞動替代彈性，$\gamma_K$ 表示樣本期間資本生產效率的平均增長率，$\gamma_L$ 表示樣本期間勞動生產效率的平均增長率，$\gamma_K - \gamma_L$ 表示樣本期間的相對要素效率增長率，D 表示樣本期間平均的技術進步偏向指數。

各省（區、市）技術進步偏向差異較大，31個省（區、市）中有7個技術進步偏向指數為負，其餘24個為正。技術偏向指數為正表明技術進步是偏向於資本的。平均技術進步偏向與平均第一產業就業占比關係見圖3-32。第一產業就業占比正向度量了二元經濟結構的嚴重程度，其數值越大，二元經濟結構問題越突出。從圖3-32中可以看出，兩者正相關（a圖），相關係數為0.418,1，p值為0.019,2；如果不包括平均技術進步偏向異常大的西藏自治區（b圖），則相關係數為0.436,5，p值為0.015,9。兩者正相關性初步表明，第一產業就業占比越高，技術進步越偏向資本，即二元經濟結構程度與技術進步偏向指數正相關。

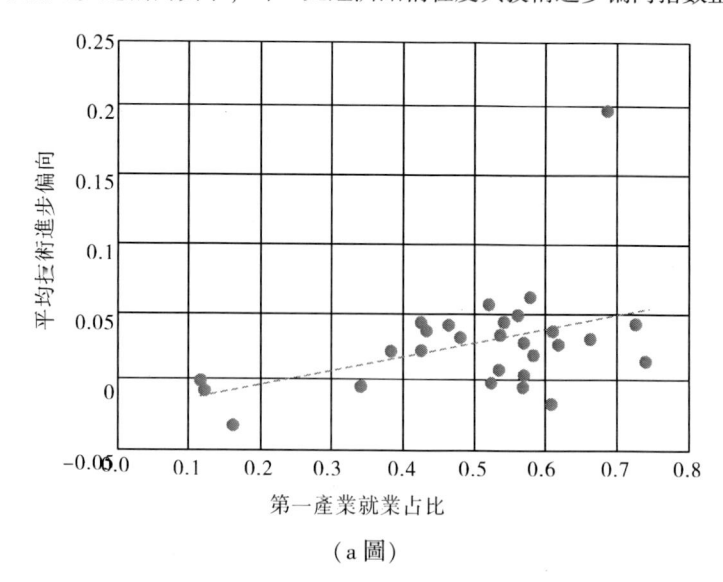

（a圖）

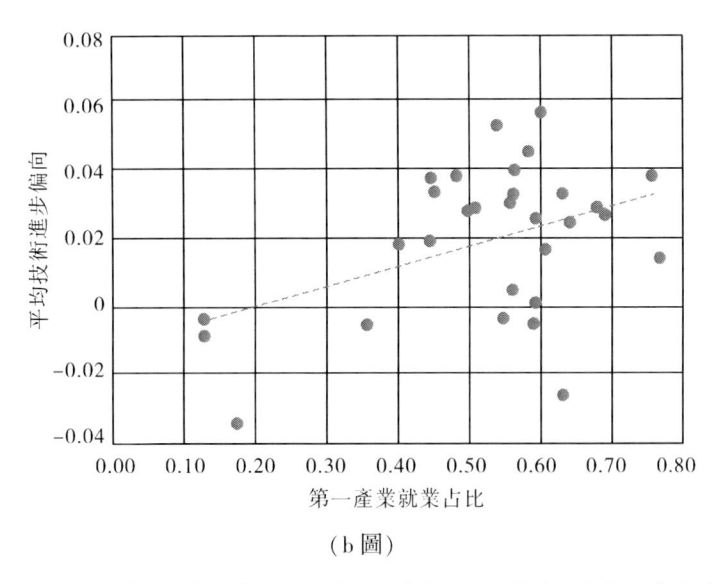

(b圖)

圖 3-32　平均第一產業就業占比與技術進步偏向（b 圖中不包括西藏自治區）

## 二、二元經濟結構與技術進步偏向的有關理論命題

第二章第一節的表 2-1 概括了 Acemoglu 對技術進步偏向來源的理論洞見，然而，Acemoglu 的理論並沒有結合發展中國家的獨特國情。根據 Acemoglu 的理論，資本深化導致勞動要素相對稀缺，從而勞動要素相對價格上升，這是相對價格效應發揮作用的基礎。但是，經典發展經濟學理論（Lewis，1954）以及中國發展的現實（蔡昉，2005）表明，在發展的早期階段，存在大量可供利用的剩餘勞動力，勞動供給幾乎是無限的，城市勞動力市場工資不變。因此，二元經濟的資本深化並不會帶來工資的上升，從而削弱了價格效應的影響。進一步來看，在資本深化程度相同的情況下，二元經濟程度越嚴重的地區，剩餘勞動力相對越多，市場規模效應導致技術進步提高了更為豐裕的勞動力的相對效率，替代彈性小於 1，從而技術進步更加偏向資本。我們由此得到：

**命題 1**：技術進步資本偏向指數與二元經濟程度正相關。

在二元經濟環境下，如果對勞動力城鄉流動的限制越多，農村剩餘勞動力越難以轉移到城市，經濟體中實際可供利用的勞動力越少，因此二元經濟結構對技術進步偏向的影響受到限制；反之，要素城鄉流動市場化程度越高，二元經濟結構對技術進步偏向的影響越明顯。我們由此得到：

**命題 2**：在二元經濟環境下，市場化改革會強化技術進步偏向指數與二元經濟程度正相關關係。

在劉易斯-拉尼斯-費景漢模型中（Lewis，1954；Fei、Ranis，1964），發展中經濟體勞動力轉移經歷三個階段和兩個拐點：工資相對不變條件下的無限勞動供給、第一劉易斯拐點、邊際生產率大於零但小於不變制度工資的勞動力的流出、第二劉易斯拐點、商業化。從第二階段開始，出現農產品剩餘，工業部門相對工資上升，阻礙勞動力流動，從而二元經濟結構對技術進步偏向的影響減弱。我們由此得到：

**命題 3**：在二元經濟環境下，城市工資上升後會削弱技術進步偏向指數與二元經濟程度正相關關係。

基於以上理論命題，後文中實證模型設定為：

$$Bias_{it} = \alpha_i + \beta_0 Dual_{it} + \beta X_{it} + \varepsilon_{it} \tag{3-2}$$

上式中，$Bias_{it}$、$Dual_{it}$ 為地區各時期的技術偏向和二元經濟結構指標，$X_{it}$ 為控制變量。二元經濟結構程度分別用第一產業就業占比、二元對比系數或二元反差系數來度量。第一產業就業占比是度量二元經濟結構的簡單指標，與二元經濟結構程度同方向變化。二元經濟對比系數度量的是第一產業與非第一產業勞動生產率之比，與二元經濟結構程度反方向變化，數值越小，二元經濟結構程度越嚴重。二元反差系數度量的是第二產業、第三產業或非農產值比重與勞動力比重之差的絕對值，與二元經濟結構嚴重程度同方向變化。基於前期文獻，控制變量包括勞均資本存量增長率（dlnk）、政府支出增長率（dlngov）、進出口增長率（dlntrade）。

### 三、實證估計基本結果

根據前述替代彈性和第二章式（2-17）與式（2-18）計算出各地區每一年技術進步偏向，由此形成一個大 T 小 N 的長面板數據集，各變量平穩性檢驗結果見表 3-33。檢驗結果表明拒絕原假設，即變量的檢驗結果均是平穩的。

**表 3-33　相關變量的面板單位根檢驗**

| 變量 | Bias | Dual | dlntrade | dlngov | dlkn |
|---|---|---|---|---|---|
| LLC 檢驗 | -18.378,5 | -2.325,7 | -11.143,6 | -9.427 | -6.911,3 |
|  | (0.000) | (0.010) | (0.000) | (0.000) | (0.000) |
| Breitung 檢驗 | -14.912,8 | -3.519,6 | -10.363,5 | -8.303,6 | -4.717,9 |
|  | (0.000) | (0.000,2) | (0.000) | (0.000) | (0.000) |

由於解釋變量中含有被解釋變量的滯後項,所以本節的模型為動態面板數據(DPD)。考慮到技術進步偏向可能會對資本、勞動收入份額產生影響並反作用於城鄉二元經濟結構,導致基於雙向因果的內生性問題,對本章式(3-2)採用系統 GMM 方法進行估計。為解決可能產生的弱工具變量問題,對解釋變量的滯後階數進行了限制。具體見表 3-34。

表 3-34　城鄉二元經濟結構對技術進步偏向影響的實證研究

| 變量 | 模型 1 | 模型 2 | 模型 3 | 模型 4 |
| --- | --- | --- | --- | --- |
| Dual | -0.661 *** (0.218) | -0.621 *** (0.200) | -0.482 *** (0.144) | -0.706 *** (0.222) |
| dlnk | -0.161 *** (0.052,0) | | -0.229 *** (0.069,1) | -0.158 *** (0.058,0) |
| dlntrade | 0.099,7 *** (0.013,7) | 0.103 *** (0.010,7) | | 0.103 *** (0.014,1) |
| dlngov | 0.006,55 (0.019,8) | -0.005,81 (0.019,1) | 0.015,8 (0.016,9) | |
| L. Bias | 0.043,4 *** (0.016,7) | 0.041,6 *** (0.008,31) | 0.049,4 *** (0.009,45) | 0.041,9 *** (0.009,68) |
| L2. Bias | -0.123 *** (0.014,3) | -0.122 *** (0.013,1) | -0.122 *** (0.012,2) | -0.122 *** (0.016,7) |
| Constant | 0.169 *** (0.051,0) | 0.145 *** (0.045,0) | 0.152 *** (0.036,9) | 0.180 *** (0.051,4) |
| AR (1) | (0.001,4) | (0.001,5) | (0.001,7) | (0.001,3) |
| AR (2) | (0.657,2) | (0.654,1) | (0.653,1) | (0.664,6) |
| Sargan 檢驗 | 29.205,28 (1.000) | 29.060,15 (1.000) | 28.416,05 (1.000) | 29.532,84 (1.000) |

註:*** 代表 p<0.01,** 代表 p<0.05,* 代表 p<0.1。AR (1)、AR (2) 以及 Sargan 檢驗行括號中數據為 p 值,其餘括號中數據為標準誤差。

表 3-34 報告了不同控制變量下的迴歸估計結果。從迴歸的結果來看,不同的迴歸模型下二元對比係數對技術偏向的作用均顯著且係數大小差異不大,為了與後文進行比較,本節以模型 1 作為基準迴歸結果。二元對比係數的迴歸係數為負值,由於二元對比係數與城鄉二元經濟結構狀況改善程度呈反向變動,所以城鄉二元經濟結構與技術進步偏向指數同方向變動。這表明城鄉二元經濟結構程度越嚴重,那麼技術進步偏向指數將會越大,技術進步越偏向於資本,這一結論與前文的理論推測一致。勞均資本存量增長率係數為-0.161,

表明勞均資本存量增長越快，技術越偏向於勞動。這是市場規模效應發揮主導性作用的結果，即勞均資本增長越快，資本越是相對豐裕，技術進步越是傾向於提高豐裕要素的相對效率增長率，替代彈性總體小於 1，技術進步越偏向於更為稀缺的勞動要素。對外貿易增長率的係數為正，表明對外貿易增長越快，技術進步越偏向於資本。這可能是對外貿易通過價格效應發揮作用的結果，即貿易促進了稀缺的勞動要素效率提高，在替代彈性大多小於 1 的情況下，技術進步更偏向資本要素。

### 四、穩健性分析

為檢驗前述基本迴歸結論的合理性，本節從兩個方面進行穩健性分析。

第一，放鬆第二章式（2-12）效率增長率的設定，參照 Klump et al.（2007）、戴天仕和徐現祥（2010）的做法，對要素效率增長率進行 Box-Cox 轉換：

$$A_t = A_0 e^{t\gamma_K/\lambda_K((t/\bar{t})^{\lambda_t}-1)}, \quad B_t = B_0 e^{t\gamma_L/\lambda_L((t/\bar{t})^{\lambda_t}-1)} \quad (3-3)$$

得到供給面系統為：

$$\log\left(\frac{r_t K_t}{Y_t}\right) = \log(\alpha) - \frac{\sigma-1}{\sigma}\log\left(\frac{Y_t/\bar{Y}}{K_t/\bar{K}}\right) + \frac{\sigma-1}{\sigma}\log(\xi) + \frac{\sigma-1}{\sigma}t\gamma_K/\lambda_K((t/\bar{t})^{\lambda_t}-1) \quad (3-4)$$

$$\log\left(\frac{w_t L_t}{Y_t}\right) = \log(1-\alpha) - \frac{\sigma-1}{\sigma}\log\left(\frac{Y_t/\bar{Y}}{L_t/\bar{L}}\right) + \frac{\sigma-1}{\sigma}\log(\xi) + \frac{\sigma-1}{\sigma}t\gamma_L/\lambda_L((t/\bar{t})^{\lambda_t}-1) \quad (3-5)$$

$$\log\left(\frac{Y_t}{\bar{Y}}\right) = \log(\xi) + \frac{\sigma-1}{\sigma}\log\left[\alpha\left(\exp^{t\gamma_K/\lambda_K((t/\bar{t})^{\lambda_t}-1)}\left(\frac{K_t}{\bar{K}}\right)\right)^{\frac{\sigma-1}{\sigma}} + (1-\alpha)\left(\left(\exp^{t\gamma_L/\lambda_L((t/\bar{t})^{\lambda_t}-1)}\left(\frac{L_t}{\bar{L}}\right)\right)^{\frac{\sigma-1}{\sigma}}\right)\right] \quad (3-6)$$

以 nlsur 方法估計式（3-4）至式（3-6）構成的標準化三方程供給面系統，估計出替代彈性，然後按照第二章式（2-17）與式（2-18）計算出各期偏向，最後對本章式（3-2）進行系統 GMM 估計，所得結果見表 3-35 第二列模型 2。

第二，以二元反差系數代替二元對比系數作為刻畫二元經濟程度的代理變

量，以此為關鍵解釋變量並對本章式（3-2）進行系統 GMM 估計，所得結果見表 3-35 模型 3 和模型 4，其中模型 3 中被解釋變量是要素效率在這裡按照第二章式（2-2）設定估計的結果，模型 4 中技術進步偏向是要素效率在這裡按照本章式（3-3）設定估計的結果。

由於二元對比系數和二元反差系數對於二元經濟結構度量的方向是相反的，即二元對比系數越小，二元反差系數越大，城鄉經濟二元性越強，故而二元對比系數和二元反差系數的符號相反。表 3-35 的穩健性迴歸結果表明，無論是被解釋變量估計方式，還是改變解釋變量的度量方式，二元經濟結構程度都對技術進步偏向有顯著的影響，且其影響係數均超過其他解釋變量。

表 3-35　穩健性檢驗迴歸結果

| 變量 | 二元對比系數 模型 1 | 二元對比系數 模型 2 | 二元反差系數 模型 3 | 二元反差系數 模型 4 |
|---|---|---|---|---|
| Dual | −0.661*** (0.218) | −0.528*** (0.203) | 0.374* (0.193) | 0.424* (0.227) |
| dlnk | −0.161*** (0.052,0) | −0.269*** (0.049,4) | 0.039,8 (0.072,1) | −0.103* (0.060,3) |
| dlntrade | 0.099,7*** (0.013,7) | 0.097,2*** (0.011,7) | 0.088,7*** (0.009,13) | 0.077,8*** (0.011,2) |
| dlngov | 0.006,55 (0.019,8) | 0.020,7 (0.028,2) | 0.058,6* (0.030,4) | 0.046,0 (0.028,1) |
| L. Bias | 0.043,4*** (0.016,7) | 0.033,1*** (0.012,0) | 0.045,8** (0.018,1) | 0.047,8*** (0.013,3) |
| L2. Bias | −0.123*** (0.014,3) | −0.142*** (0.014,1) | −0.109*** (0.012,0) | −0.136*** (0.012,7) |
| Constant | 0.169*** (0.051,0) | 0.136*** (0.044,7) | −0.099,9* (0.053,9) | −0.108* (0.060,1) |
| AR（1） | (0.001,4) | (0.001,4) | (0.001,9) | (0.001,7) |
| AR（2） | (0.657,2) | (0.692,5) | (0.603,4) | (0.684,9) |
| Sargan 檢驗 | 29.205 (1.000) | 29.736 (1.000) | 29.568 (1.000) | 28.520 (1.000) |

註：
（1）*** 代表 $p<0.01$，** 代表 $p<0.05$，* 代表 $p<0.1$。
（2）模型 1 為表 3-34 中第一列基準迴歸，其他模型設定參照正文。

### 五、分時段迴歸與其他命題的檢驗

為檢驗前述命題 2 和命題 3，將樣本期間劃分為 1978—1992 年、1992—2004 年、2005—2017 年共 3 個時間段，估計標準化供給面系統計算技術進步偏向後進行相應的系統 GMM 估計，其估計結果如表 3-36 所示。

1992 年開始，中國市場化改革全面推進，黨的十四大明確提出中國經濟體制改革的目標是建立社會主義市場經濟體制，強調要使市場在國家宏觀調控下對資源配置起基礎性作用，城鄉二元分割的管理體制進一步鬆動，對勞動力流動的限制日益減少，農村勞動力開始大規模跨區域向城市尤其是沿海地區流動（蔡昉，2005、2011）。比較 1978—1992 年和 1993—2004 年兩個時間段迴歸結果可以發現，儘管這兩個時期二元經濟結構對技術進步偏向的影響都是顯著的，但是在後一時期系數更大，其作用效果更為明顯。這說明市場化改革導致勞動力流動限制減少，加速農村剩餘勞動力轉移，使得整個經濟隱蔽性失業減少，所利用的勞動力增多，強化了二元經濟結構對技術進步偏向的影響，驗證了命題 2 的結論。

自 2004 年開始，沿海地區出現民工荒，之後農民工工資大幅上揚（蔡昉，2005）。比較 2005—2017 年與其他兩個時期的迴歸結果可以發現，在前兩個時間段，二元經濟結構都對技術進步偏向產生了顯著影響，且影響越來越大，但是在後一時期，城鄉二元經濟結構對技術進步偏向沒有顯著影響。這一結論驗證了命題 3 的論斷，即城市部門工資上升會削弱技術進步偏向指數與二元經濟程度正相關關係。其原因是隨著城市工資的上升，在發展初期受到抑制的價格效應開始發揮主導性作用。具體見表 3-36。

表 3-36 分時段迴歸結果

| 變量 | 1978—1992 年 | 1993—2004 年 | 2005—2017 年 |
| --- | --- | --- | --- |
| Dual | -0.776*** <br> (0.108) | -1.203*** <br> (0.152) | 0.109 <br> (0.177) |
| dlnk | 0.478*** <br> (0.037, 7) | -1.097*** <br> (0.177) | 0.051, 1 <br> (0.109) |
| dlntrade | 0.094, 3*** <br> (0.011, 2) | 0.015, 2 <br> (0.009, 37) | 0.225*** <br> (0.018, 4) |
| dlngov | 0.199*** <br> (0.019, 3) | 0.137*** <br> (0.042, 6) | -0.277*** <br> (0.031, 8) |
| L. Bias | -0.263*** <br> (0.012, 4) | 0.149*** <br> (0.050, 3) | 0.001, 19 <br> (0.012, 0) |

表3-36(續)

| 變量 | 1978—1992年 | 1993—2004年 | 2005—2017年 |
|---|---|---|---|
| L2. Bias | −0.298*** <br> (0.008,40) | −0.191*** <br> (0.028,5) | 0.076,4*** <br> (0.008,92) |
| Constant | 0.153*** <br> (0.031,4) | 0.411*** <br> (0.047,3) | −0.005,72 <br> (0.034,9) |
| AR（1） | (0.033,7) | (0.008,0) | (0.000,9) |
| AR（2） | (0.580,1) | (0.625,5) | (0.876,1) |
| Sargan 檢驗 | 28.173 <br> (1.000) | 25.463 <br> (1.000) | 30.032 <br> (1.000) |

註：

(1) 表中 *** 代表 $p<0.01$，** 代表 $p<0.05$，* 代表 $p<0.1$。

(2) 三個時段效率增長率均按照式（2-3）設定，以二元對比係數作為 dual 的代理變量。

第三章 省級地區技術進步速度與方向比較 | 75

# 第四章　省會城市和副省級城市技術進步速度與方向比較

## 第一節　城市與數據處理方法

### 一、省會城市和副省級城市

在行政區劃意義上，省會（或首府）城市與副省級城市都屬於地級行政區，但是省會（或首府）與副省級城市和其他地級行政區相比，其地位與功能方面都具有特別的意義。省會為省級行政中心，是省政府駐地，一般也是國家一級行政區——省的政治、經濟、文化、科教和交通中心。各自治區的行政駐地通常稱首府，在要求不嚴格的情況下有時也被稱為省會。直轄市和特別行政區的行政中心並不稱為省會或首府，一般直接稱之為政府所在地、駐地或治所。本書所指省會是指除了北京、天津、上海和重慶四個直轄市以及香港、澳門等特別行政區外的其餘大陸地區27個省會或首府。

副省級城市是中國行政架構為副省級建制的省轄市，其行政級別正式施行於1994年2月25日，其前身為計劃單列市。副省級城市黨政機關主要領導幹部行政級別為省部級副職兼職。副省級城市的副省級是指行政級別而不是行政區劃級別。將部分城市定為享受副省級權限，其主要目的是加快城市的經濟與社會發展，更好地發揮中心城市的輻射作用。中國現有15座副省級城市，其中青島、大連、寧波、廈門、深圳是計劃單列市，其他均為省會城市，省會城市與副省級城市名單見表4-1。15個副省級城市中，8個位於東部地區，4個位於東北地區，西部地區2個，中部6省僅有武漢市是副省級城市。

表 4-1　省會城市與副省級城市列表

| 區域 | 省級區劃 | 省會或首府 | 副省級城市 | 備註 |
|---|---|---|---|---|
| 東部地區 | 河北省 | 石家莊市 |  | 除 3 個直轄市外，東部 7 省共有 8 個副省級城市 |
|  | 江蘇省 | 南京市 | 南京市 |  |
|  | 浙江省 | 杭州市 | 杭州市、寧波市 |  |
|  | 福建省 | 福州市 | 廈門市 |  |
|  | 山東省 | 濟南市 | 濟南市、青島市 |  |
|  | 廣東省 | 廣州市 | 廣州市、深圳市 |  |
|  | 海南省 | 海口市 |  |  |
| 中部地區 | 山西省 | 太原市 |  | 中部 6 省共有 1 個副省級城市 |
|  | 安徽省 | 合肥市 |  |  |
|  | 江西省 | 南昌市 |  |  |
|  | 河南省 | 鄭州市 |  |  |
|  | 湖北省 | 武漢市 | 武漢市 |  |
|  | 湖南省 | 長沙市 |  |  |
| 西部地區 | 內蒙古自治區 | 呼和浩特市 |  | 除 1 個直轄市外，西部 11 個省、自治區共有 2 個副省級城市 |
|  | 廣西壯族自治區 | 南寧市 |  |  |
|  | 四川省 | 成都市 | 成都市 |  |
|  | 貴州省 | 貴陽市 |  |  |
|  | 雲南省 | 昆明市 |  |  |
|  | 西藏自治區 | 拉薩市 |  |  |
|  | 陝西省 | 西安市 | 西安市 |  |
|  | 甘肅省 | 蘭州市 |  |  |
|  | 青海省 | 西寧市 |  |  |
|  | 寧夏回族自治區 | 銀川市 |  |  |
|  | 新疆維吾爾自治區 | 烏魯木齊市 |  |  |
| 東北地區 | 遼寧省 | 瀋陽市 | 瀋陽市、大連市 | 東北 3 省共有 4 個副省級城市 |
|  | 吉林省 | 長春市 | 長春市 |  |
|  | 黑龍江省 | 哈爾濱市 | 哈爾濱市 |  |

## 二、數據處理方法

在本書中，包括省會城市與副省級城市在內的地級行政區數據年限為 1999—2017 年，其中 1999—2013 年數據均來自相應年份的《中國區域統計年鑒》，其餘年份數據來自各省（區、市）和地級行政區的相應統計年鑒。

在本書中，所需數據包括不變價產出（地區實際生產總值）、資本存量、勞動投入和勞動者報酬份額。不變價產出根據 1999 年各地區生產總值和隨後年份地區生產總值增長速度或指數求得。資本存量仍然按照永續盤存法計算，但是初始資本存量（1999 年期初資本存量）按照資本產出比為 2.5 和 1999 年地區生產總值估算，投資數據序列為各地區全社會固定資產投資，並以各省（自治區）投資價格指數折算成 1999 年不變價投資，然後再由投資序列轉化為資本存量序列，基本方法與上一章相同。勞動投入以全社會從業人員表示，部分零星缺失全社會從業人員數據採取相鄰年份均值方式補齊，青海省等的地級行政區全社會從業人員數據存在連續多年缺失，採取各省（自治區）全社會從業人員增長率代替各個地級行政區增長率進行推算。

對於行政區域發生了變更的地區，我們根據變更前的數據和區域更改情況進行了數據調整。以原地級城市巢湖市為例。2011 年 7 月 14 日，經國務院批准，安徽省人民政府正式宣布撤銷地級城市巢湖市，設立縣級城市巢湖市，並對部分行政區劃進行調整；撤銷原地級城市巢湖市居巢區，設立縣級城市巢湖市，以原居巢區的行政區域作為新設的縣級城市巢湖市的行政區域；新設的縣級城市巢湖市由安徽省直轄，合肥市代管；原地級城市巢湖市管轄的廬江縣劃歸合肥市管轄、無為縣劃歸蕪湖市管轄、和縣的沈巷鎮劃歸蕪湖市鳩江區管轄、含山縣以及和縣（不含沈巷鎮）劃歸馬鞍山市管轄。對此，我們根據原相應年份《巢湖市統計年鑒》和各縣區統計年鑒，將 2011 年以及之前的原居巢區、廬江縣數據劃分給合肥市，含山縣、和縣（不含沈巷鎮）劃分給馬鞍山市，無為縣以及和縣的沈巷鎮劃分給蕪湖市。

本章後續兩節將分別比較省會城市與副省級城市全要素生產率發展核算與增長核算結果。其中，發展核算中我們以成都市作為比較基準。由於省會城市與副省級城市同屬於地級行政區，所以在排名比較時我們也給出了省會城市與副省級城市在總計 332 個地級行政區中的排名（332 個地級行政區名單列表見下一章）。

## 第二節　技術進步速度比較

### 一、東部地區

#### （一）石家莊市

石家莊市是河北省省會，河北省的政治、經濟、科技、金融、文化和信息中心，國務院批復確定的京津冀地區重要的中心城市之一。截至2018年末，全市下轄8個區、11個縣、代管3個縣級市，總面積14,464平方千米，建成區面積283.72平方千米，常住人口1,095.16萬人，城鎮人口691.7萬人，城鎮化率63.16%。《石家莊市2018年國民經濟和社會發展統計公報》顯示，2018年石家莊市全年實現地區生產總值6,082.6億元，按可比價格計算，比2017年增長7.4%。其中，第一產業增加值420.5億元，增長3.2%，佔當年地區生產總值的6.9%；第二產業增加值2,285.5億元，增長4.8%，佔當年地區生產總值的37.6%；第三產業增加值3,376.7億元，增長10.2%，佔當年地區生產總值的55.5%。按常住人口計算，石家莊市人均地區生產總值為55,723元，比2017年增長6.6%。

石家莊市各年與分時段經濟增長核算結果見圖4-1和表4-2。1999年以來，石家莊市地區生產總值增長較快，平均達到10.6%，但是波動性較大，增長最高年份增長速度超過14%，而增長最低年份增長速度低於7%。全要素生產率增長率波動更為劇烈，19年（1999—2017年）間，其最低值為-0.7%，最高值為9.5%。總體來看，1999—2017年石家莊市全要素生產率增長率對經濟增長的貢獻率為37.4%，屬於較高水準。分時段來看，1999—2008年全要素生產率增長率為6.2%，對經濟增長的貢獻率為52.7%；2009—2017年全要素生產率增長率為1.7%，對經濟增長的貢獻率為18.5%；後一時段全要素生產率增長率大幅下滑且對經濟增長的貢獻率也大幅下滑。

——●—— 產出增長率　──── TFP增長率　---- TFP增長率對經濟增長的貢獻率

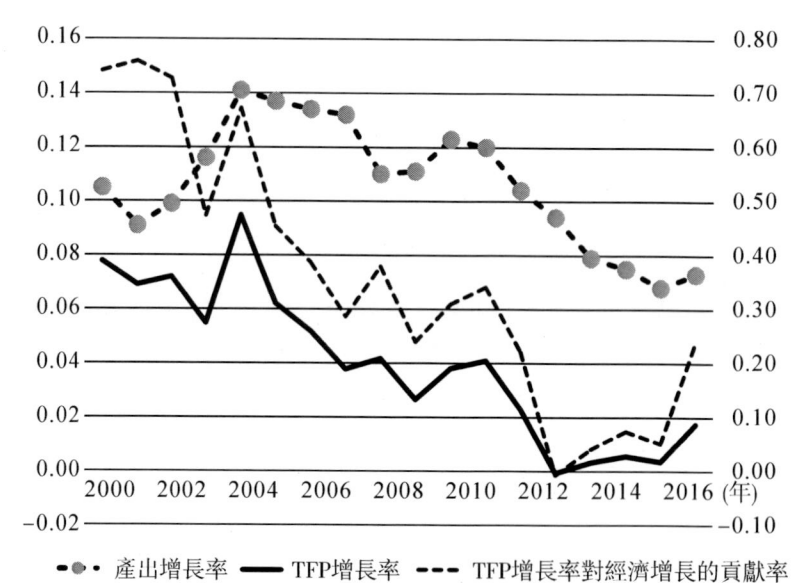

圖4-1　石家莊市各年經濟增長核算

表4-2　石家莊市分時段經濟增長核算　　　　單位:%

| 時間區間 | 產出增長率 | TFP 增長率 | TFP 增長率對經濟增長的貢獻率 |
| --- | --- | --- | --- |
| 1999—2008 年 | 11.8 | 6.2 | 52.7 |
| 2009—2017 年 | 9.4 | 1.7 | 18.5 |
| 1999—2017 年 | 10.6 | 4.0 | 37.4 |

（二）南京市

南京市是江蘇省省會、副省級城市、南京都市圈核心城市，國務院批復確定的中國東部地區重要的中心城市、全國重要的科研教育基地和綜合交通樞紐。截至2018年末，全市下轄11個區，總面積6,587平方千米，建成區面積971.62平方千米，常住人口843.62萬人，城鎮人口695.99萬人，城鎮化率82.5%，是長江三角洲及華東地區唯一的特大城市。《南京市2018年國民經濟和社會發展統計公報》顯示，南京市全年實現地區生產總值12,820.40億元，比2017年增長8.0%。其中，第一產業增加值273.42億元，增長0.6%；第二產業增加值4,721.61億元，增長6.5%；第三產業增加值7,825.37億元，增長9.1%；三次產業增加值比例調整為2.1∶36.9∶61.0。按常住人口計算，南京市人均地區生產總值為152,886元，按國家公布的2018年平均匯率折算為

23,104美元。

南京市各年與分時段經濟增長核算結果見圖4-2和表4-3。1999年以來，南京市地區生產總值增長較快，平均達到12.3%，但是波動性較大，增長最高年份增長速度超過17%，而增長最低年份增長速度也達到8%。全要素生產率增長率波動更為劇烈，19年（1999—2017年）間，其最低值為-2.2%，最高值為8.1%。總體來看，1999—2017年南京市全要素生產率增長率對經濟增長的貢獻率為26.3%，屬於一般水準。分時段來看，1999—2008年全要素生產率增長率為5.0%，對經濟增長的貢獻率為35.4%；2009—2017年全要素生產率增長率為1.5%，對經濟增長的貢獻率為14.4%；後一時段全要素生產率增長率大幅下滑且對經濟增長的貢獻率也大幅下滑。

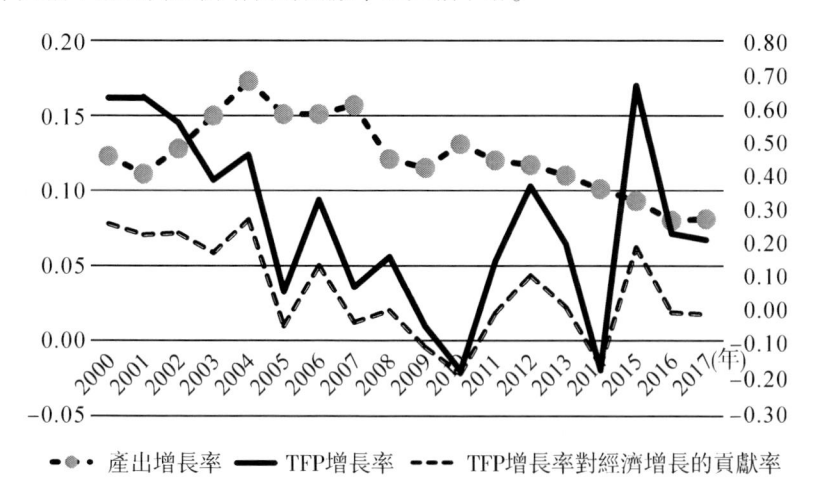

圖4-2　南京市各年經濟增長核算

表4-3　南京市分時段經濟增長核算　　　　　　　　　單位:%

| 時間區間 | 產出增長率 | TFP 增長率 | TFP 增長率對經濟增長的貢獻率 |
|---|---|---|---|
| 1999—2008 年 | 14.0 | 5.0 | 35.4 |
| 2009—2017 年 | 10.5 | 1.5 | 14.4 |
| 1999—2017 年 | 12.3 | 3.2 | 26.3 |

（三）杭州市

杭州市是浙江省省會、副省級城市，浙江省經濟、文化、科教中心，國務院批復確定的長江三角洲中心城市之一。截至2018年末，全市下轄10個區、2個縣、代管1個縣級市，總面積16,853.57平方千米，建成區面積559.2平

方千米，常住人口980.6萬人，城鎮人口759.0萬人，城鎮化率77.4%。《杭州市2018年國民經濟和社會發展統計公報》顯示，杭州市全年實現地區生產總值13,509億元，比2017年增長6.7%。其中，第一產業增加值306億元，第二產業增加值4,572億元，第三產業增加值8,632億元，分別增長1.8%、5.8%和7.5%。三次產業結構由2017年的2.5：34.6：62.9調整為2.3：33.8：63.9。按常住人口計算，杭州市人均地區生產總值為140,180元，按國家公布的2018年平均匯率折算為21,184美元。

杭州市各年與分時段經濟增長核算結果見圖4-3和表4-4。1999年以來，杭州市地區生產總值增長較快，平均達到11.4%，但是波動性較大，增長最高年份增長速度超過15%，而增長最低年份增長速度也達到8%。全要素生產率增長率波動更為劇烈，19年（1999—2017年）間，其最低值為0.6%，最高值為8.8%。總體來看，1999—2017年杭州市全要素生產率增長率對經濟增長的貢獻率為32.6%，屬於較高水準。分時段來看，1999—2008年全要素生產率增長率為5.7%，對經濟增長的貢獻率為42.5%；2009—2017年全要素生產率增長率為1.8%，對經濟增長的貢獻率為19.0%；後一時段全要素生產率增長率大幅下滑且對經濟增長的貢獻率也大幅下滑。

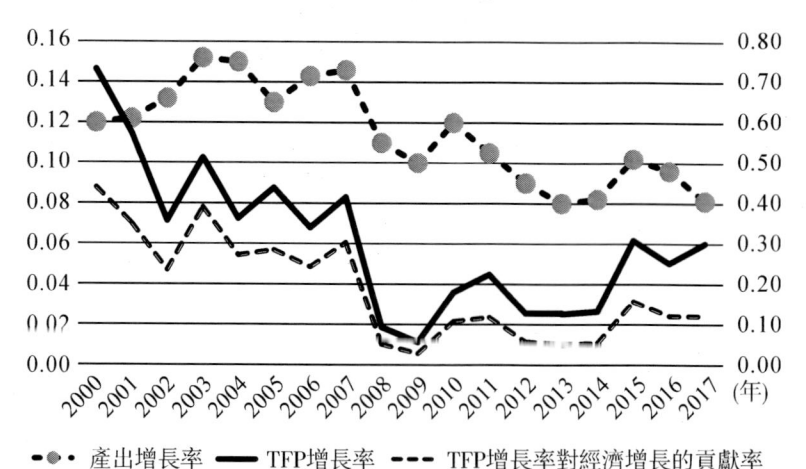

圖4-3　杭州市各年經濟增長核算

表4-4　杭州市分時段經濟增長核算　　　　　單位:%

| 時間區間 | 產出增長率 | TFP增長率 | TFP增長率對經濟增長的貢獻率 |
|---|---|---|---|
| 1999—2008年 | 13.4 | 5.7 | 42.5 |
| 2009—2017年 | 9.5 | 1.8 | 19.0 |
| 1999—2017年 | 11.4 | 3.7 | 32.6 |

（四）寧波市

寧波市是浙江省副省級城市、計劃單列市、國務院批復確定的中國東南沿海重要港口城市、長江三角洲南翼經濟中心。截至2018年末，全市下轄6個區、2個縣、代管2個縣級市，總面積9,816平方千米，建成區面積345.49平方千米，常住人口820.2萬人，城鎮人口597.93萬人，城鎮化率72.9%。《寧波市2018年國民經濟和社會發展統計公報》顯示，寧波市全年實現地區生產總值10,746億元，首次躋身「萬億GDP城市」行列。按可比價格計算，比2017年增長7.0%。其中，第一產業實現增加值306億元，增長2.2%；第二產業實現增加值5,508億元，增長6.2%；第三產業實現增加值4,932億元，增長8.1%。三次產業之比為2.8∶51.3∶45.9。按常住人口計算，寧波市人均地區生產總值為132,603元，按國家公布的2018年平均匯率折算為20,038美元。

寧波市各年與分時段經濟增長核算結果見圖4-4和表4-5。1999年以來，寧波市地區生產總值增長較快，平均達到10.9%，但是波動性較大，增長最高年份增長速度超過15%，而增長最低年份增長速度也超過7%。全要素生產率增長率波動更為劇烈，19年（1999—2017年）間，其最低值為-0.2%，最高值為8.1%。總體來看，1999—2017年寧波市全要素生產率增長率對經濟增長的貢獻率為31.2%，屬於較高水準。分時段來看，1999—2008年全要素生產率增長率為5.7%，對經濟增長的貢獻率為43.1%；2009—2017年全要素生產率增長率為1.1%，對經濟增長的貢獻率為13.2%；後一時段全要素生產率增長率大幅下滑且對經濟增長的貢獻率也大幅下滑。

图 4-4 宁波市各年经济增长核算

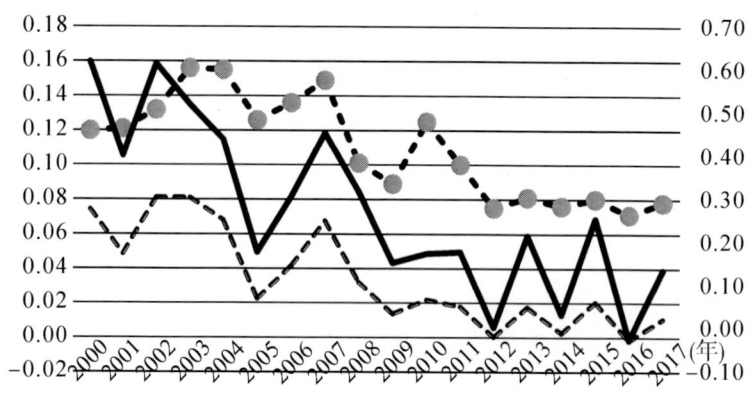

表 4-5 宁波市分时段经济增长核算　　　　单位:%

| 时间区间 | 产出增长率 | TFP 增长率 | TFP 增长率对经济增长的贡献率 |
| --- | --- | --- | --- |
| 1999—2008 年 | 13.3 | 5.7 | 43.1 |
| 2009—2017 年 | 8.6 | 1.1 | 13.2 |
| 1999—2017 年 | 10.9 | 3.4 | 31.2 |

（五）福州市

福州市是福建省省会，是福建省的政治、文化、交通中心，海峡西岸经济区中心城市之一。福州市陆地总面积 11,968 平方千米，其中城市面积 1,219.37 平方千米，建成区面积 291 平方千米。截至 2018 年末，全市常住人口 774 万人，城镇人口 544.12 万人，城镇化率 70.3%，比 2017 年末提高 0.8%。《福州市 2018 年国民经济和社会发展统计公报》显示，福州市全年实现地区生产总值 7,856.81 亿元，比 2017 年增长 8.6%。其中，第一产业增加值 494.66 亿元，增长 4.3%；第二产业增加值 3,204.90 亿元，增长 8.4%；第三产业增加值 4,157.26 亿元，增长 9.2%。第一产业增加值占地区生产总值的比重为 6.3%，第二产业增加值占地区生产总值的比重为 40.8%，第三产业增加值占地区生产总值的比重为 52.9%。按常住人口计算，福州市人均地区生产总值 102,037 元，比 2017 年增长 7.4%。

福州市各年与分时段经济增长核算结果见图 4-5 和表 4-6。1999 年以来，福州市地区生产总值增长较快，达到 11.5%，但是波动性较大，增长最高年份增长速度超过 15%，而增长最低年份增长速度也超过 8%。全要素生产率增长

率波動更為劇烈，19 年（1999—2017 年）間，其最低值為-0.5%，最高值為 9.4%。總體來看，1999—2017 年福州市全要素生產率增長率對經濟增長的貢獻率為 33.9%，屬於較高水準。分時段來看，1999—2008 年全要素生產率增長率為 6.8%，對經濟增長的貢獻率為 56.7%；2009—2017 年全要素生產率增長率為 1.1%，對經濟增長的貢獻率為 10.2%；後一時段全要素生產率增長率大幅下滑且對經濟增長的貢獻率也大幅下滑。

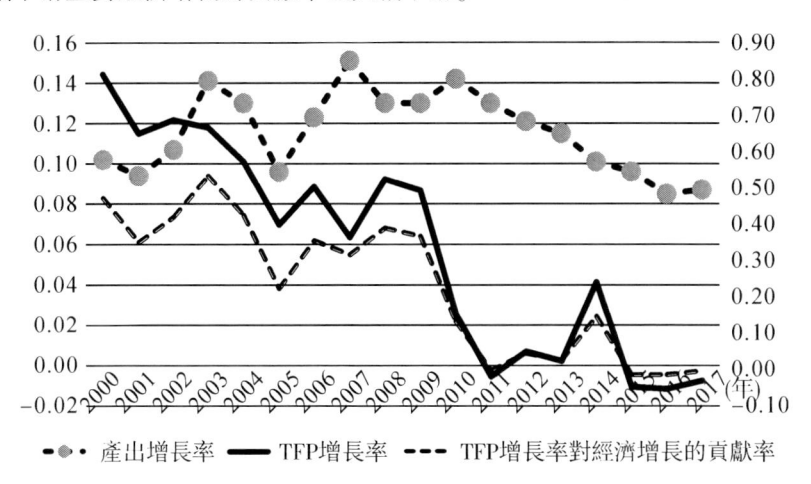

圖 4-5　福州市各年經濟增長核算

表 4-6　福州市分時段經濟增長核算　　　　　　　　單位：%

| 時間區間 | 產出增長率 | TFP 增長率 | TFP 增長率對經濟增長的貢獻率 |
| --- | --- | --- | --- |
| 1999—2008 年 | 11.9 | 6.8 | 56.7 |
| 2009—2017 年 | 11.2 | 1.1 | 10.2 |
| 1999—2017 年 | 11.5 | 3.9 | 33.9 |

（六）廈門市

廈門市是副省級城市、經濟特區，東南沿海重要的中心城市，陸地面積 1,699.39 平方千米，海域面積 390 多平方千米。截至 2018 年底，全市常住人口 411 萬人，城鎮人口 366.2 萬，城鎮化率 89.1%。《廈門市 2018 年國民經濟和社會發展統計公報》顯示，廈門市全年實現地區生產總值 4,791.41 億元，按可比價格計算，比 2017 年增長 7.7%。其中，第一產業增加值 24.40 億元，增長 2.6%；第二產業增加值 1,980.16 億元，增長 8.1%；第三產業增加值 2,786.85 億元，增長 7.5%。三次產業結構為 0.5∶41.3∶58.2。按常住人口計

算，廈門市人均地區生產總值118,015元，增長5.2%，折合17,834美元。

廈門市各年與分時段經濟增長核算結果見圖4-6和表4-7。1999年以來，廈門市地區生產總值增長較快，達到12.6%，但是波動性較大，增長最高年份增長速度達到17%，而增長最低年份增長速度超過7%。全要素生產率增長率波動更為劇烈，19年（1999—2017年）間，其最低值為-3.8%，最高值為11.3%。總體來看，1999—2017年廈門市全要素生產率增長率對經濟增長的貢獻率為25.3%，屬於一般水準。分時段來看，1999—2008年全要素生產率增長率為6.7%，對經濟增長的貢獻率為44.1%；2009—2017年全要素生產率增長率為-0.2%，對經濟增長的貢獻率為-1.8%；後一時段全要素生產率增長率大幅下滑至負數且對經濟增長的貢獻率也大幅下滑。

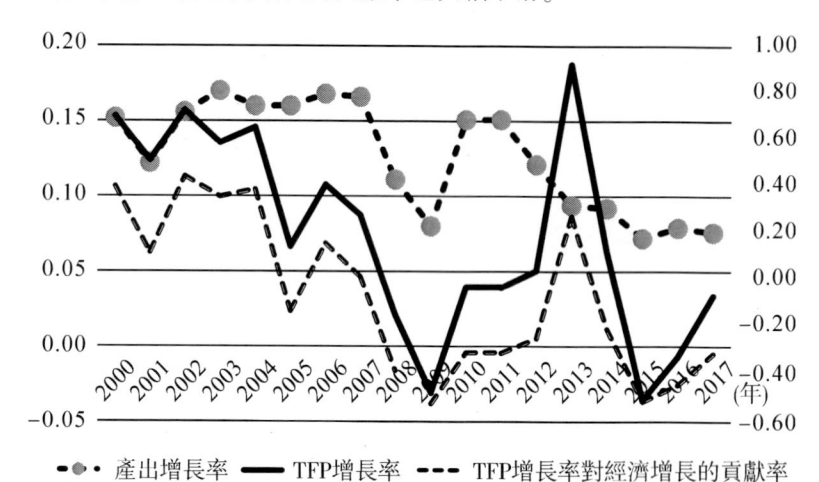

圖4-6 廈門市各年經濟增長核算

表4-7 廈門市分時段經濟增長核算　　　　　　　　單位:%

| 時間區間 | 產出增長率 | TFP 增長率 | TFP 增長率對經濟增長的貢獻率 |
|---|---|---|---|
| 1999—2008 年 | 15.1 | 6.7 | 44.1 |
| 2009—2017 年 | 10.1 | -0.2 | -1.8 |
| 1999—2017 年 | 12.6 | 3.2 | 25.3 |

（七）濟南市

濟南市是山東省省會、副省級城市、濟南都市圈核心城市，國務院批復確定的環渤海地區南翼中心城市。截至2018年底，全市下轄10個區、2個縣，

總面積10,244平方千米,建成區面積561平方千米,常住人口746.04萬人,城鎮人口537.89萬人,城鎮化率72.1%。《濟南市2018年國民經濟和社會發展統計公報》顯示,濟南市全年實現地區生產總值7,856.56億元,比2017年增長7.4%。其中,第一產業增加值272.42億元,增長2.5%;第二產業增加值2,829.31億元,增長7.8%;第三產業增加值4,754.83億元,增長7.5%。三次產業構成為3.5:36.0:60.5。按常住人口計算,濟南市人均地區生產總值106,302元,增長5.7%,按2018年年均匯率折算為16,064美元。

濟南市各年與分時段經濟增長核算結果見圖4-7和表4-8。1999年以來,濟南市地區生產總值增長較快,達到11.9%,但是波動性較大,最高年份增長速度超過15%,而最低年份增長速度超過7%。全要素生產率增長率波動更為劇烈,19年(1999—2017年)間,其最低值為-6.1%,最高值為19.2%。總體來看,1999—2017年濟南市全要素生產率增長率對經濟增長的貢獻率為39.6%,屬於較高水準。分時段來看,1999—2008年全要素生產率增長率為8.6%,對經濟增長的貢獻率為60.7%;2009—2017年全要素生產率增長率為1.0%,對經濟增長的貢獻率為10.0%;後一時段全要素生產率增長率大幅下滑且對經濟增長的貢獻率也大幅下滑。

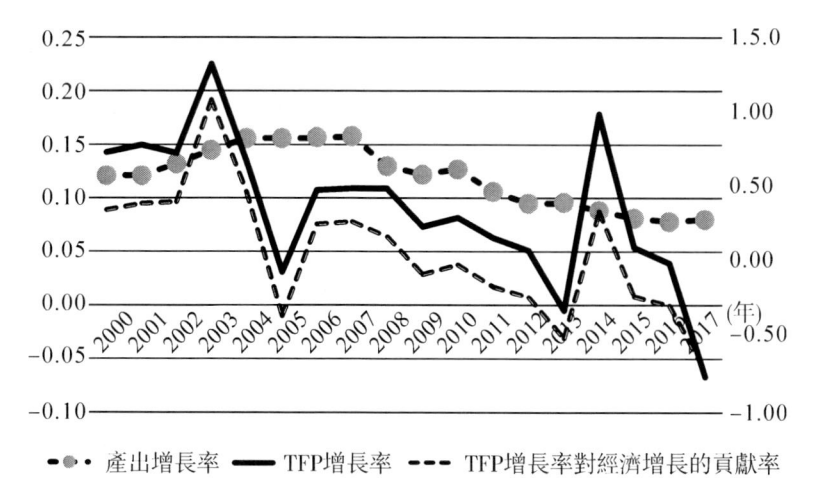

圖4-7 濟南市各年經濟增長核算

表4-8　濟南市分時段經濟增長核算　　　　單位:%

| 時間區間 | 產出增長率 | TFP 增長率 | TFP 增長率對經濟增長的貢獻率 |
| --- | --- | --- | --- |
| 1999—2008 年 | 14.2 | 8.6 | 60.7 |
| 2009—2017 年 | 9.7 | 1.0 | 10.0 |
| 1999—2017 年 | 11.9 | 4.7 | 39.6 |

(八) 青島市

青島市是山東省地級市、計劃單列市、副省級城市，是國務院批復確定的國家沿海重要中心城市、國際性港口城市，也是山東省經濟中心、濱海度假旅遊城市、國家重要的現代海洋產業發展先行區、東北亞國際航運樞紐，「一帶一路」新亞歐大陸橋經濟走廊主要節點城市和海上合作戰略支點。總面積11,282平方千米，轄7個區，代管3個縣級市，截至2018年底，常住總人口939.48萬，城鎮人口692.11萬人，城鎮化率73.67%。《青島市2018年國民經濟和社會發展統計公報》顯示，青島市全年實現地區生產總值12,001.5億元，按可比價格計算，增長7.4%。其中，第一產業增加值386.9億元，增長3.5%；第二產業增加值4,850.6億元，增長7.3%；第三產業增加值6,764.0億元，增長7.7%。三次產業比例為3.2∶40.4∶56.4。按常住人口計算，青島市人均地區生產總值達到128,459元。

青島市各年與分時段經濟增長核算結果見圖4-8和表4-9。1999年以來，青島市地區生產總值增長較快，達到12.6%，但是波動性較大，增長最高年份增長速度超過16%，而增長最低年份增長速度超過7%。全要素生產率增長率波動更為劇烈，19年（1999—2017年）間，其最低值為-2.3%，最高值為12.9%。總體來看，1999—2017年青島市全要素生產率增長率對經濟增長的貢獻率為29.8%，屬於一般水準。分時段來看，1999—2008年全要素生產率增長率為7.7%，對經濟增長的貢獻率為50.1%；2009—2017年全要素生產率增長率為-0.1%，對經濟增長的貢獻率為-0.6%；後一時段全要素生產率增長率大幅下滑至負數且對經濟增長的貢獻率也大幅下滑。

图 4-8 青岛市各年经济增长核算

表 4-9 青岛市分时段经济增长核算　　　　　　　　单位：%

| 時間區間 | 產出增長率 | TFP 增長率 | TFP 增長率對經濟增長的貢獻率 |
| --- | --- | --- | --- |
| 1999—2008 年 | 15.3 | 7.7 | 50.1 |
| 2009—2017 年 | 9.9 | −0.1 | −0.6 |
| 1999—2017 年 | 12.6 | 3.7 | 29.8 |

(九) 廣州市

廣州市是廣東省省會、副省級城市、國家中心城市、超大城市。國務院批復的《廣州市城市總體規劃（2011—2020 年）》確定廣州市為中國重要的中心城市、國際商貿中心和綜合交通樞紐。截至 2018 年底，全市下轄 11 個區，總面積 7,434 平方千米，建成區面積 1,249.11 平方千米，常住人口 1,490.44 萬人，城鎮人口 1,287.44 萬人，城鎮化率 86.38%。《廣州市 2018 年國民經濟和社會發展統計公報》顯示，廣州市全年實現地區生產總值 22,859.35 億元，按可比價格計算，比 2017 年增長 6.2%，其中，第一產業增加值 223.44 億元，增長 2.5%；第二產業增加值 6,234.07 億元，增長 5.4%；第三產業增加值 16,401.84 億元，增長 6.6%。三次產業的比例為 0.98∶27.27∶71.75。按常住人口計算，廣州市人均地區生產總值達到 155,491 元，按平均匯率折算為 23,497 美元。

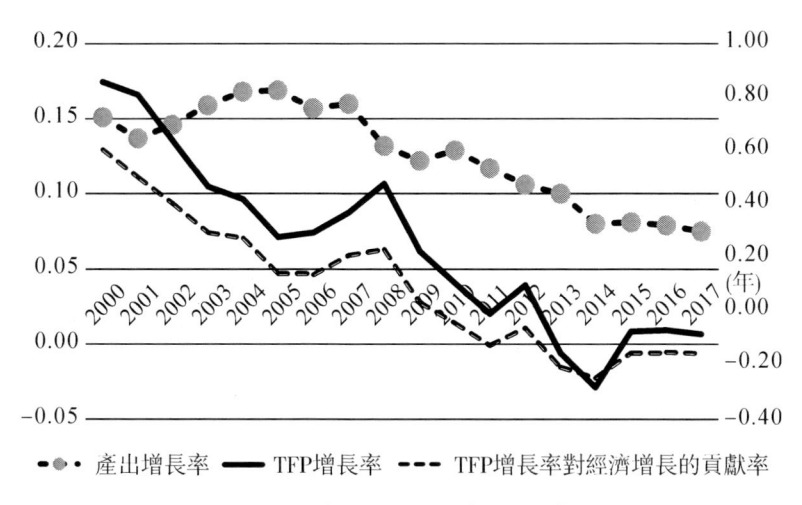

廣州市各年與分時段經濟增長核算結果見圖 4-9 和表 4-10。1999 年以來，

廣州市地區生產總值增長較快，達到 11.9%，但是波動性較大，增長最高年份增長速度超過 15%，而增長最低年份增長速度超過 7%。全要素生產率增長率波動更為劇烈，19 年（1999—2018 年）間，其最低值為 -3.2%，最高值為 10.4%。總體來看，1999—2017 年廣州市全要素生產率增長率對經濟增長的貢獻率為 41.0%，屬於較高水準。分時段來看，1999—2008 年全要素生產率增長率為 6.0%，對經濟增長的貢獻率為 43.6%；2009—2017 年全要素生產率增長率為 3.8%，對經濟增長的貢獻率為 37.5%；後一時段全要素生產率增長率大幅下滑且對經濟增長的貢獻率也大幅下滑。

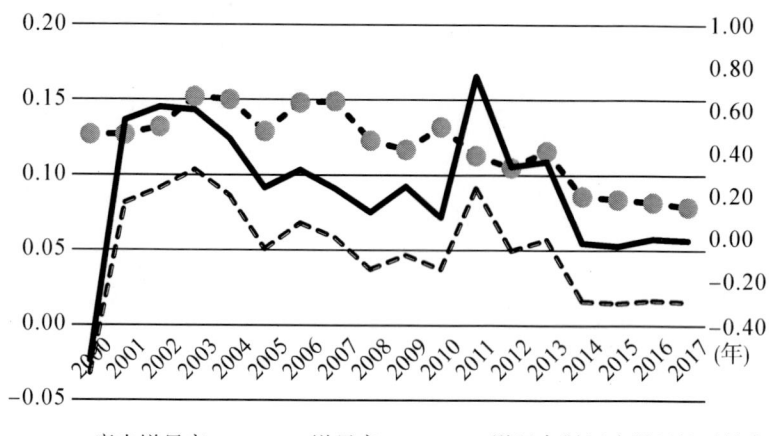

圖 4-9　廣州市各年經濟增長核算

表 4-10　廣州市分時段經濟增長核算　　　單位：%

| 時間區間 | 產出增長率 | TFP 增長率 | TFP 增長率對經濟增長的貢獻率 |
|---|---|---|---|
| 1999—2008 年 | 13.7 | 6.0 | 43.6 |
| 2009—2017 年 | 10.1 | 3.8 | 37.5 |
| 1999—2017 年 | 11.9 | 4.9 | 41.0 |

（十）深圳市

深圳市是廣東省下轄的副省級城市、計劃單列市、超大城市，國務院批復確定的中國經濟特區、全國性經濟中心城市和國際化城市。截至 2018 年底，全市下轄 9 個區，總面積 1,997.47 平方千米，建成區面積 927.96 平方千米，常住人口 1,302.66 萬人，城鎮人口 1,302.66 萬人，城鎮化率 100%，是中國第一個實現全部城鎮化的城市。《深圳市 2018 年國民經濟和社會發展統計公

報》顯示，深圳市全年實現地區生產總值24,221.98億元，比2017年增長7.6%。其中，第一產業增加值22.09億元，增長3.9%；第二產業增加值9,961.95億元，增長9.3%；第三產業增加值14,237.94億元，增長6.4%。第一產業增加值占全市地區生產總值的比重為0.1%，第二產業增加值占全市地區生產總值的比重為41.1%，第三產業增加值占全市地區生產總值的比重為58.8%。在現代產業中，現代服務業增加值10,090.59億元，增長7.1%；先進製造業增加值6,564.83億元，增長12.0%；高技術製造業增加值6,131.20億元，增長13.3%。深圳市人均地區生產總值189,568元，增長3.2%，按2018年平均匯率折算為28,647美元。

深圳市各年與分時段經濟增長核算結果見圖4-10和表4-11。1999年以來，深圳市地區生產總值增長較快，達到12.5%，但是波動性較大，增長最高年份增長速度超過19%，而增長最低年份增長速度超過8%。全要素生產率增長率波動更為劇烈，19年（1999—2017年）間，其最低值為-3.2%，最高值為11%。總體來看，1999—2017年深圳市全要素生產率增長率對經濟增長的貢獻率為44.8%，屬於較高水準。分時段來看，1999—2008年全要素生產率增長率為8.4%，對經濟增長的貢獻率為55.3%；2009—2017年全要素生產率增長率為2.9%，對經濟增長的貢獻率為29.1%；後一時段全要素生產率增長率大幅下滑且對經濟增長的貢獻率也大幅下滑。

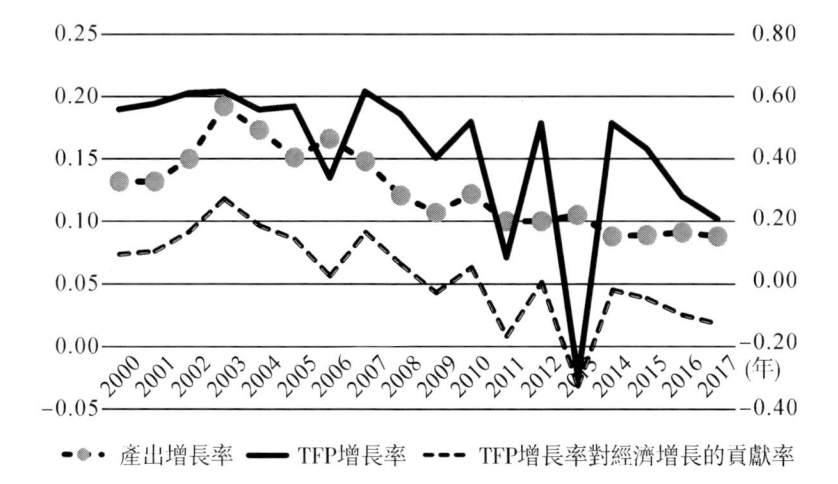

圖4-10 深圳市各年經濟增長核算

表 4-11  深圳市分時段經濟增長核算　　　　　單位:%

| 時間區間 | 產出增長率 | TFP 增長率 | TFP 增長率對經濟增長的貢獻率 |
|---|---|---|---|
| 1999—2008 年 | 15.1 | 8.4 | 55.3 |
| 2009—2017 年 | 9.9 | 2.9 | 29.1 |
| 1999—2017 年 | 12.5 | 5.6 | 44.8 |

(十一) 海口市

海口市是海南省省會，國家「一帶一路」建設支點城市，中國（海南）自由貿易試驗區（港）核心城市，全市總面積3,145.93平方千米，其中，陸地面積2,284.49平方千米，海域面積861.44平方千米。截至2018年底，全市常住人口230.23萬人。《海口市2018年國民經濟和社會發展統計公報》顯示，海口市全年實現地區生產總值1,510.51億元，按可比價格計算，比2017年增長7.6%。其中，第一產業增加值63.96億元，增長4.5%；第二產業增加值276億元，增長6%；第三產業增加值1,170.56億元，增長8.1%。三次產業結構調整為4.2∶18.3∶77.5。按常住人口計算，海口市人均生產總值為66,042元，比2017年增加4,453元，增長7.2%。

海口市各年與分時段經濟增長核算結果見圖4-11和表4-12。1999年以來，海口市地區生產總值增長較快，達到10.5%，但是波動性較大，增長最高年份增長速度超過18%，而增長最低年份增長速度達到1%。全要素生產率增長率波動更為劇烈，19年（1999—2017年）間，其最低值為-7.2%，最高值為7.8%。總體來看，1999—2017年海口市全要素生產率增長率對經濟增長的貢獻率為8.2%，屬於較低水準。分時段來看，1999—2008年全要素生產率增長率為4.0%，對經濟增長的貢獻率為34.1%；2009—2017年率全要素生產率增長率為-2.2%，對經濟增長的貢獻率為-23.6%；後一時段全要素生產率增長率大幅下滑至負數且對經濟增長的貢獻也大幅下滑。

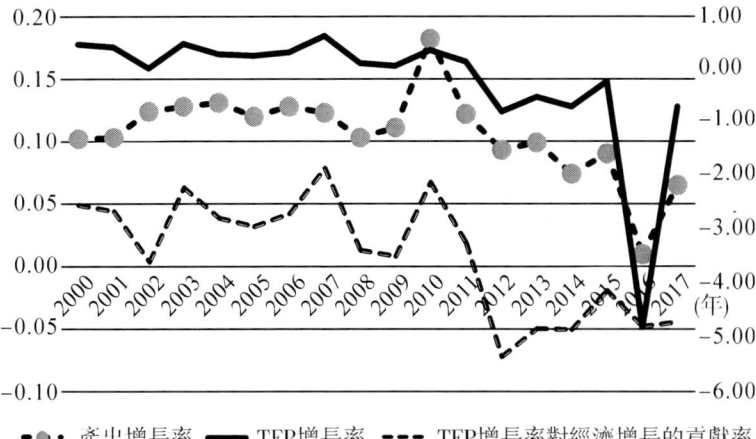

图 4-11　海口市各年经济增长核算

表 4-12　海口市分时段经济增长核算　　　　　　单位：%

| 时间区间 | 产出增长率 | TFP 增长率 | TFP 增长率对经济增长的贡献率 |
| --- | --- | --- | --- |
| 1999—2008 年 | 11.8 | 4.0 | 34.1 |
| 2009—2017 年 | 9.3 | -2.2 | -23.6 |
| 1999—2017 年 | 10.5 | 0.9 | 8.2 |

## 二、中部地区

### （一）太原市

太原市是山西省省会，中国优秀旅游城市、国家历史文化名城、国家园林城市、太原都市圈核心城市，山西省政治、经济、文化、交通和国际交流中心。截至 2018 年底，太原市辖 6 个市辖区、3 个县，代管 1 个县级市，总面积 6,988 平方千米，总人口 442.15 万，城镇人口 375.30 万人，城镇化率 84.88%，比 2017 年提高 0.18%。《太原市 2018 年国民经济和社会发展统计公报》显示，太原市全年实现地区生产总值 3,884.48 亿元，比 2017 年增长 9.2%。其中，第一产业增加值 41.05 亿元，增长 0.7%；第二产业增加值 1,439.13 亿元，增长 10.3%；第三产业增加值 2,404.30 亿元，增长 8.8%。按常住人口计算，太原市人均地区生产总值 88,272 元，比 2017 年增长 8.2%，按 2018 年平均汇率计算达到 13,339 美元。

太原市各年与分时段经济增长核算结果见图 4-12 和表 4-13。1999 年以

來，太原市地區生產總值增長較快，達到 10.1%，但是波動性較大，增長最高年份增長速度超過 16%，而增長最低年份增長速度僅超過 2%。全要素生產率增長率波動更為劇烈，19 年（1999—2017 年）間，其最低值為 -8.5%，最高值為 13.5%。總體來看，1999—2017 年太原市全要素生產率增長率對經濟增長的貢獻率為 17.9%，屬於一般水準。分時段來看，1999—2008 年全要素生產率增長率為 5.2%，對經濟增長的貢獻率為 41.6%；2009—2017 年全要素生產率增長率為 -1.5%，對經濟增長的貢獻率為 -19.6%；後一時段全要素生產率增長率大幅下滑至負數且對經濟增長的貢獻率也大幅下滑。

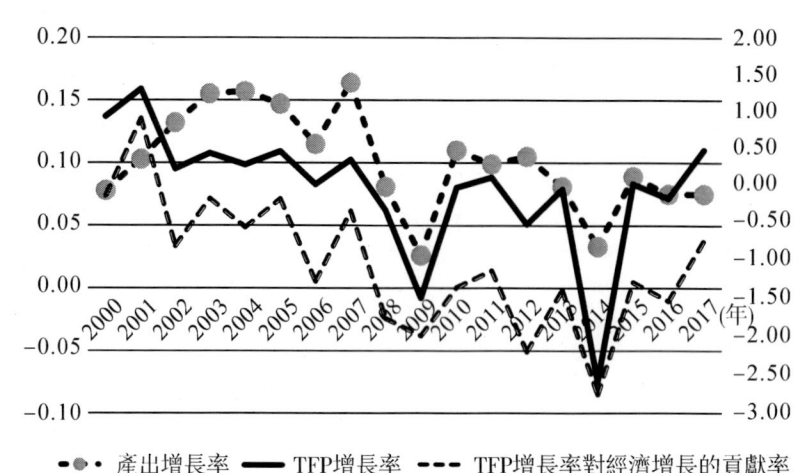

圖 4-12　太原市各年經濟增長核算

表 4-13　太原市分時段經濟增長核算　　　　　　　　單位：%

| 時間區間 | 產出增長率 | TFP 增長率 | TFP 增長率對經濟增長的貢獻率 |
| --- | --- | --- | --- |
| 1999—2008 年 | 12.5 | 5.2 | 41.6 |
| 2009—2017 年 | 7.7 | -1.5 | -19.6 |
| 1999—2017 年 | 10.1 | 1.8 | 17.9 |

（二）合肥市

合肥市是安徽省省會，長三角城市群副中心，綜合性國家科學中心，「一帶一路」和長江經濟帶戰略雙節點城市，現代製造業基地和綜合交通樞紐，合肥都市圈中心城市，皖江城市帶核心城市。合肥市總面積 11,445.1 平方千米（含巢湖水面 770 平方千米），2018 年末常住人口 808.7 萬人，比 2017 年增

加12.2萬人，常住人口城鎮化率74.97%，比2017年提高1.22%。《合肥市2018年國民經濟和社會發展統計公報》顯示，合肥市全年實現地區生產總值7,822.91億元，按可比價格計算，比2017年增長8.5%。其中，第一產業增加值277.59億元，增長2.2%；第二產業增加值3,612.25億元，增長9.5%；第三產業增加值3,933.07億元，增長8.0%。三次產業結構由2017年的3.9：49.0：47.1調整為3.5：46.2：50.3，其中第三產業占地方生產總值比重首次突破50%，達50.3%，同比提高3.2%。按常住人口計算，合肥市人均地方生產總值為97,470元，比2017年增加9,014元，折合14,729美元。

合肥市各年與分時段經濟增長核算結果見圖4-13和表4-14。1999年以來，合肥市地區生產總值增長較快，達到13.9%，但是波動性較大，增長最高年份增長速度超過18%，而增長最低年份增長速度超過8%。全要素生產率增長率波動更為劇烈，19年（1999—2017年）間，其最低值為-0.6%，最高值為7.9%。總體來看，1999—2017年合肥市全要素生產率增長率對經濟增長的貢獻率為23.9%，屬於一般水準。分時段來看，1999—2008年全要素生產率增長率為5.1%，對經濟增長的貢獻率為34.1%；2009—2017年全要素生產率增長率為1.5%，對經濟增長的貢獻率為12.0%；後一時段全要素生產率增長率大幅下滑且對經濟增長的貢獻率也大幅下滑。

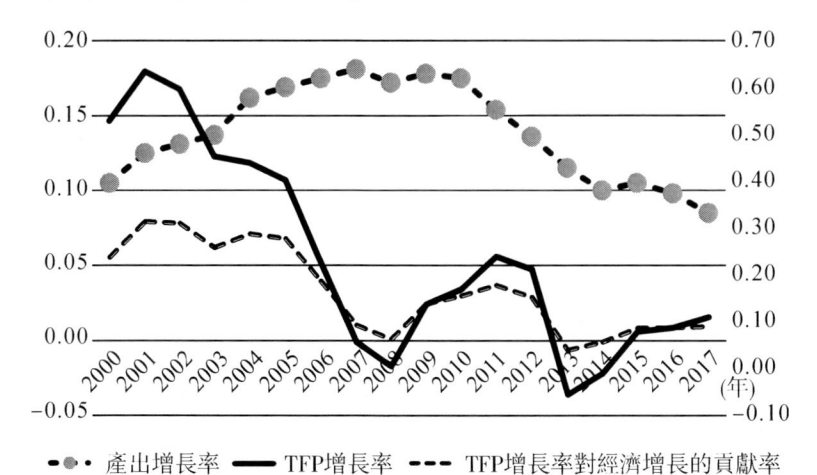

圖4-13 合肥市各年經濟增長核算

表 4-14　合肥市分時段經濟增長核算　　　　單位:%

| 時間區間 | 產出增長率 | TFP 增長率 | TFP 增長率對經濟增長的貢獻率 |
| --- | --- | --- | --- |
| 1999—2008 年 | 15.0 | 5.1 | 34.1 |
| 2009—2017 年 | 12.7 | 1.5 | 12.0 |
| 1999—2017 年 | 13.9 | 3.3 | 23.9 |

（三）南昌市

南昌市是江西省省會、環鄱陽湖城市群核心城市，江西省的政治、經濟、文化、科教和交通中心，國務院批復確定的長江中游地區重要的中心城市。截至 2018 年底，全市下轄 6 個區、3 個縣，總面積 7,402 平方千米，常住人口 554.55 萬人，城鎮人口 411.64 萬人，城鎮化率 74.2%。《南昌市 2018 年國民經濟和社會發展統計公報》顯示，南昌市全年實現地區生產總值 5,274.67 億元，按可比價格計算，比 2017 年增長 8.9%。其中，第一產業增加值 190.68 億元，增長 3.2%；第二產業增加值 2,660.92 億元，增長 8.5%；第三產業增加值 2,423.07 億元，增長 10.1%。

南昌市各年與分時段經濟增長核算結果見圖 4-14 和表 4-15。1999 年以來，南昌市地區生產總值增長較快，達到 12.8%，但是波動性較大，增長最高年份增長速度超過 16%，而增長最低年的增長速度達到 9%。全要素生產率增長率波動更為劇烈，19 年（1999—2017 年）間，其最低值為-1.4%，最高值為 12.9%。總體來看，1999—2017 年南昌市全要素生產率增長率對經濟增長的貢獻率為 26.3%，屬於一般水準。分時段來看，1999—2008 年全要素生產率增長率為 7.1%，對經濟增長的貢獻率為 49.3%；2009—2017 年全要素生產率增長率為 0.2%，對經濟增長的貢獻率為-2.1%；後一時段全要素生產率增長率大幅下滑至負數且對經濟增長的貢獻率也大幅下滑。

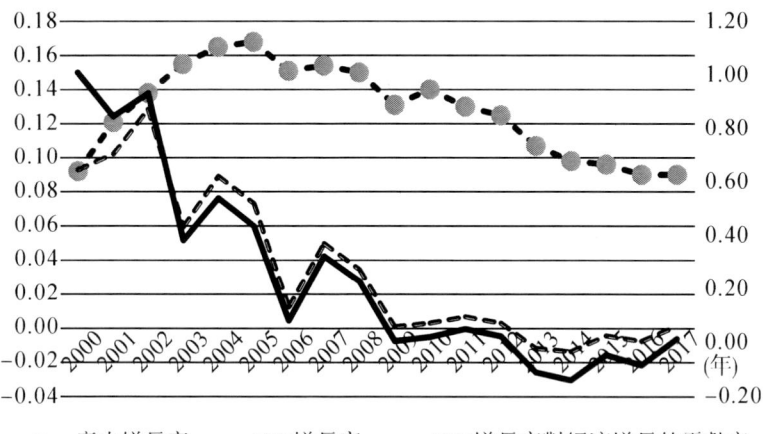

圖 4-14　南昌市各年經濟增長核算

表 4-15　南昌市分時段經濟增長核算　　　　　　　　　單位：%

| 時間區間 | 產出增長率 | TFP 增長率 | TFP 增長率對經濟增長的貢獻率 |
| --- | --- | --- | --- |
| 1999—2008 年 | 14.4 | 7.1 | 49.3 |
| 2009—2017 年 | 11.2 | -0.2 | -2.1 |
| 1999—2017 年 | 12.8 | 3.4 | 26.3 |

（四）鄭州市

鄭州市是河南省省會，中國中部地區重要的中心城市、特大城市，國家重要的綜合交通樞紐、商貿物流中心、中原城市群中心城市。截至 2018 年底，鄭州下轄 6 個市轄區、1 個縣，代管 5 個縣級市，總面積 7,446 平方千米，建成區面積 830.97 平方千米，總人口 1,013.6 萬人，城鎮人口 743.8 萬人，城鎮化率 73.4%。《鄭州市 2018 年國民經濟和社會發展統計公報》顯示，鄭州市全年完成地區生產總值 10,143.3 億元，比 2017 年增長 8.1%；人均地區生產總值 101,349 元，比 2017 年增長 5.8%。其中第一產業增加值 147.1 億元，增長 2.1%；第二產業增加值 4,450.7 億元，增長 8.1%；第三產業增加值 5,545.5 億元，增長 8.3%。

鄭州市各年與分時段經濟增長核算結果見圖 4-15 和表 4-16。1999 年以來，鄭州市地區生產總值增長較快，達到 12.8%，但是波動性較大，增長最高年份增長速度達到 16%，而增長最低年份增長速度超過 8%。全要素生產率增長率波動更為劇烈，19 年（1999—2017 年）間，其最低值為 -3.1%，最高值

為12.3%。總體來看，1999—2017年鄭州市全要素生產率增長率對經濟增長的貢獻率為24.3%，屬於一般水準。分時段來看，1999—2008年全要素生產率增長率為6.3%，對經濟增長的貢獻率為46.0%；2009—2017年全要素生產率增長率為-0.3%，對經濟增長的貢獻率為-2.5%；後一時段全要素生產率增長率大幅下滑至負數且對經濟增長的貢獻率也大幅下滑。

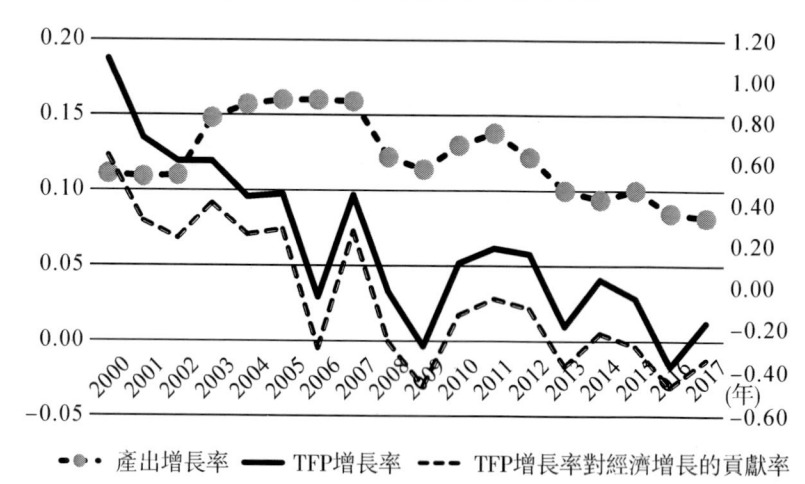

圖4-15　鄭州市各年經濟增長核算

表4-16　鄭州市分時段經濟增長核算　　　　　　單位：%

| 時間區間 | 產出增長率 | TFP 增長率 | TFP 增長率對經濟增長的貢獻率 |
| --- | --- | --- | --- |
| 1999—2008年 | 13.7 | 6.3 | 46.0 |
| 2009—2017年 | 10.7 | -0.3 | -2.5 |
| 1999—2017年 | 12.2 | 3.0 | 24.3 |

（五）武漢市

　　武漢市是湖北省省會、中部地區唯一副省級城市、特大城市，國務院批復確定的中國中部地區的中心城市，全國重要的工業基地、科教基地和綜合交通樞紐。截至2018年底，全市下轄13個區，總面積8,494.41平方千米，建成區面積628平方千米，常住人口1,108.1萬人，城鎮人口889.69萬人，城鎮化率80.2%。《武漢市2018年國民經濟和社會發展統計公報》顯示，武漢市全年實現地區生產總值14,847.29億元，比2017年增長8.0%。其中，第一產業增加值362.00億元，增長2.9%；第二產業增加值6,377.75億元，增長5.7%；第三產業增加值

8,107.54億元，增長10.1%。三次產業構成為2.4∶43.0∶54.6。按常住人口計算，武漢市人均地區生產總值135,136元，比2017年增長6.4%。

武漢市各年與分時段經濟增長核算結果見圖4-16和表4-17。1999年以來，武漢市地區生產總值增長較快，達到12.2%，但是波動性較大，增長最高年份增長速度超過15%，而增長最低年份增長速度超過7%。全要素生產率增長率波動更為劇烈，19年（1999—2017年）間，其最低值為-0.2%，最高值為11.7%。總體來看，1999—2017年武漢市全要素生產率增長率對經濟增長的貢獻率為39.9%，屬於較高水準。分時段來看，1999—2008年全要素生產率增長率為8.3%，對經濟增長的貢獻率為61.2%；2009—2017年全要素生產率增長率為1.5%，對經濟增長的貢獻率為13.8%；後一時段全要素生產率增長率大幅下滑且對經濟增長的貢獻率也大幅下滑。

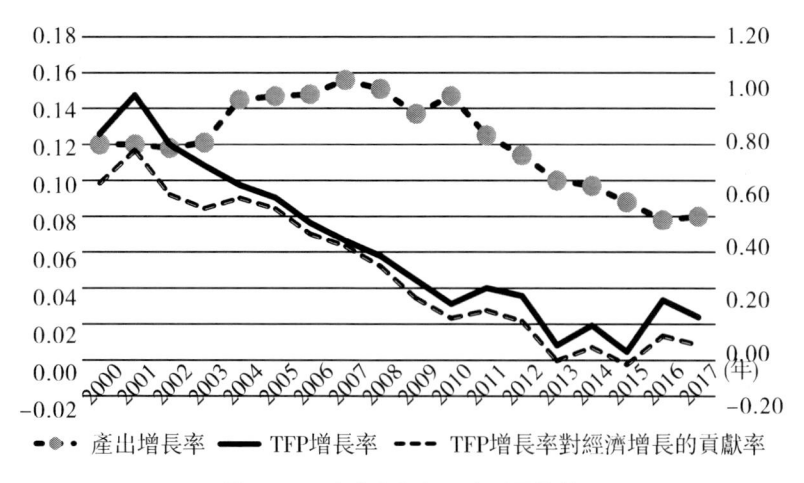

圖4-16　武漢市各年經濟增長核算

表4-17　武漢市分時段經濟增長核算　　　　單位：%

| 時間區間 | 產出增長率 | TFP增長率 | TFP增長率對經濟增長的貢獻率 |
|---|---|---|---|
| 1999—2008年 | 13.6 | 8.3 | 61.2 |
| 2009—2017年 | 10.7 | 1.5 | 13.8 |
| 1999—2017年 | 12.2 | 4.9 | 39.9 |

（六）長沙市

長沙市是湖南省省會，長江中游地區重要的中心城市、長江中游城市群和長江經濟帶重要的節點城市。總面積11,819平方千米；轄6個區、1個縣、代

管2個縣級市；2018年，常住人口815.47萬，城鎮人口632.72萬，城鎮化率77.59%。《長沙市2018年國民經濟和社會發展統計公報》顯示，長沙市全年實現地區生產總值11,003.41億元，比2017年增長8.5%。分產業看，第一產業實現增加值318.73億元，增長3.3%；第二產業實現增加值4,660.19億元，增長6.8%；第三產業實現增加值6,024.49億元，增長10.7%。

長沙市各年與分時段經濟增長核算結果見圖4-17和表4-18。1999年以來，長沙市地區生產總值增長較快，達到13.0%，但是波動性較大，增長最高年份增長速度達到16%，而增長最低年份增長速度達到9%。全要素生產率增長率波動更為劇烈，19年（1999—2017年）間，其最低值為1.3%，最高值為12.7%。總體來看，1999—2017年長沙市全要素生產率增長率對經濟增長的貢獻率為37.2%，屬於較高水準。分時段來看，1999—2008年全要素生產率增長率為7.0%，對經濟增長的貢獻率為50.2%；2009—2017年全要素生產率增長率為2.7%，對經濟增長的貢獻率為22.4%；後一時段全要素生產率增長率大幅下滑且對經濟增長的貢獻率也大幅下滑。

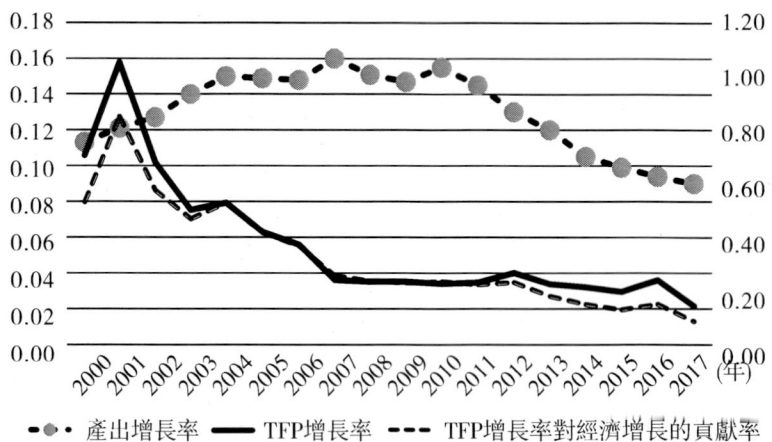

圖4-17　長沙市各年經濟增長核算

表4-18　長沙市分時段經濟增長核算　　　　單位:%

| 時間區間 | 產出增長率 | TFP增長率 | TFP增長率對經濟增長的貢獻率 |
| --- | --- | --- | --- |
| 1999—2008年 | 14.0 | 7.0 | 50.2 |
| 2009—2017年 | 12.0 | 2.7 | 22.4 |
| 1999—2017年 | 13.0 | 4.8 | 37.2 |

### 三、西部地區

**（一）呼和浩特市**

呼和浩特市是內蒙古自治區首府，內蒙古自治區的政治、經濟、文化中心，國務院批復確定的中國北方沿邊地區重要的中心城市。截至2018年底，全市下轄4個區、4個縣、1個旗，總面積17,224平方千米，建成區面積260平方千米，常住人口312.6萬人，城鎮人口218.3萬人，城鎮化率69.8%。《呼和浩特市2018年國民經濟和社會發展統計公報》顯示，呼和浩特市全年地區生產總值按不變價格計算，比2017年增長3.9%。三次產業中，第一產業增加值增長2.1%，第二產業增加值增長2.4%，第三產業增加值增長4.6%。三次產業結構比重為3.7∶27.6∶68.7。

呼和浩特市各年與分時段經濟增長核算結果見圖4-18和表4-19。1999年以來，呼和浩特市地區生產總值增長較快，達到15.4%，但是波動性較大，增長最高年份增長速度超過31%，而增長最低年份增長速度達到5%。全要素生產率增長率波動更為劇烈，19年（1999—2017年）間，其最低值為-1.2%，最高值為14.4%。總體來看，1999—2017年呼和浩特市全要素生產率增長率對經濟增長的貢獻率為33.9%，屬於較高水準。分時段來看，1999—2008年全要素生產率增長率為9.5%，對經濟增長的貢獻率為44.8%；2009—2017年全要素生產率增長率為1.2%，對經濟增長的貢獻率為11.6%；後一時段全要素生產率增長率大幅下滑且對經濟增長的貢獻也大幅下滑。

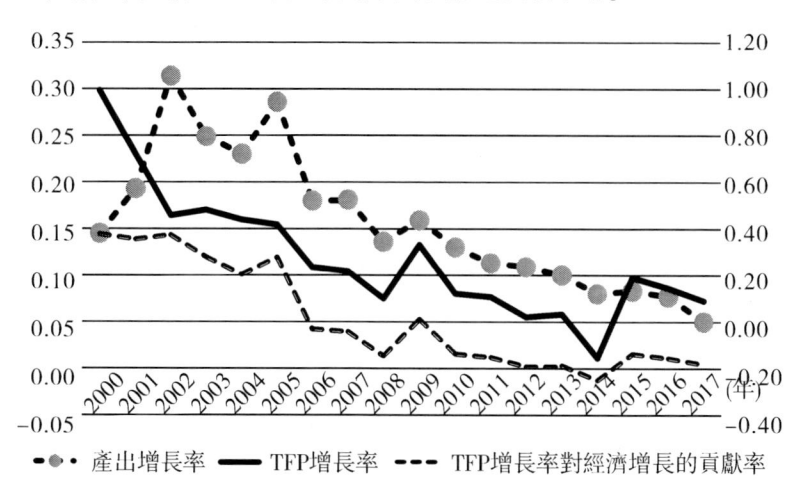

**圖4-18　呼和浩特市各年經濟增長核算**

表 4-19　呼和浩特市分時段經濟增長核算　　　　單位:%

| 時間區間 | 產出增長率 | TFP 增長率 | TFP 增長率對經濟增長的貢獻率 |
| --- | --- | --- | --- |
| 1999—2008 年 | 21.1 | 9.5 | 44.8 |
| 2009—2017 年 | 10.0 | 1.2 | 11.6 |
| 1999—2017 年 | 15.4 | 5.2 | 33.9 |

(二) 南寧市

南寧市，別稱綠城、邕城，是廣西壯族自治區首府，國務院批復確定的中國北部灣經濟區中心城市、西南地區連接出海通道的綜合交通樞紐。截至 2018 年底，全市下轄 7 個區、5 個縣，總面積 22,112 平方千米，建成區面積 372 平方千米，常住人口 725.41 萬人，城鎮人口 452.61 萬人，城鎮化率 62.4%。《南寧市 2018 年國民經濟和社會發展統計公報》顯示，南寧市全年實現地區生產總值 4,480 億元，按可比價格計算，比 2017 年增長 5.4%。按常住人口計算，南寧市人均地區生產總值比 2017 年增長 4%。三次產業中，第一產業增加值比 2017 年增長 4.3%，第二產業增加值比 2017 年增長 2.2%，第三產業增加值比 2017 年增長 7.8%。三次產業的比重為 10.5：30.4：59.1。與 2017 年比較，第一產業比重上升 0.7%，第二產業比重下降 8.4%，第三產業比重上升 7.7%。

南寧市各年與分時段經濟增長核算結果見圖 4-19 和表 4-20。1999 年以來，南寧市地區生產總值增長較快，達到 11.0%，但是波動性較大，增長最高年份增長速度超過 17%，而增長最低年份增長速度達到 0。全要素生產率增長率波動更為劇烈，19 年（1999—2017 年）間，其最低值為 -8.5%，最高值為 8.9%。總體來看，1999—2017 年南寧市全要素生產率增長率對經濟增長的貢獻率為 26.8%，屬於一般水準。分時段來看，1999—2008 年全要素生產率增長率為 4.2%，對經濟增長的貢獻率為 37.9%；2009—2017 年全要素生產率增長率為 1.7%，對經濟增長的貢獻率為 15.5%；後一時段全要素生產率增長率大幅下滑且對經濟增長的貢獻率也大幅下滑。

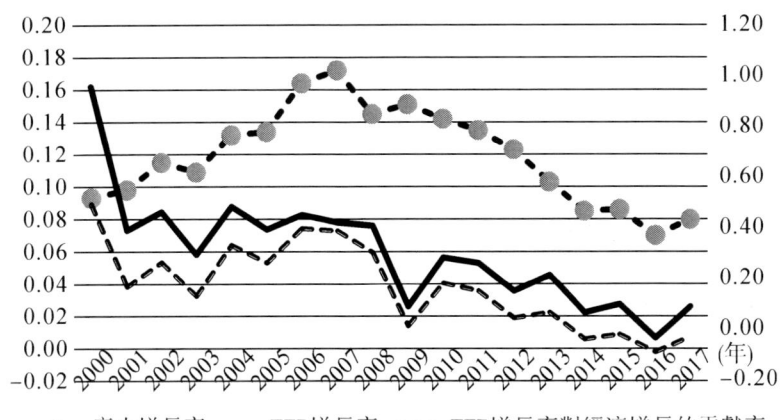

图 4-19　南宁市各年经济增长核算

表 4-20　南宁市分时段经济增长核算　　　　　单位:%

| 时间区间 | 产出增长率 | TFP 增长率 | TFP 增长率对经济增长的贡献率 |
| --- | --- | --- | --- |
| 1999—2008 年 | 11.2 | 4.2 | 37.9 |
| 2009—2017 年 | 10.8 | 1.7 | 15.5 |
| 1999—2017 年 | 11.0 | 2.9 | 26.8 |

(三) 成都市

成都市，简称蓉，别称蓉城、锦城，是四川省省会、副省级城市、特大城市，国务院确定的国家重要高新技术产业基地、商贸物流中心和综合交通枢纽，是西部地区重要的中心城市。2018 年，全市下辖 20 个区（市）县和成都高新区、天府新区成都直管区，面积 14,335 平方千米，常住人口 1,633 万人。《成都市 2018 年国民经济和社会发展统计公报》显示，成都市全年实现地区生产总值 15,342.77 亿元，按可比价格计算，比 2017 年增长 8.0%。其中，第一产业增加值 522.59 亿元，增长 3.6%；第二产业增加值 6,516.19 亿元，增长 7.0%；第三产业增加值 8,303.99 亿元，增长 9.0%。三次产业结构为 3.4 : 42.5 : 54.1。三次产业对经济增长的贡献率分别为 1.6%、37.1%、61.3%。按常住人口计算，成都市人均地区生产总值为 94,782 元，比 2017 年增长 6.6%。

成都市各年与分时段经济增长核算结果见图 4-20 和表 4-21。1999 年以来，成都市地区生产总值增长较快，达到 12.1%，但是波动性较大，增长最高年份增长速度超过 15%，而增长最低年份增长速度超过 7%。全要素生产率增

長率波動劇烈，19 年（1999—2017 年）間，其最低值為 -2.1%，最高值為 10.6%。總體來看，1999—2017 年成都市全要素生產率增長率對經濟增長的貢獻率為 35.2%，屬於較高水準。分時段來看，1999—2008 年全要素生產率增長率為 6.3%，對經濟增長的貢獻率為 47.9%；2009—2017 年全要素生產率增長率為 2.3%，對經濟增長的貢獻率為 20.7%；後一時段全要素生產率增長率大幅下滑且對經濟增長的貢獻率也大幅下滑。

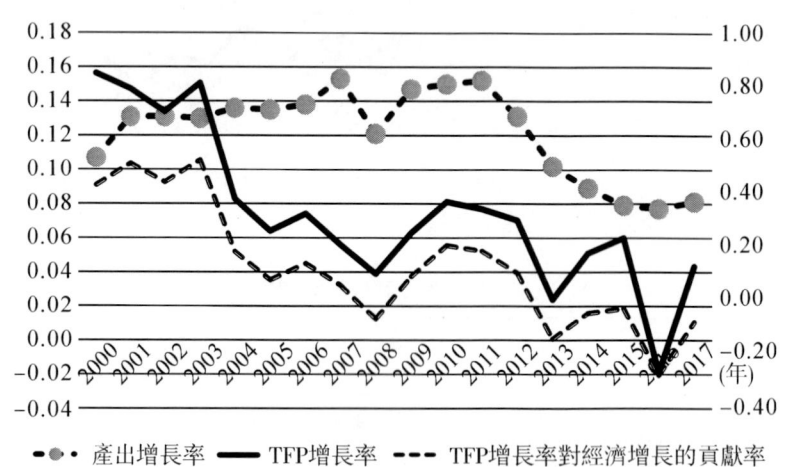

圖 4-20　成都市各年經濟增長核算

表 4-21　成都市分時段經濟增長核算　　　　單位：%

| 時間區間 | 產出增長率 | TFP 增長率 | TFP 增長率對經濟增長的貢獻率 |
| --- | --- | --- | --- |
| 1999—2008 年 | 13.1 | 6.3 | 47.9 |
| 2009—2017 年 | 11.2 | 2.3 | 20.7 |
| 1999—2017 年 | 12.1 | 4.3 | 35.2 |

（四）貴陽市

貴陽市是貴州省省會，貴州省的政治、經濟、文化、科教、交通中心和西南地區重要的交通通信樞紐、工業基地及商貿旅遊服務中心，西南地區中心城市之一。貴陽市面積 8,034 平方千米，2018 年末常住人口 488.19 萬人，城鎮人口 368.24 萬人，城鎮化率達 75.43%。《貴陽市 2018 年國民經濟和社會發展統計公報》顯示，貴陽市全年實現地區生產總值 3,798.45 億元，同比增長 9.9%。其中，第一產業增加值 153.10 億元，增長 6.6%；第二產業增加值 1,413.67 億元，增長 7.9%；第三產業增加值 2,231.68 億元，增長 11.3%。貴

陽市人均生產總值78,449元，同比增長7.8%。三次產業結構為4.0：37.2：58.8，與2017年比，第一產業比重下降0.2%，第二產業比重下降1.6%，第三產業比重提高1.8%。

貴陽市各年與分時段經濟增長核算結果見圖4-21和表4-22。1999年以來，貴陽市地區生產總值增長較快，達到13.1%，但是波動性較大，增長最高年份增長速度達到17%，而增長最低年份增長速度也超過10%。全要素生產率增長率波動劇烈，19年（1999—2017年）間，其最低值為1.0%，最高值為13.0%。總體來看，1999—2017年貴陽市全要素生產率增長率對經濟增長的貢獻率為42.3%，屬於較高水準。分時段來看，1999—2008年全要素生產率增長率為6.6%，對經濟增長的貢獻率為50.2%；2009—2017年全要素生產率增長率為4.9%，對經濟增長的貢獻率為34.9%；後一時段全要素生產率增長率大幅下滑且對經濟增長的貢獻率也大幅下滑。

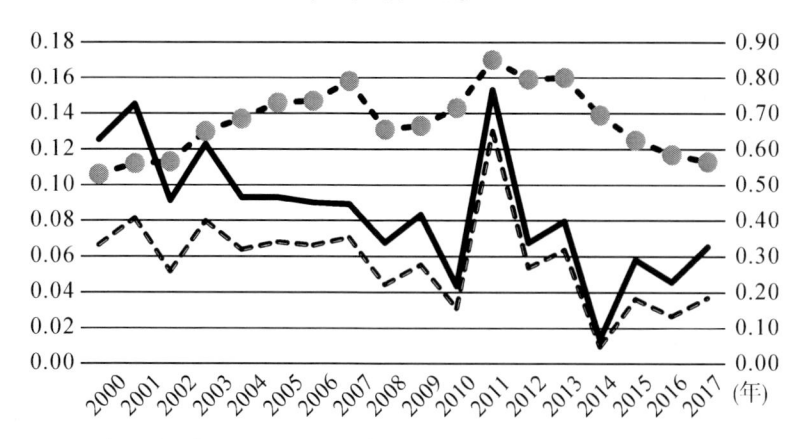

**圖4-21　貴陽市各年經濟增長核算**

**表4-22　貴陽市分時段經濟增長核算**　　　　　　　　單位：%

| 時間區間 | 產出增長率 | TFP增長率 | TFP增長率對經濟增長的貢獻率 |
| --- | --- | --- | --- |
| 1999—2008年 | 13.1 | 6.6 | 50.2 |
| 2009—2017年 | 14.0 | 4.9 | 34.9 |
| 1999—2017年 | 13.5 | 5.7 | 42.3 |

（五）昆明市

昆明市，別稱春城，是雲南省省會、滇中城市群中心城市，國務院批復確

定的中國西部地區重要的中心城市之一。截至2018年底，全市下轄7個區、3個縣、3個自治縣、代管1個縣級市，總面積21,473平方千米，建成區面積435.81平方千米，常住人口685.0萬人，城鎮人口499.02萬人，城鎮化率72.85%。《昆明市2018年國民經濟和社會發展統計公報》顯示，昆明市2018年實現地區生產總值5,206.90億元，按可比價格計算，比2017年增長8.4%。三次產業中，第一產業增加值222.16億元，增長6.3%；第二產業增加值2,038.02億元，增長10.0%；第三產業增加值2,946.72億元，增長7.3%。三次產業結構由2017年的4.3：38.4：57.3調整為4.3：39.1：56.6。

　　昆明市各年與分時段經濟增長核算結果見圖4-22和表4-23。1999年以來，昆明市地區生產總值增長較快，達到11.0%，但是波動性較大，增長最高年份增長速度達到14%，而增長最低年份增長速度達到8.0%。全要素生產率增長率波動劇烈，19年（1999—2017年）間，其最低值為0.8%，最高值為7.7%。總體來看，1999—2017年昆明市全要素生產率增長率對經濟增長的貢獻率為36.0%，屬於較高水準。分時段來看，1999—2008年全要素生產率增長率為4.0%，對經濟增長的貢獻率為37.7%；2009—2017年全要素生產率增長率為3.9%，對經濟增長的貢獻率為34.4%；後一時段全要素生產率增長率大幅下滑且對經濟增長的貢獻率也大幅下滑。

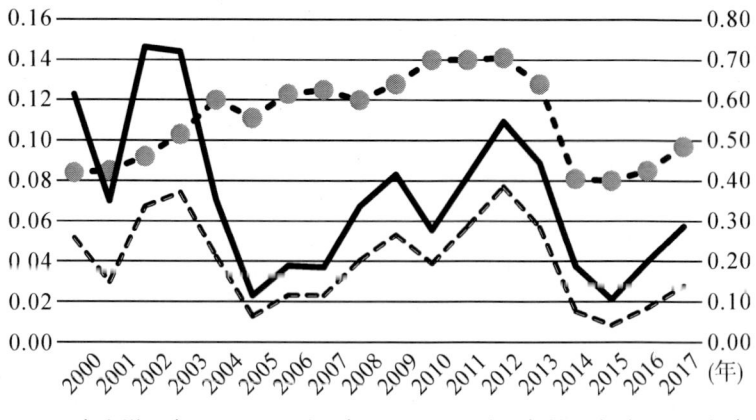

圖4-22　昆明市各年經濟增長核算

表 4-23　昆明市分時段經濟增長核算　　　　　單位:%

| 時間區間 | 產出增長率 | TFP 增長率 | TFP 增長率對經濟增長的貢獻率 |
| --- | --- | --- | --- |
| 1999—2008 年 | 10.7 | 4.0 | 37.7 |
| 2009—2017 年 | 11.3 | 3.9 | 34.4 |
| 1999—2017 年 | 11.0 | 4.0 | 36.0 |

（六）拉薩市

拉薩市是西藏自治區首府，西藏自治區的政治、經濟、文化和科教中心，也是藏傳佛教聖地。截至 2018 年底，全市共有 42 個鄉、7 個鎮、16 個街道辦事處；50 個居民委員會、227 個村民委員會。全市行政區劃面積為 2.95 萬平方千米。2018 年底戶籍人口為 55.44 萬人，比 2017 年底增加 1.08 萬人。《拉薩市 2018 年國民經濟和社會發展統計公報》顯示，拉薩市全年實現地區生產總值 540.78 億元，比 2017 年增長 9.3%。其中，第一產業增加值 18.29 億元，增長 3.0%；第二產業增加值 229.65 億元，增長 17.4%；第三產業增加值 292.83 億元，增長 4.6%。拉薩市人均地區生產總值 77,688 元，比 2017 年增長 6.9%。2018 年三次產業比重為 3.4：42.5：54.1，分別拉動經濟增長 0.1%、6.1% 和 3.1%。與 2017 年相比，第一產業比重下降 0.3%，第二產業比重提高 3.0%，第三產業比重下降 2.7%。

拉薩市各年與分時段經濟增長核算結果見圖 4-23 和表 4-24。1999 年以來，拉薩市地區生產總值增長較快，達到 15.8%，但是波動性較大，增長最高年份增長速度達到 18%，而增長最低年份增長速度達到 10.0%。全要素生產率增長率波動劇烈，19 年（1999—2017 年）間，其最低值為 -2.6%，最高值為 25.3%。總體來看，1999—2017 年拉薩市全要素生產率增長率對經濟增長的貢獻率為 36.4%，屬於較高水準。分時段來看，1999—2008 年全要素生產率增長率為 8.7%，對經濟增長的貢獻率為 54.7%；2009—2017 年全要素生產率增長率為 1.5%，對經濟增長的貢獻率為 13.0%；後一時段全要素生產率增長率大幅下滑且對經濟增長的貢獻率也大幅下滑。

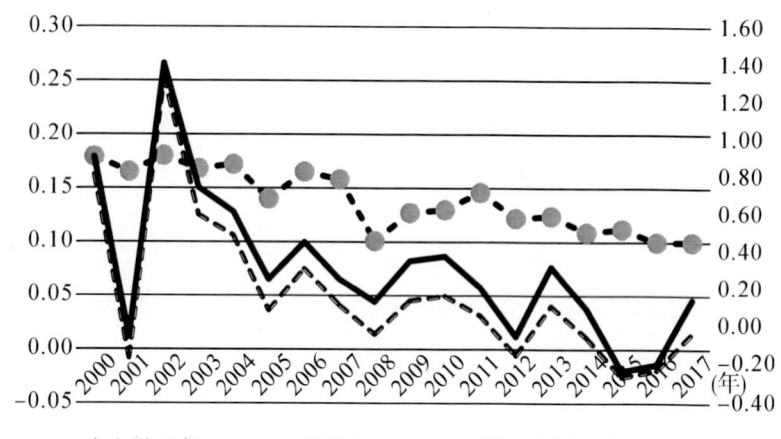

圖 4-23　拉薩市各年經濟增長核算

表 4-24　拉薩市分時段經濟增長核算　　　　　　　　單位：%

| 時間區間 | 產出增長率 | TFP 增長率 | TFP 增長率對經濟增長的貢獻率 |
| --- | --- | --- | --- |
| 1999—2008 年 | 15.8 | 8.7 | 54.7 |
| 2009—2017 年 | 11.9 | 1.5 | 13.0 |
| 1999—2017 年 | 13.8 | 5.0 | 36.4 |

（七）西安市

西安市是陝西省省會、副省級城市、關中平原城市群核心城市，曾是古絲綢之路的起點，是「一帶一路」核心區、中國西部地區重要的中心城市，是國家重要的科研、教育、工業基地。截至 2018 年底，西安市下轄 11 區 2 縣並代管西咸新區，總面積 10,752 平方千米，常住人口 1,000.37 萬人，城鎮人口 740.37 萬人，城鎮化率 74.01%。《西安市 2018 年國民經濟和社會發展統計公報》顯示，西安市全年實現地區生產總值 8,349.86 億元，比 2017 年增長 8.2%。其中，第一產業增加值 258.82 億元，增長 3.3%；第二產業增加值 2,925.61 億元，增長 8.5%；第三產業增加值 5,165.43 億元，增長 8.3%。三次產業構成為 3.1∶35.0∶61.9。按常住人口計算，西安市人均地區生產總值 85,114 元，比 2017 年增長 5.2%。

西安市各年與分時段經濟增長核算結果見圖 4-24 和表 4-25。1999 年以來，西安市地區生產總值增長較快，達到 12.1%，但是波動性較大，增長最高

年份增長速度超過15%，而增長最低年份增長速度超過7%。全要素生產率增長率波動更為劇烈，19年（1999—2017年）間，其最低值為-3.3%，最高值為12.3%。總體來看，1999—2017年西安市全要素生產率增長率對經濟增長的貢獻率為22.9%，屬於一般水準。分時段來看，1999—2008年全要素生產率增長率為5.7，對經濟增長的貢獻率為43.6%；2009—2017年全要素生產率增長率為-0.1%，對經濟增長的貢獻率為-0.7%；後一時段全要素生產率增長率大幅下滑至負數且對經濟增長的貢獻率也大幅下滑。

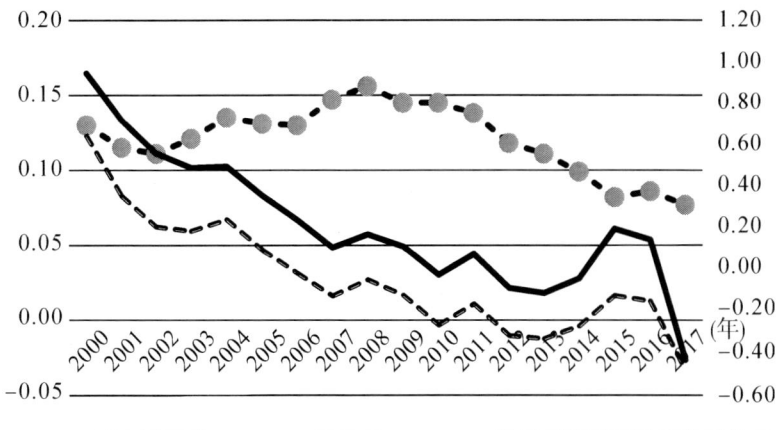

圖4-24　西安市各年經濟增長核算

表4-25　西安市分時段經濟增長核算　　　　　　　單位：%

| 時間區間 | 產出增長率 | TFP 增長率 | TFP 增長率對經濟增長的貢獻率 |
| --- | --- | --- | --- |
| 1999—2008 年 | 13.1 | 5.7 | 43.6 |
| 2009—2017 年 | 11.1 | -0.1 | -0.7 |
| 1999—2017 年 | 12.1 | 2.8 | 22.9 |

（八）蘭州市

蘭州市是甘肅省省會，國務院批復確定的中國西北地區重要的工業基地和綜合交通樞紐，西部地區重要的中心城市之一，絲綢之路經濟帶的重要節點城市。截至2018年底，蘭州市下轄5個區、3個縣，總面積13,100平方千米，建成區面積321.75平方千米，常住人口375.36萬人，城鎮人口304.15萬人，城鎮化率81.03%。《蘭州市2018年國民經濟和社會發展統計公報》顯示，蘭州市全年完成地區生產總值2,732.94億元，比2017年增長6.5%。其中，第

一產業增加值42.98億元，增長6%；第二產業增加值937.98億元，增長4.9%；第三產業增加值1,751.97億元，增長7.4%。三次產業結構比為1.57：34.32：64.11，與2017年的1.53：35.26：63.21相比，第一產業比重提高0.04%，第二產業比重回落0.94%，第三產業比重提高0.9%。按常住人口計算，蘭州市人均地區生產總值73,042元，比2017年增長5.8%。

蘭州市各年與分時段經濟增長核算結果見圖4-25和表4-26。1999年以來，蘭州市地區生產總值增長較快，達到11.0%，但是波動性較大，增長最高年份增長速度達到15%，而增長最低年份增長速度超過5%。全要素生產率增長率波動劇烈，19年（1999—2017年）間，其最低值為-0.6%，最高值為8.2%。總體來看，1999—2017年蘭州市全要素生產率增長率對經濟增長的貢獻率為35.3%，屬於較高水準。分時段來看，1999—2008年全要素生產率增長率為6.1%，對經濟增長的貢獻率為55.4%；2009—2017年全要素生產率增長率為1.7%，對經濟增長的貢獻率為15.5%；後一時段全要素生產率增長率大幅下滑且對經濟增長的貢獻率也大幅下滑。

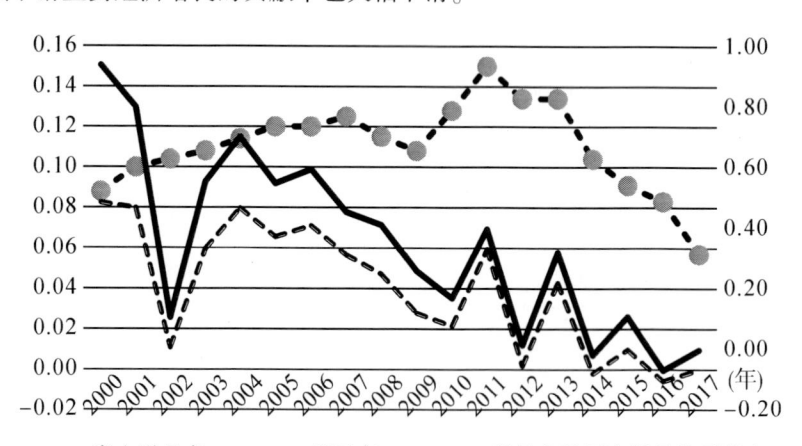

圖4-25　蘭州市各年經濟增長核算

表4-26　蘭州市分時段經濟增長核算　　　　單位:%

| 時間區間 | 產出增長率 | TFP增長率 | TFP增長率對經濟增長的貢獻率 |
| --- | --- | --- | --- |
| 1999—2008年 | 11.0 | 6.1 | 55.4 |
| 2009—2017年 | 11.0 | 1.7 | 15.5 |
| 1999—2017年 | 11.0 | 3.9 | 35.3 |

### (九) 西寧市

西寧市是青海省省會，青藏高原唯一人口超過百萬的中心城市，「三江之源」和「中華水塔」國家生態安全屏障建設的服務基地和大後方，全國首個入選「無廢城市」試點的省會城市。截至 2018 年底，西寧市總面積 7,660 平方千米，市區面積 380 平方千米，建成區面積 120 平方千米，常住人口 238.7 萬人，城鎮人口 174.01 萬人，城鎮化率 72.9%。《西寧市 2018 年國民經濟和社會發展統計公報》顯示，西寧市全年實現生產總值 1,286.41 億元，增長 9.0%。其中，第一產業實現增加值 46.08 億元；第二產業實現增加值 467.99 億元；第三產業實現增加值 772.34 億元；三次產業結構比由 2017 年 3.3：43.3：53.4 轉變為 3.6：36.4：60.0。按常住人口計算，西寧市人均地區生產總值達到 5.44 萬元，扣除價格上漲因素，實際比 2017 年增長 8.1%。

西寧市各年與分時段經濟增長核算結果見圖 4-26 和表 4-27。1999 年以來，西寧市地區生產總值增長較快，達到 13.4%，但是波動性較大，增長最高年份增長速度超過 18%，而增長最低年份增長速度也超過 9%。全要素生產率增長率波動劇烈，19 年（1999—2017 年）間，其最低值為-2.0%，最高值為 8.9%。總體來看，1999—2017 年西寧市全要素生產率增長率對經濟增長的貢獻率為 26.6%，屬於一般水準。分時段來看，1999—2008 年全要素生產率增長率為 5.5%，對經濟增長的貢獻率為 40.4%；2009—2017 年全要素生產率增長率為 1.7%，對經濟增長的貢獻率為 12.6%；後一時段全要素生產率增長率大幅下滑且對經濟增長的貢獻率也大幅下滑。

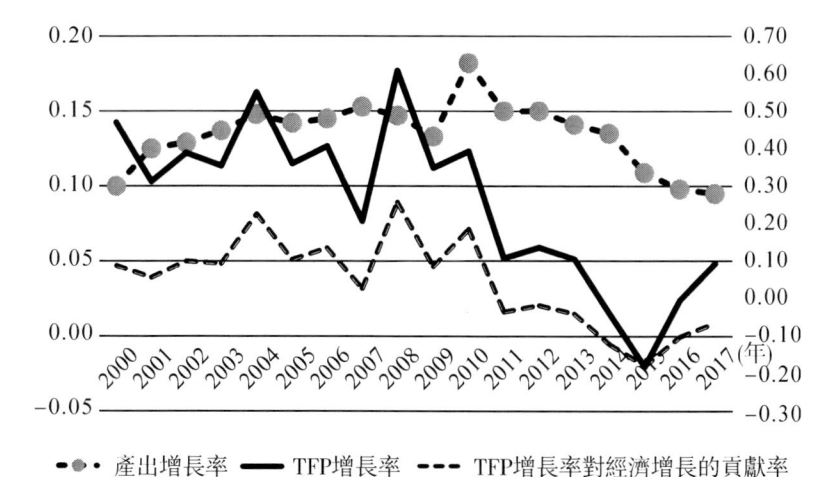

**圖 4-26　西寧市各年經濟增長核算**

表 4-27　西寧市分時段經濟增長核算　　　　　　單位:%

| 時間區間 | 產出增長率 | TFP 增長率 | TFP 增長率對經濟增長的貢獻率 |
|---|---|---|---|
| 1999—2008 年 | 13.6 | 5.5 | 40.4 |
| 2009—2017 年 | 13.2 | 1.7 | 12.6 |
| 1999—2017 年 | 13.4 | 3.6 | 26.6 |

（十）銀川市

銀川市是寧夏回族自治區首府，國家歷史文化名城，西北地區重要的中心城市之一，寧夏回族自治區政治、經濟、文化、科研、交通和金融中心，寧、內蒙古、陝、甘毗鄰地區中心城市，是絲綢之路的節點城市。銀川市面積 9,491 平方千米，截至 2018 年底，全市總人口 225.06 萬人，城鎮人口 173.52 萬人，城鎮化率 77.1%。《銀川市 2018 年國民經濟和社會發展統計公報》顯示，銀川市全年實現地區生產總值 1,901.48 億元，按可比價格計算，比 2017 年增長 7.2%。其中，第一產業增加值 67.31 億元，增長 3.6%；第二產業增加值 867.33 億元，增長 5.5%；第三產業增加值 966.84 億元，增長 9.2%。三次產業結構為 3.6 : 45.6 : 50.8，對經濟增長的貢獻率分別為 1.9%、37.8%、60.3%。按常住人口計算，銀川市人均地區生產總值 84,964 元，比 2017 年增長 5.8%。

銀川市各年與分時段經濟增長核算結果見圖 4-27 和表 4-28。1999 年以來，銀川市地區生產總值增長較快，達到 11.6%，但是波動性較大，增長最高年份增長速度超過 14%，而增長最低年份增長速度達到 8%。全要素生產率增長率波動劇烈，19 年（1999—2017 年）間，其最低值為 -9.7%，最高值為 8.5%。總體來看，1999—2017 年銀川市全要素生產率增長率對經濟增長的貢獻率為 4.7%，屬於較低水準。分時段來看，1999—2008 年全要素生產率增長率為 1.3%，對經濟增長的貢獻率為 10.6%；2009—2017 年全要素生產率增長率為 -0.2%，對經濟增長的貢獻率為 -2.2%；後一時段全要素生產率增長率大幅下滑至負數且對經濟增長的貢獻率也大幅下滑。

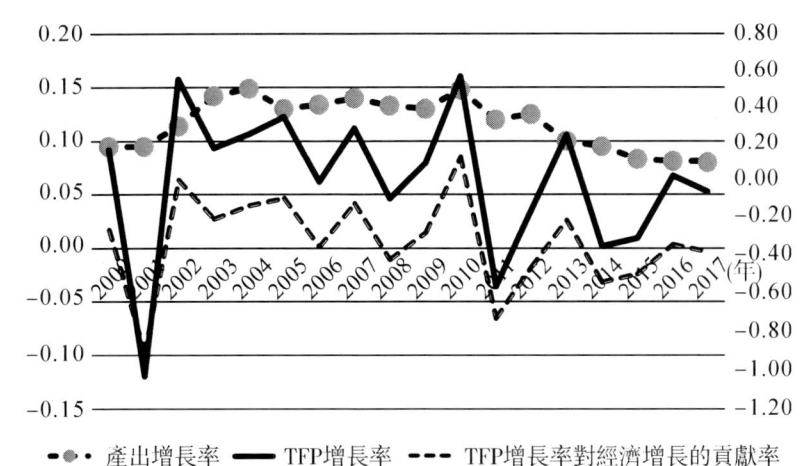

图 4-27  银川市各年经济增长核算

表 4-28  银川市分时段经济增长核算    单位：%

| 时间区间 | 产出增长率 | TFP 增长率 | TFP 增长率对经济增长的贡献率 |
| --- | --- | --- | --- |
| 1999—2008 年 | 12.6 | 1.3 | 10.6 |
| 2009—2017 年 | 10.7 | -0.2 | -2.2 |
| 1999—2017 年 | 11.6 | 0.5 | 4.7 |

（十一）乌鲁木齐市

乌鲁木齐市是新疆维吾尔自治区首府，新疆维吾尔自治区政治、经济、文化、科教和交通中心，国务院批复确定的中国西北地区重要的中心城市和面向中亚、西亚的国际商贸中心。截至 2018 年底，全市下辖 7 个区、1 个县，总面积 14,216.3 平方千米，建成区面积 436 平方千米，常住人口 350.58 万人，城镇人口 261.57 万人，城镇化率 74.61%。《乌鲁木齐市 2018 年国民经济和社会发展统计公报》显示，乌鲁木齐市全年实现地区生产总值 3,099.77 亿元，按可比价格计算，比 2017 年增长 7.8%。其中，第一产业增加值 25.32 亿元，增长 2.9%；第二产业增加值 948.18 亿元，增长 2.9%；第三产业增加值 2,126.27 亿元，增长 9.9%。三次产业结构为 0.8∶30.6∶68.6。

乌鲁木齐市各年与分时段经济增长核算结果见图 4-28 和表 4-29。1999 年以来，乌鲁木齐市地区生产总值增长较快，达到 12.3%，但是波动性较大，增长最高年份增长速度超过 17%，而增长最低年份增长速度超过 7%。全要素生

產率增長率波動劇烈，19 年（1999—2017 年）間，其最低值為-5.9%，最高值為 10.2%。總體來看，1999—2017 年烏魯木齊市全要素生產率增長率對經濟增長的貢獻率為 33.8%，屬於較高水準。分時段來看，1999—2008 年全要素生產率增長率為 4.9%，對經濟增長的貢獻率為 39.7%；2009—2017 年全要素生產率增長率為 3.5%，對經濟增長的貢獻率為 27.9%；後一時段全要素生產率增長率大幅下滑且對經濟增長的貢獻率也大幅下滑。

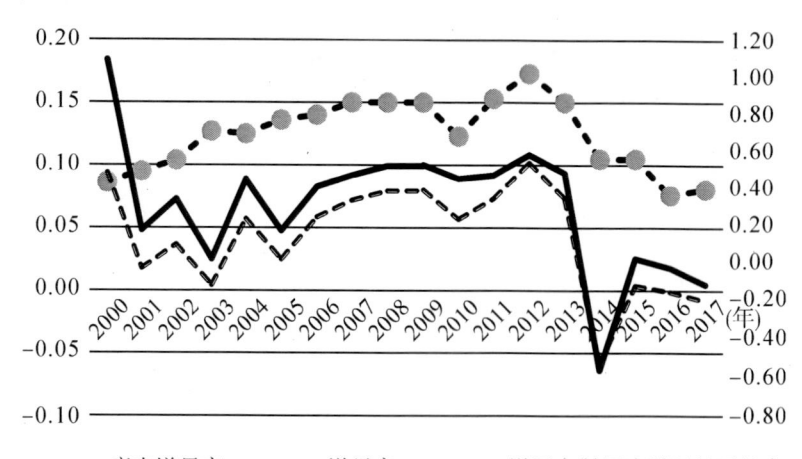

圖 4-28　烏魯木齊市各年經濟增長核算

表 4-29　烏魯木齊市分時段經濟增長核算　　　　單位:%

| 時間區間 | 產出增長率 | TFP 增長率 | TFP 增長率對經濟增長的貢獻率 |
| --- | --- | --- | --- |
| 1999—2008 年 | 12.3 | 4.9 | 39.7 |
| 2009—2017 年 | 12.4 | 3.5 | 27.9 |
| 1999—2017 年 | 12.3 | 4.2 | 33.8 |

### 四、東北地區

（一）瀋陽市

瀋陽市，簡稱瀋，別稱盛京、奉天，是遼寧省省會、副省級城市、瀋陽都市圈核心城市，國務院批復確定的中國東北地區重要的中心城市、先進裝備製造業基地。截至 2018 年底，全市下轄 10 個區、2 個縣、代管 1 個縣級市，總面積 12,948 平方千米，建成區面積 588.26 平方千米，常住人口 831.6 萬人，城鎮人口

673.6萬人，城鎮化率81%。《沈陽市2018年國民經濟和社會發展統計公報》顯示，沈陽市全年實現地區生產總值6,292.4億元，按可比價格計算，比2017年增長5.4%。其中，第一產業增加值260.1億元，增長3.2%；第二產業增加值2,376.6億元，增長5.7%；第三產業增加值3,655.7億元，增長5.4%。按常住人口計算，沈陽市人均地區生產總值為75,766元，比2017年增長5.3%。

沈陽市各年與分時段經濟增長核算結果見圖4-29和表4-30。1999年以來，沈陽市地區生產總值增長較快，達到11.0%，但是波動性較大，增長最高年份增長速度超過22%，而增長最低年份增長速度低過-5%。全要素生產率增長率波動劇烈，19年（1999—2017年）間，其最低值為-5.2%，最高值為15.1%。總體來看，1999—2017年沈陽市全要素生產率增長率對經濟增長的貢獻率為36.8%，屬於較高水準。分時段來看，1999—2008年全要素生產率增長率為9.3%，對經濟增長的貢獻率為61.9%；2009—2017年全要素生產率增長率為-0.9%，對經濟增長的貢獻率為-12.5%；後一時段全要素生產率增長率大幅下滑至負數且對經濟增長的貢獻率也大幅下滑。

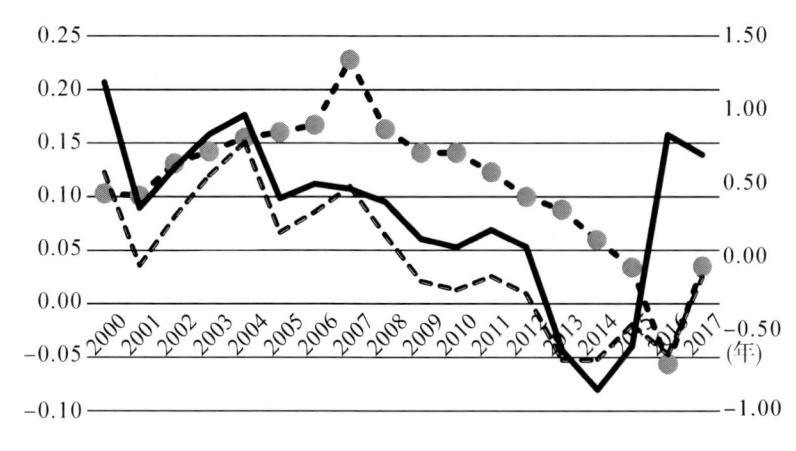

**圖4-29　沈陽市各年經濟增長核算**

**表4-30　沈陽市分時段經濟增長核算**　　　　單位:%

| 時間區間 | 產出增長率 | TFP增長率 | TFP增長率對經濟增長的貢獻率 |
| --- | --- | --- | --- |
| 1999—2008年 | 14.9 | 9.3 | 61.9 |
| 2009—2017年 | 7.2 | -0.9 | -12.5 |
| 1999—2017年 | 11.0 | 4.1 | 36.8 |

（二）大連市

大連市是遼寧省下轄地級市，是中央確定的計劃單列市、副省級城市。大連市總面積12,573.85平方千米，下轄7市轄區、2縣級市、1縣；2018年常住人口698.75萬人。《大連市2018年國民經濟和社會發展統計公報》顯示，大連市全年實現地區生產總值7,668.5億元，比2017年增長6.5%。其中，第一產業增加值442.7億元，增長3.0%；第二產業增加值3,241.6億元，增長11.9%；第三產業增加值3,984.2億元，增長2.9%。第一產業增加值占地區生產總值的比重為5.7%，第二產業增加值占地區生產總值的比重為42.3%，第三產業增加值占地區生產總值的比重為52%。按常住人口計算，大連市人均地區生產總值109,644元，比2017年增長6.4%。

大連市各年與分時段經濟增長核算結果見圖4-30和表4-31。1999年以來，大連市地區生產總值增長較快，達到12.2%，但是波動性較大，增長最高年份增長速度超過17%，而增長最低年份增長速度超過4%。全要素生產率增長率波動劇烈，19年（1999—2017年）間，其最低值為-5.3%，最高值為8.6%。總體來看，1999—2017年大連市全要素生產率增長率對經濟增長的貢獻率為34.4%，屬於較高水準。分時段來看，1999—2008年全要素生產率增長率為6.9%，對經濟增長的貢獻率為46.7%；2009—2017年全要素生產率增長率為1.5%，對經濟增長的貢獻率為15.8%；後一時段全要素生產率增長率大幅下滑且對經濟增長的貢獻率也大幅下滑。

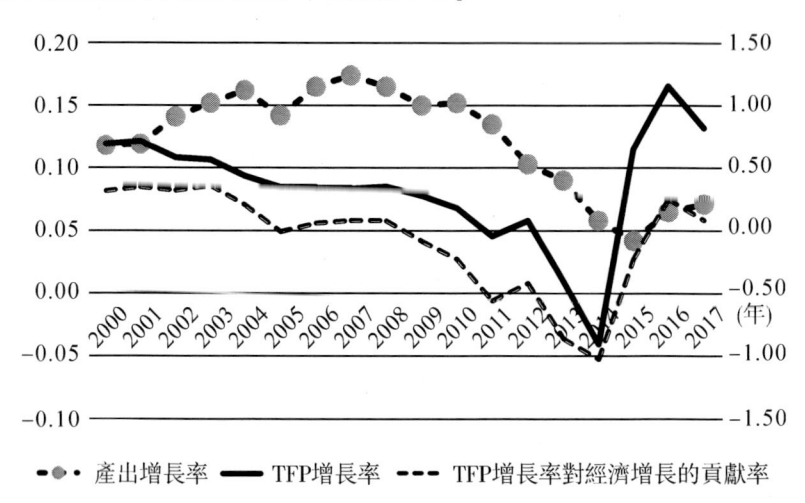

圖4-30　大連市各年經濟增長核算

表4-31　大連市分時段經濟增長核算　　　　　　　單位:%

| 時間區間 | 產出增長率 | TFP增長率 | TFP增長率對經濟增長的貢獻率 |
|---|---|---|---|
| 1999—2008年 | 14.9 | 6.9 | 46.7 |
| 2009—2017年 | 9.6 | 1.5 | 15.8 |
| 1999—2017年 | 12.2 | 4.2 | 34.4 |

（三）長春市

長春市是吉林省省會、副省級城市、東北亞經濟圈中心城市、國務院批復確定的中國東北地區中心城市之一和重要的工業基地。截至2018年底，全市下轄7個區、1個縣、代管2個縣級市，總面積20,565平方千米，建成區面積519.04平方千米，常住人口751.3萬人，城鎮人口441.5萬人，城鎮化率58.8%。《長春市2018年國民經濟和社會發展統計公報》顯示，長春市全年實現地區生產總值7,175.7億元，按不變價格計算，比2017年增長7.2%。其中，第一產業增加值比2017年增長1.7%，第二產業增加值增長7.3%，第三產業增加值增長7.8%。三次產業結構為4.2∶48.9∶46.9。按常住人口計算，長春市人均地區生產總值達到95,663元，比2017年增長7.4%，折合13,914美元。

長春市各年與分時段經濟增長核算結果見圖4-31和表4-32。1999年以來，長春市地區生產總值增長較快，達到11.8%，但是波動性較大，增長最高年份增長速度超過17%，而增長最低年份增長速度超過6%。全要素生產率增長率波動劇烈，19年（1999—2017年）間，其最低值為-7.0%，最高值為15.5%。總體來看，1999—2017年長春市全要素生產率增長率對經濟增長的貢獻率為28.8%，屬於一般水準。分時段來看，1999—2008年全要素生產率增長率為8.1%，對經濟增長的貢獻率為60.8%；2009—2017年全要素生產率增長率為-1.1%，對經濟增長的貢獻率為-11.0%；後一時段全要素生產率增長率大幅下滑至負數且對經濟增長的貢獻率也大幅下滑。

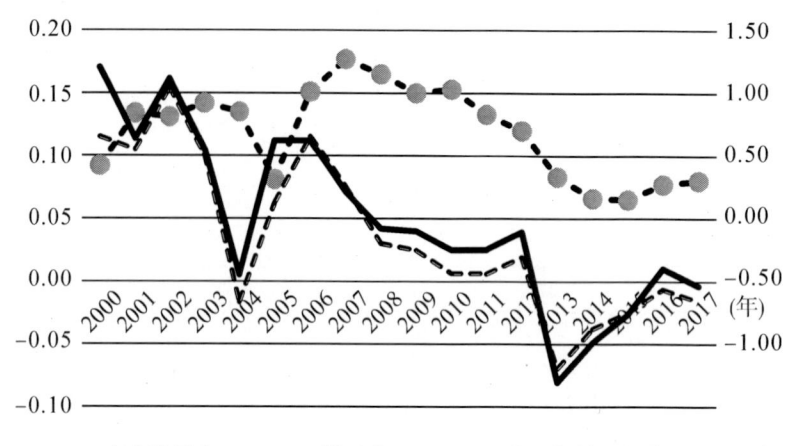

‐●‐ 產出增長率 ―― TFP增長率 ‐‐‐ TFP增長率對經濟增長的貢獻率

圖4-31　長春市各年經濟增長核算

表4-32　長春市分時段經濟增長核算　　　　　　　單位:%

| 時間區間 | 產出增長率 | TFP 增長率 | TFP 增長率對經濟增長的貢獻率 |
| --- | --- | --- | --- |
| 1999—2008 年 | 13.4 | 8.1 | 60.8 |
| 2009—2017 年 | 10.2 | -1.1 | -11.0 |
| 1999—2017 年 | 11.8 | 3.4 | 28.8 |

(四) 哈爾濱市

哈爾濱市，別稱冰城，是黑龍江省省會、副省級城市、哈爾濱都市圈核心城市，國務院批復確定的中國東北地區重要的中心城市、國家重要的製造業基地。截至2018年底，全市下轄9個區、7個縣，代管2個縣級市，總面積53,100平方千米，建成區面積435.28平方千米，常住人口1,085.8萬人，城鎮人口709.0萬人，城鎮化率65.3%。《哈爾濱市2018年國民經濟和社會發展統計公報》顯示，哈爾濱市全年實現地區生產總值6,300.5億元，比2017年增長5.1%。其中，第一產業實現增加值525.5億元，下降0.1%；第二產業實現增加值1,689.3億元，增長2.7%；第三產業實現增加值4,085.7億元，增長7.5%。三次產業結構由2017年的9.5∶29.1∶61.4轉變為8.3∶26.8∶64.9。按常住人口計算，哈爾濱市人均地區生產總值57,837元，比2017年增長5.6%。

哈爾濱市各年與分時段經濟增長核算結果見圖4-32和表4-33。1999年以

來，哈爾濱市地區生產總值增長較快，達到11.3%，但是波動性較大，增長最高年份增長速度超過14%，而增長最低年份增長速度超過6%。全要素生產率增長率波動劇烈，19年（1999—2017年）間，其最低值為-7.8%，最高值為15.4%。總體來看，1999—2017年哈爾濱市全要素生產率增長率對經濟增長的貢獻率為33.2%，屬於較高水準。分時段來看，1999—2008年全要素生產率增長率為7.7%，對經濟增長的貢獻率為58.7%；2009—2017年全要素生產率增長率為0，對經濟增長的貢獻率為-0.4%；後一時段全要素生產率增長率大幅下滑且對經濟增長的貢獻率也大幅下滑。

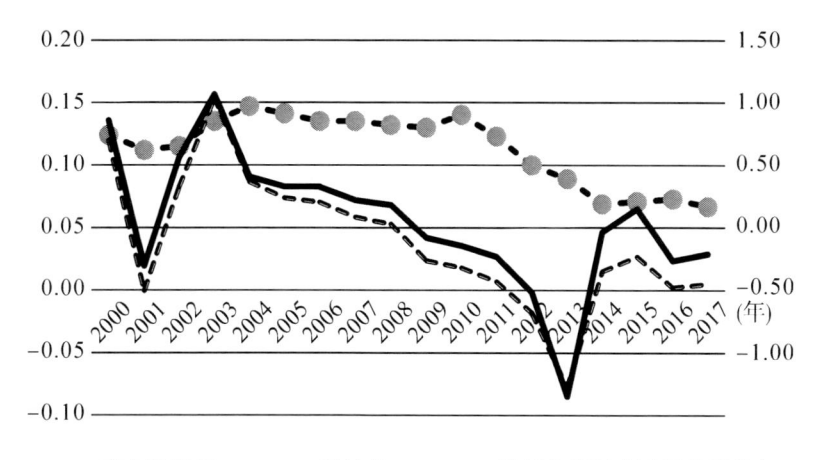

圖4-32　哈爾濱市各年經濟增長核算

表4-33　哈爾濱市分時段經濟增長核算　　　　單位：%

| 時間區間 | 產出增長率 | TFP 增長率 | TFP 增長率對經濟增長的貢獻率 |
|---|---|---|---|
| 1999—2008 年 | 13.1 | 7.7 | 58.7 |
| 2009—2017 年 | 9.5 | 0.0 | -0.4 |
| 1999—2017 年 | 11.3 | 3.7 | 33.2 |

# 第三節 技術進步方向比較及其結構性影響因素分析

## 一、平均技術進步偏向比較

由於缺乏地級市層面的勞動者報酬份額數據，我們在322個地級市層面採用超越對數生產函數估計方程計算進步偏向。該估計方程為：

$$\ln Y_{it} = \beta_0 + \beta_1 t + \beta_2 t^2 + \beta_3 \ln K_{it} + \beta_4 \ln L_{it} + \beta_5 t \ln K_{it} + \beta_6 t \ln L_{it} \\ + 0.5\beta_7 \ln K_{it} \ln L_{it} + 0.5\beta_8 (\ln K_{it})^2 + 0.5\beta_9 (\ln L_{it})^2 + v_{it} - u_{it} \quad (4-1)$$

上式中，$u_{it}$ 為技術損失誤差項，$v_{it}$ 為通常的隨機擾動項，兩者相互獨立。通過這種方法估計出參數後，按照如下方式計算出技術進步偏向：

$$Bias = (\sigma - 1/\sigma)(\beta_5/\varepsilon_K + \beta_6/\varepsilon_L) \quad (4-2)$$

上式中，$\sigma$ 為替代彈性，$\varepsilon_K$ 和 $\varepsilon_L$ 為資本和勞動產出彈性，三者都按照通常的定義從上式迴歸結果計算出，但是值得注意的是三者不再是常數。32個省會與副省級城市平均技術進步偏向見表4-34。從結果來看，所有地區平均技術進步偏向均為負，這一結論與省級層面的結論並不一致，但是替代彈性都大於1，所以資本效率增長率低於勞動效率增長率，這一點與省級層面的結論是相同的。統計分析表中平均技術進步偏向指數表明，最大值為-0.000,140,8，最小值為 -0.000,149,1，均值為-0.000,144,4，標準偏誤為2.13e-06，這表明各地區差異不大。這種結果可能是由於地區範圍較小，要素替代彈性增大到略大於1的程度所致。希克斯在《工資理論》一書中證明，行業或者地區範圍縮小，替代彈性會增大，所以一般總體經濟的替代彈性小於1。但是隨著地區進一步細分，替代彈性會增大，或者分行業考慮的話，替代彈性也會大於1。

表4-34 省會與副省級城市平均技術進步偏向結果

| 地區 | 平均偏向 | 地區 | 平均偏向 | 地區 | 平均偏向 |
| --- | --- | --- | --- | --- | --- |
| 石家莊市 | -0.000,143,7 | 福州市 | -0.000,143,5 | 海口市 | -0.000,147,5 |
| 太原市 | -0.000,144,6 | 廈門市 | -0.000,143,5 | 成都市 | -0.000,143,7 |
| 呼和浩特市 | -0.000,146 | 南昌市 | -0.000,145,6 | 貴陽市 | -0.000,146,5 |
| 沈陽市 | -0.000,140,8 | 濟南市 | -0.000,142,8 | 昆明市 | -0.000,145 |
| 大連市 | -0.000,141,7 | 青島市 | -0.000,143,3 | 拉薩市 | -0.000,144,6 |
| 長春市 | -0.000,144,2 | 鄭州市 | -0.000,145 | 西安市 | -0.000,145,2 |

表4-34(續)

| 地區 | 平均偏向 | 地區 | 平均偏向 | 地區 | 平均偏向 |
|---|---|---|---|---|---|
| 哈爾濱市 | -0.000,144,3 | 武漢市 | -0.000,142,1 | 蘭州市 | -0.000,145,1 |
| 南京市 | -0.000,141,5 | 長沙市 | -0.000,144,5 | 西寧市 | -0.000,149,1 |
| 杭州市 | -0.000,142,6 | 廣州市 | -0.000,140,9 | 銀川市 | -0.000,146,4 |
| 寧波市 | -0.000,142,3 | 深圳市 | -0.000,143,6 | 烏魯木齊市 | -0.000,144,1 |
| 合肥市 | -0.000,148 | 南寧市 | -0.000,149 | | |

## 二、二元經濟結構與技術進步偏向

為考察二元經濟結構對技術進步偏向的影響，我們進行如下迴歸分析：

$$Bias_{it} = \alpha_i + \beta_0 Dual_{it} + \beta X_{it} + \varepsilon_{it} \quad (4-3)$$

上式中，$Bias_{it}$、$Dual_{it}$為地區時期的技術偏向和二元經濟結構指標，$X_{it}$為控制變量。基於數據的可得性考慮，控制變量包括人均收入的對數和人均資本存量的對數。對32個省會與副省級城市面板數據用固定效應迴歸方法進行分析，結果見表4-35。從表中可以看出，人均收入水準和人均資本存量的對數均對偏向有顯著的負面影響，這意味著經濟發展程度越高，技術進步越偏向於勞動。對於我們關注的核心解釋變量（dual，就業結構）而言，無論有沒有添加控制變量，其系數都顯著為正，這同樣表明，二元經濟結構程度越高，即第一產業就業占比越高，技術進步越偏向於資本。

表4-35 二元經濟結構與技術進步偏向

| 變量 | (1) | (2) | (3) | (4) |
|---|---|---|---|---|
| Dual | 0.001,28*** (0.000,101) | 0.000,191 (0.000,116) | 8.89e-05 (0.000,123) | 6.76e-05 (0.000,123) |
| lny | | -0.000,208*** (2.03e-05) | | -3.64e-05 (5.12e-05) |
| lnk | | | -0.000,171*** (1.67e-05) | -0.000,147*** (4.37e-05) |
| Constant | -0.000,420*** (2.55e-05) | 0.002,09*** (0.000,243) | 0.001,87*** (0.000,216) | 0.001,99*** (0.000,210) |
| R-squared | 0.629 | 0.848 | 0.889 | 0.890 |

# 第五章　其他地級行政區技術進步速度與方向比較

## 第一節　地區說明

　　地級行政區是中華人民共和國的第二級行政區，介於省級行政區與縣級行政區之間，由省級行政區（僅限於省、自治區）管轄。因其所含行政區域行政地位與地區相同，故稱「地級行政區」。地級行政區包括地級市、地區、自治州、盟。進入21世紀以來，中國地級行政區數量逐漸穩定，地級市數量約占地級行政區總數的88%，地級市已逐漸取代地區成為地級行政區的主體。2017年底[①]，中國大陸共計334個地級行政區，包括294個地級市、7個地區、30個自治州、3個盟，如表5-1所示。

表5-1　各省、自治區地級區劃名單（截至2017年底）

| 省級區劃 | 地級區劃數 | 地級區劃 |
| --- | --- | --- |
| 全國 | 334 | 294個地級市、7個地區、30個自治州、3個盟 |
| 河北省 | 11 | 11個地級市：石家莊市、唐山市、秦皇島市、邯鄲市、邢臺市、保定市、張家口市、承德市、滄州市、廊坊市、衡水市 |
| 山西省 | 11 | 11個地級市：太原市、大同、朔州、陽泉、長治、忻州、呂梁、晉中、臨汾、運城、晉城 |
| 內蒙古自治區 | 12 | 9個地級市：呼和浩特市、包頭市、烏海市、赤峰市、通遼市、鄂爾多斯市、呼倫貝爾市、巴彥淖爾市、烏蘭察布市<br>3個盟：錫林郭勒盟、興安盟、阿拉善盟 |

---

① 由於數據可獲得性原因，本書生產率比較分析數據截止時間均為2017年底。

表5-1(續)

| 省級區劃 | 地級區劃數 | 地級區劃 |
|---|---|---|
| 遼寧省 | 14 | 14個地級市：沈陽市、大連市、鞍山市、撫順市、本溪市、丹東市、錦州市、營口市、阜新市、遼陽市、盤錦市、鐵嶺市、朝陽市、葫蘆島市 |
| 吉林省 | 9 | 8個地級市：長春市、吉林市、四平市、遼源市、通化市、白山市、松原市、白城市<br>1個自治州：延邊朝鮮族自治州 |
| 黑龍江省 | 13 | 12個地級市：哈爾濱市、齊齊哈爾市、鶴崗市、雙鴨山市、雞西市、大慶市、伊春市、牡丹江市、佳木斯市、七臺河市、黑河市、綏化市<br>1個地區：大興安嶺地區 |
| 江蘇省 | 13 | 13個地級市：南京市、無錫市、徐州市、常州市、蘇州市、南通市、連雲港市、淮安市、鹽城市、揚州市、鎮江市、泰州市、宿遷市 |
| 浙江省 | 11 | 11個地級市：杭州市、寧波市、溫州市、嘉興市、湖州市、紹興市、金華市、衢州市、舟山市、臺州市、麗水市 |
| 安徽省 | 16 | 16個地級市：合肥市、蕪湖市、蚌埠市、淮南市、馬鞍山市、淮北市、銅陵市、安慶市、黃山市、滁州市、阜陽市、宿州市、巢湖市、六安市、亳州市、池州市、宣城市 |
| 福建省 | 9 | 9個地級市：福州市、廈門市、莆田市、三明市、泉州市、漳州市、南平市、龍岩市、寧德市 |
| 江西省 | 11 | 11個地級市：南昌市、景德鎮市、萍鄉市、九江市、新餘市、鷹潭市、贛州市、吉安市、宜春市、撫州市、上饒市 |
| 山東省 | 17 | 17個地級市：濟南市、青島市、淄博市、棗莊市、東營市、煙臺市、濰坊市、濟寧市、泰安市、威海市、日照市、萊蕪市、臨沂市、德州市、聊城市、濱州市、菏澤市 |
| 河南省 | 17 | 17個地級市：鄭州市、開封市、洛陽市、平頂山市、安陽市、鶴壁市、新鄉市、焦作市、濮陽市、許昌市、漯河市、三門峽市、南陽市、商丘市、信陽市、周口市、駐馬店市 |
| 湖北省 | 13 | 12個地級市：武漢市、黃石市、十堰市、荊州市、宜昌市、襄陽市、鄂州市、荊門市、孝感市、黃岡市、咸寧市、隨州市<br>1個自治州：恩施土家族苗族自治州 |
| 湖南省 | 14 | 13個地級市：長沙市、株洲市、湘潭市、衡陽市、邵陽市、岳陽市、常德市、張家界市、益陽市、郴州市、永州市、懷化市、婁底市<br>1個自治州：湘西土家族苗族自治州 |

第五章 其他地級行政區技術進步速度與方向比較

表5-1(續)

| 省級區劃 | 地級區劃數 | 地級區劃 |
|---|---|---|
| 廣東省 | 21 | 21個地級市：廣州市、深圳市、珠海市、汕頭市、韶關市、佛山市、江門市、湛江市、茂名市、肇慶市、惠州市、梅州市、汕尾市、河源市、陽江市、清遠市、東莞市、中山市、潮州市、揭陽市、雲浮市 |
| 廣西壯族自治區 | 14 | 14個地級市：南寧市、柳州市、桂林市、梧州市、北海市、防城港市、欽州市、貴港市、玉林市、百色市、賀州市、河池市、來賓市、崇左市 |
| 海南省 | 4 | 4個地級市：海口市、三亞市、三沙市（2012年6月批准）、儋州市（2015年2月批准） |
| 四川省 | 21 | 18個地級市：成都市、自貢市、攀枝花市、瀘州市、德陽市、綿陽市、廣元市、遂寧市、內江市、樂山市、南充市、眉山市、宜賓市、廣安市、達州市、雅安市、巴中市、資陽市<br>3個自治州：阿壩藏族羌族自治州、甘孜藏族自治州、涼山彝族自治州 |
| 貴州省 | 9 | 6個地級市：貴陽市、六盤水市、遵義市、安順市、銅仁市、畢節市<br>3個自治州：黔西南布依族苗族自治州、黔東南苗族侗族自治州、黔南布依族苗族自治州 |
| 雲南省 | 16 | 8個地級市：昆明市、曲靖市、玉溪市、保山市、昭通市、麗江市、普洱市、臨滄市<br>8個自治州：文山壯族苗族自治州、紅河哈尼族彝族自治州、西雙版納傣族自治州、楚雄彝族自治州、大理白族自治州、德宏傣族景頗族自治州、怒江傈僳族自治州、迪慶藏族自治州 |
| 西藏自治區 | 7 | 6個地級市：拉薩市、日喀則市、昌都市、林芝市、山南市、那曲市<br>1個地區：阿里地區 |
| 陝西省 | 10 | 10個地級市：西安市、銅川市、寶雞市、咸陽市、渭南市、延安市、漢中市、榆林市、安康市、商洛市 |
| 甘肅省 | 14 | 12個地級市：蘭州市、金昌市、白銀市、天水市、嘉峪關市、武威市、張掖市、平涼市、酒泉市、慶陽市、定西市、隴南市<br>2個自治州：臨夏回族自治州、甘南藏族自治州 |
| 青海省 | 8 | 2個地級市：西寧市、海東市<br>6個自治州：海北藏族自治州、黃南藏族自治州、海南藏族自治州、果洛藏族自治州、玉樹藏族自治州、海西蒙古族藏族自治州 |
| 寧夏回族自治區 | 5 | 5個地級市：銀川市、石嘴山市、吳忠市、固原市、中衛市 |

表5-1(續)

| 省級區劃 | 地級區劃數 | 地級區劃 |
|---|---|---|
| 新疆維吾爾自治區 | 14 | 4個地級市：烏魯木齊市、克拉瑪依市、吐魯番市、哈密市<br>5個地區：和田地區、阿克蘇地區、喀什地區、塔城地區、阿勒泰地區<br>5個自治州：克孜勒蘇柯爾克孜自治州、巴音郭楞蒙古自治州、昌吉回族自治州、博爾塔拉蒙古自治州、伊犁哈薩克自治州 |

註：數據來自2018年《中國統計年鑒》。

所有334個地級行政區中，三沙市於2012年批准建立，儋州市於2015年批准建立，且這兩個地區基本數據極為缺乏，所以本章在進行其他（一般）地級行政區比較時並不包括這兩個地區。此外，省會城市和副省級城市因其特殊性，我們已在上一章進行了專門討論，所以本章僅僅比較分析剩餘的300個地級行政區。

本章數據處理方法和上一章相同，發展核算比較基準地區仍然是成都市。

## 第二節　各省會城市經濟增長核算

### 一、東部地區

#### （一）河北省

河北省除了省會石家莊市外，其餘10個地級市增長核算結果見表5-2。總體來看，1999—2008年，10個地級市經濟增長率、全要素生產率增長率以及全要素生產率增長率對經濟增長的貢獻率均高於2009—2017年。分城市TFP增長率來看，唐山市、秦皇島市、保定市、廊坊市和衡水市均超過4%，邢臺市、滄州市和承德市略高於3%，邯鄲市略低於3%，張家口市最低，僅為2.3%。分城市TFP增長率對經濟增長的貢獻率來看，秦皇島市、保定市、衡水市和唐山市在整個時間段內均超過40%，廊坊市和邢臺市則超過30%，其餘城市也超過25%。

表 5-2　河北省地級市經濟增長核算結果　　　　單位:%

| 城市 | 時間區間 | 產出增長率 | TFP 增長率 | TFP 增長率對經濟增長的貢獻率 |
|---|---|---|---|---|
| 唐山市 | 1999—2008 年 | 13.0 | 7.9 | 60.7 |
|  | 2009—2017 年 | 8.7 | 1.0 | 11.2 |
|  | 1999—2017 年 | 10.8 | 4.4 | 40.4 |
| 秦皇島市 | 1999—2008 年 | 11.5 | 6.9 | 59.7 |
|  | 2009—2017 年 | 8.3 | 2.4 | 28.7 |
|  | 1999—2017 年 | 9.9 | 4.6 | 46.6 |
| 邯鄲市 | 1999—2008 年 | 12.5 | 6.4 | 51.0 |
|  | 2009—2017 年 | 9.0 | -0.5 | -5.7 |
|  | 1999—2017 年 | 10.7 | 2.9 | 26.7 |
| 邢臺市 | 1999—2008 年 | 11.6 | 5.4 | 46.8 |
|  | 2009—2017 年 | 8.5 | 0.9 | 10.4 |
|  | 1999—2017 年 | 10.0 | 3.1 | 31.1 |
| 保定市 | 1999—2008 年 | 11.7 | 6.8 | 58.3 |
|  | 2009—2017 年 | 9.3 | 2.1 | 22.6 |
|  | 1999—2017 年 | 10.5 | 4.4 | 42.3 |
| 張家口市 | 1999—2008 年 | 10.9 | 5.3 | 48.2 |
|  | 2009—2017 年 | 8.7 | -0.5 | -6.1 |
|  | 1999—2017 年 | 9.8 | 2.3 | 23.8 |
| 承德市 | 1999—2008 年 | 12.9 | 6.0 | 46.6 |
|  | 2009—2017 年 | 9.0 | 0.2 | 2.1 |
|  | 1999—2017 年 | 11.0 | 3.1 | 28.0 |
| 滄州市 | 1999—2008 年 | 12.8 | 6.3 | 49.3 |
|  | 2009—2017 年 | 9.8 | 0.4 | 4.2 |
|  | 1999—2017 年 | 11.3 | 3.3 | 29.5 |
| 廊坊市 | 1999—2008 年 | 12.6 | 6.0 | 47.2 |
|  | 2009—2017 年 | 9.5 | 2.0 | 21.4 |
|  | 1999—2017 年 | 11.1 | 4.0 | 36.0 |

表5-2(續)

| 城市 | 時間區間 | 產出增長率 | TFP 增長率 | TFP 增長率對經濟增長的貢獻率 |
|---|---|---|---|---|
| 衡水市 | 1999—2008 年 | 9.8 | 4.8 | 49.2 |
| | 2009—2017 年 | 9.5 | 3.1 | 32.4 |
| | 1999—2017 年 | 9.7 | 4.0 | 40.9 |

註：表中「產出增長率」是指地區生產總值增長率，「TFP 增長率」是指地區全要素生產率增長率，「貢獻」是指地區全要素生產率增長率對經濟增長的貢獻率。

(二) 江蘇省

江蘇省除了省會南京市外，其餘12個地級市經濟增長核算結果見表5-3。總體來看，1999—2008 年，12 個地級市經濟增長率、全要素生產率增長率以及全要素生產率增長率對經濟增長的貢獻率均高於 2009—2017 年。分城市TFP 增長率來看，徐州市、南通市、揚州市、鎮江市和泰州市均超過4%，無錫市、常州市、淮陰市、鹽城市、宿遷市和蘇州市高於 3%，連雲港市最低，僅為 3.0%。分城市 TFP 增長率對經濟增長的貢獻率來看，南通市、揚州市、鎮江市和泰州市在整個時間段內均超過35%，無錫市、徐州市和鹽城市則超過30%，其餘城市也超過25%。

表5-3 江蘇省地級市經濟增長核算結果　　　單位:%

| 城市 | 時間區間 | 產出增長率 | TFP 增長率 | TFP 增長率對經濟增長的貢獻率 |
|---|---|---|---|---|
| 無錫市 | 1999—2008 年 | 14.0 | 5.6 | 40.2 |
| | 2009—2017 年 | 9.5 | 1.9 | 20.2 |
| | 1999—2017 年 | 11.8 | 3.8 | 32.1 |
| 徐州市 | 1999—2008 年 | 13.0 | 6.3 | 48.3 |
| | 2009—2017 年 | 11.3 | 2.3 | 19.9 |
| | 1999—2017 年 | 12.2 | 4.2 | 34.9 |
| 常州市 | 1999—2008 年 | 13.7 | 4.6 | 33.6 |
| | 2009—2017 年 | 10.6 | 2.4 | 23.1 |
| | 1999—2017 年 | 12.1 | 3.5 | 29.0 |

表5-3(續)

| 城市 | 時間區間 | 產出增長率 | TFP 增長率 | TFP 增長率對經濟增長的貢獻率 |
|---|---|---|---|---|
| 蘇州市 | 1999—2008 年 | 14.9 | 5.6 | 37.4 |
| | 2009—2017 年 | 9.6 | 1.1 | 11.6 |
| | 1999—2017 年 | 12.2 | 3.3 | 27.1 |
| 南通市 | 1999—2008 年 | 13.5 | 7.0 | 51.9 |
| | 2009—2017 年 | 11.1 | 2.7 | 24.2 |
| | 1999—2017 年 | 12.3 | 4.8 | 39.2 |
| 連雲港市 | 1999—2008 年 | 11.7 | 3.6 | 30.8 |
| | 2009—2017 年 | 11.2 | 2.4 | 21.5 |
| | 1999—2017 年 | 11.5 | 3.0 | 26.2 |
| 淮陰市 | 1999—2008 年 | 13.2 | 4.3 | 32.7 |
| | 2009—2017 年 | 11.5 | 2.7 | 23.1 |
| | 1999—2017 年 | 12.3 | 3.5 | 28.2 |
| 鹽城市 | 1999—2008 年 | 12.9 | 7.1 | 55.4 |
| | 2009—2017 年 | 11.3 | 0.7 | 5.8 |
| | 1999—2017 年 | 12.1 | 3.8 | 31.8 |
| 揚州市 | 1999—2008 年 | 13.0 | 6.1 | 47.1 |
| | 2009—2017 年 | 11.3 | 2.5 | 21.9 |
| | 1999—2017 年 | 12.1 | 4.3 | 35.2 |
| 鎮江市 | 1999—2008 年 | 13.4 | 7.7 | 57.2 |
| | 2009—2017 年 | 11.2 | 1.8 | 15.8 |
| | 1999—2017 年 | 12.3 | 4.7 | 38.0 |
| 泰州市 | 1999—2008 年 | 13.5 | 6.7 | 49.5 |
| | 2009—2017 年 | 11.4 | 2.4 | 21.4 |
| | 1999—2017 年 | 12.4 | 4.5 | 36.5 |
| 宿遷市 | 1999—2008 年 | 13.1 | 4.7 | 36.2 |
| | 2009—2017 年 | 11.4 | 1.9 | 16.5 |
| | 1999—2017 年 | 12.2 | 3.3 | 26.9 |

(三) 浙江省

浙江省除了省會杭州市外，其餘9個地級市經濟增長核算結果見表5-4。總體來看，1999—2008年，9個地級市經濟增長率、全要素生產率增長率以及全要素生產率增長率對經濟增長的貢獻率均高於2009—2017年。分城市TFP增長率來看，湖州市、紹興市、金華市、衢州市和臺州市均超過4%，溫州市、舟山市和麗水市高於3%，嘉興市最低，僅為2.8%。分城市TFP增長率對經濟增長的貢獻率來看，金華市和臺州市在整個時間段內均超過40%，溫州市、湖州市、紹興市、衢州市和麗水市則超過30%，其餘城市也超過20%。

表5-4 浙江省地級市經濟增長核算結果　　　　單位:%

| 城市 | 時間區間 | 產出增長率 | TFP增長率 | TFP增長率對經濟增長的貢獻率 |
|---|---|---|---|---|
| 溫州市 | 1999—2008年 | 12.9 | 6.7 | 52.0 |
|  | 2009—2017年 | 8.3 | 0.6 | 6.9 |
|  | 1999—2017年 | 10.6 | 3.6 | 33.9 |
| 嘉興市 | 1999—2008年 | 13.8 | 13.1 | 29.8 |
|  | 2009—2017年 | 9.0 | 11.4 | 17.3 |
|  | 1999—2017年 | 11.4 | 12.2 | 24.9 |
| 湖州市 | 1999—2008年 | 13.3 | 5.4 | 40.6 |
|  | 2009—2017年 | 9.4 | 3.0 | 32.4 |
|  | 1999—2017年 | 11.3 | 4.2 | 37.2 |
| 紹興市 | 1999—2008年 | 13.1 | 7.0 | 53.4 |
|  | 2009—2017年 | 8.5 | 1.6 | 19.2 |
|  | 1999—2017年 | 10.8 | 4.3 | 39.8 |
| 麗水市 | 1999—2008年 | 13.6 | 5.8 | 42.7 |
|  | 2009—2017年 | 9.1 | 2.0 | 22.1 |
|  | 1999—2017年 | 11.3 | 3.9 | 34.4 |
| 金華市 | 1999—2008年 | 13.0 | 6.7 | 51.5 |
|  | 2009—2017年 | 9.1 | 2.6 | 28.7 |
|  | 1999—2017年 | 11.0 | 4.6 | 42.0 |

表5-4(續)

| 城市 | 時間區間 | 產出增長率 | TFP增長率 | TFP增長率對經濟增長的貢獻率 |
|---|---|---|---|---|
| 衢州市 | 1999—2008年 | 13.6 | 6.4 | 47.2 |
|  | 2009—2017年 | 9.1 | 1.8 | 19.9 |
|  | 1999—2017年 | 11.3 | 4.1 | 36.1 |
| 舟山市 | 1999—2008年 | 15.1 | 7.0 | 46.6 |
|  | 2009—2017年 | 10.2 | 0.0 | 0.2 |
|  | 1999—2017年 | 12.6 | 3.5 | 27.4 |
| 臺州市 | 1999—2008年 | 13.2 | 7.5 | 56.7 |
|  | 2009—2017年 | 8.3 | 1.7 | 20.8 |
|  | 1999—2017年 | 10.7 | 4.6 | 42.6 |

(四) 福建省

福建省除了省會福州市外，其餘7個地級市經濟增長核算結果見表5-5。總體來看，1999—2008年，7個地級市經濟增長率、全要素生產率增長率以及全要素生產率增長率對經濟增長的貢獻率均高於2009—2017年。分城市TFP增長率來看，寧德市、莆田市、泉州市和漳州市均超過4%，南平市和龍岩市高於3%，三明市最低，僅為2.8%。分城市TFP增長率對經濟增長的貢獻率來看，泉州市和漳州市在整個時間段內均超過40%，莆田市、龍岩市和寧德市則超過30%，其餘城市也超過25%。

表5-5 福建省地級市經濟增長核算結果　　　　　單位:%

| 城市 | 時間區間 | 產出增長率 | TFP增長率 | TFP增長率對經濟增長的貢獻率 |
|---|---|---|---|---|
| 莆田市 | 1999—2008年 | 13.8 | 8.6 | 62.4 |
|  | 2009—2017年 | 12.0 | 0.4 | 3.4 |
|  | 1999—2017年 | 12.9 | 4.4 | 34.3 |
| 三明市 | 1999—2008年 | 10.8 | 5.3 | 49.5 |
|  | 2009—2017年 | 10.9 | 0.4 | 3.6 |
|  | 1999—2017年 | 10.9 | 2.8 | 26.2 |

表5-5(續)

| 城市 | 時間區間 | 產出增長率 | TFP 增長率 | TFP 增長率對經濟增長的貢獻率 |
|---|---|---|---|---|
| 泉州市 | 1999—2008 年 | 13.3 | 8.0 | 60.4 |
| | 2009—2017 年 | 10.9 | 3.3 | 30.0 |
| | 1999—2017 年 | 12.1 | 5.6 | 46.5 |
| 漳州市 | 1999—2008 年 | 11.8 | 7.8 | 66.0 |
| | 2009—2017 年 | 12.2 | 3.2 | 25.8 |
| | 1999—2017 年 | 12.0 | 5.4 | 45.3 |
| 南平市 | 1999—2008 年 | 11.1 | 5.6 | 50.8 |
| | 2009—2017 年 | 10.3 | 0.6 | 5.8 |
| | 1999—2017 年 | 10.7 | 3.1 | 28.9 |
| 龍岩市 | 1999—2008 年 | 11.3 | 6.4 | 56.8 |
| | 2009—2017 年 | 11.0 | 0.4 | 3.5 |
| | 1999—2017 年 | 11.1 | 3.4 | 30.1 |
| 寧德市 | 1999—2008 年 | 11.2 | 6.7 | 60.0 |
| | 2009—2017 年 | 11.1 | 1.5 | 13.1 |
| | 1999—2017 年 | 11.1 | 4.0 | 36.3 |

(五) 山東省

山東省除了省會濟南市外，其餘15個地級市經濟增長核算結果見表5-6。總體來看，1999—2008年，15個地級市經濟增長率、全要素生產率增長率以及全要素生產率增長率對經濟增長的貢獻率均高於2009—2017年。分城市TFP增長率來看，淄博市、菸臺市、濟寧市、威海市、日照市、萊蕪市、臨沂市、德州市和菏澤市均超過4%，棗莊市、濰坊市、泰安市、聊城市和濱州市高於3%，東營市最低，僅為2.3%。分城市TFP增長率對經濟增長的貢獻率來看，濟寧市在整個時間段內均超過40%，淄博市、菸臺市、臨沂市和菏澤市則超過35%，威海市、日照市、萊蕪市和德州市超過30%，其餘城市也超過20%。

表 5-6　山東省地級市經濟增長核算結果　　　　單位:%

| 城市 | 時間區間 | 產出增長率 | TFP 增長率 | TFP 增長率對經濟增長的貢獻率 |
|---|---|---|---|---|
| 淄博市 | 1999—2008 年 | 14.5 | 9.0 | 62.1 |
|  | 2009—2017 年 | 9.8 | 0.7 | 6.8 |
|  | 1999—2017 年 | 12.1 | 4.8 | 39.2 |
| 棗莊市 | 1999—2008 年 | 14.6 | 8.3 | 57.1 |
|  | 2009—2017 年 | 9.6 | -1.4 | -14.4 |
|  | 1999—2017 年 | 12.1 | 3.3 | 27.7 |
| 東營市 | 1999—2008 年 | 14.2 | 5.0 | 35.2 |
|  | 2009—2017 年 | 10.2 | -0.4 | -3.7 |
|  | 1999—2017 年 | 12.2 | 2.3 | 18.7 |
| 菸臺市 | 1999—2008 年 | 15.0 | 7.3 | 48.9 |
|  | 2009—2017 年 | 10.2 | 1.7 | 16.1 |
|  | 1999—2017 年 | 12.6 | 4.5 | 35.4 |
| 聊城市 | 1999—2008 年 | 15.1 | 7.1 | 46.9 |
|  | 2009—2017 年 | 10.5 | -0.6 | -6.0 |
|  | 1999—2017 年 | 12.7 | 3.1 | 24.7 |
| 濰坊市 | 1999—2008 年 | 14.3 | 6.8 | 48.0 |
|  | 2009—2017 年 | 10.0 | 0.2 | 2.0 |
|  | 1999—2017 年 | 12.1 | 3.5 | 28.6 |
| 濟寧市 | 1999—2008 年 | 14.8 | 9.0 | 60.8 |
|  | 2009—2017 年 | 10.1 | 1.1 | 11.2 |
|  | 1999—2017 年 | 12.5 | 5.0 | 40.1 |
| 泰安市 | 1999—2008 年 | 14.7 | 8.0 | 54.3 |
|  | 2009—2017 年 | 10.2 | -1.0 | -9.6 |
|  | 1999—2017 年 | 12.4 | 3.4 | 27.7 |
| 威海市 | 1999—2008 年 | 14.9 | 8.1 | 54.2 |
|  | 2009—2017 年 | 10.1 | 0.6 | 6.1 |
|  | 1999—2017 年 | 12.5 | 4.3 | 34.3 |

表5-6(續)

| 城市 | 時間區間 | 產出增長率 | TFP 增長率 | TFP 增長率對經濟增長的貢獻率 |
|---|---|---|---|---|
| 濱州市 | 1999—2008 年 | 15.3 | 7.0 | 45.9 |
| | 2009—2017 年 | 9.7 | -0.7 | -6.7 |
| | 1999—2017 年 | 12.5 | 3.1 | 25.0 |
| 日照市 | 1999—2008 年 | 15.3 | 8.8 | 57.3 |
| | 2009—2017 年 | 10.6 | -0.3 | -2.4 |
| | 1999—2017 年 | 12.9 | 4.2 | 32.1 |
| 萊蕪市 | 1999—2008 年 | 15.0 | 8.2 | 55.1 |
| | 2009—2017 年 | 9.8 | 0.3 | 2.6 |
| | 1999—2017 年 | 12.3 | 4.2 | 33.8 |
| 臨沂市 | 1999—2008 年 | 14.8 | 9.0 | 60.6 |
| | 2009—2017 年 | 10.4 | 0.8 | 7.4 |
| | 1999—2017 年 | 12.6 | 4.8 | 38.1 |
| 德州市 | 1999—2008 年 | 14.8 | 7.0 | 47.2 |
| | 2009—2017 年 | 10.3 | 1.6 | 15.3 |
| | 1999—2017 年 | 12.5 | 4.2 | 33.9 |
| 菏澤市 | 1999—2008 年 | 13.9 | 5.8 | 42.0 |
| | 2009—2017 年 | 11.6 | 3.7 | 32.0 |
| | 1999—2017 年 | 12.7 | 4.8 | 37.4 |

(六)廣東省

廣東省除了省會廣州市外，其餘19個地級市經濟增長核算結果見表5-7。總體來看，1999—2008年，19個地級市經濟增長率、全要素生產率增長率以及全要素生產率增長率對經濟增長的貢獻率均高於2009—2017年。分城市TFP增長率來看，汕尾市、河源市、陽江市、清遠市和揭陽市均超過6%，江門市、茂名市、肇慶市、惠州市、潮州市和中山市高於5%，珠海市、韶關市、佛山市、湛江市、梅州市和雲浮市高於4%，汕頭市和東莞市最低，僅為4%。分城市TFP增長率對經濟增長的貢獻率來看，江門市、茂名市、肇慶市、汕尾市、陽江市、潮州市和揭陽市在整個時間段內均超過50%，汕頭市、韶關市、湛江市、梅州

市、河源市、清遠市和雲浮市則超過40%，其餘城市也超過30%。

表 5-7　廣東省地級市經濟增長核算結果　　　　單位：%

| 城市 | 時間區間 | 產出增長率 | TFP 增長率 | TFP 增長率對經濟增長的貢獻率 |
| --- | --- | --- | --- | --- |
| 珠海市 | 1999—2008 年 | 13.3 | 6.2 | 46.8 |
| | 2009—2017 年 | 9.7 | 2.3 | 23.3 |
| | 1999—2017 年 | 11.5 | 4.2 | 36.8 |
| 汕頭市 | 1999—2008 年 | 7.4 | 4.1 | 55.8 |
| | 2009—2017 年 | 10.2 | 3.9 | 38.7 |
| | 1999—2017 年 | 8.8 | 4.0 | 46.0 |
| 韶關市 | 1999—2008 年 | 11.9 | 6.6 | 56.0 |
| | 2009—2017 年 | 9.3 | 2.8 | 29.7 |
| | 1999—2017 年 | 10.6 | 4.7 | 44.3 |
| 佛山市 | 1999—2008 年 | 15.5 | 7.2 | 46.7 |
| | 2009—2017 年 | 10.0 | 2.4 | 24.4 |
| | 1999—2017 年 | 12.7 | 4.8 | 37.8 |
| 潮州市 | 1999—2008 年 | 10.5 | 6.0 | 56.9 |
| | 2009—2017 年 | 10.1 | 5.6 | 55.4 |
| | 1999—2017 年 | 10.3 | 5.8 | 56.2 |
| 江門市 | 1999—2008 年 | 12.2 | 7.7 | 63.4 |
| | 2009—2017 年 | 9.6 | 3.5 | 36.1 |
| | 1999—2017 年 | 10.9 | 5.6 | 51.2 |
| 湛江市 | 1999—2008 年 | 10.5 | 6.6 | 63.0 |
| | 2009—2017 年 | 10.2 | 3.1 | 29.9 |
| | 1999—2017 年 | 10.4 | 4.8 | 46.5 |
| 茂名市 | 1999—2008 年 | 9.6 | 5.3 | 55.2 |
| | 2009—2017 年 | 10.2 | 5.4 | 52.8 |
| | 1999—2017 年 | 9.9 | 5.3 | 53.9 |

表5-7(續)

| 城市 | 時間區間 | 產出增長率 | TFP增長率 | TFP增長率對經濟增長的貢獻率 |
|---|---|---|---|---|
| 肇慶市 | 1999—2008年 | 12.2 | 7.3 | 60.2 |
| | 2009—2017年 | 10.7 | 4.4 | 40.9 |
| | 1999—2017年 | 11.4 | 5.8 | 51.1 |
| 揭陽市 | 1999—2008年 | 11.0 | 8.0 | 73.3 |
| | 2009—2017年 | 11.7 | 4.1 | 35.3 |
| | 1999—2017年 | 11.3 | 6.1 | 53.5 |
| 惠州市 | 1999—2008年 | 13.5 | 6.5 | 48.4 |
| | 2009—2017年 | 11.8 | 3.5 | 29.6 |
| | 1999—2017年 | 12.7 | 5.0 | 39.6 |
| 梅州市 | 1999—2008年 | 9.7 | 4.9 | 50.0 |
| | 2009—2017年 | 10.0 | 4.0 | 39.7 |
| | 1999—2017年 | 9.9 | 4.4 | 44.7 |
| 汕尾市 | 1999—2008年 | 13.5 | 8.3 | 61.4 |
| | 2009—2017年 | 11.7 | 4.7 | 40.1 |
| | 1999—2017年 | 12.6 | 6.5 | 51.4 |
| 河源市 | 1999—2008年 | 17.5 | 10.9 | 62.6 |
| | 2009—2017年 | 9.6 | 2.0 | 21.1 |
| | 1999—2017年 | 13.4 | 6.4 | 47.4 |
| 雲浮市 | 1999—2008年 | 11.0 | 6.4 | 58.8 |
| | 2009—2017年 | 10.7 | 3.5 | 32.2 |
| | 1999—2017年 | 10.8 | 4.9 | 45.6 |
| 陽江市 | 1999—2008年 | 12.4 | 8.2 | 65.9 |
| | 2009—2017年 | 11.5 | 4.1 | 35.8 |
| | 1999—2017年 | 11.9 | 6.1 | 51.3 |
| 清遠市 | 1999—2008年 | 17.6 | 10.0 | 56.8 |
| | 2009—2017年 | 9.2 | 2.9 | 31.5 |
| | 1999—2017年 | 13.3 | 6.4 | 48.0 |

表5-7(續)

| 城市 | 時間區間 | 產出增長率 | TFP 增長率 | TFP 增長率對經濟增長的貢獻率 |
|---|---|---|---|---|
| 東莞市 | 1999—2008 年 | 18.3 | 6.2 | 33.8 |
|  | 2009—2017 年 | 7.9 | 1.9 | 24.0 |
|  | 1999—2017 年 | 13.0 | 4.0 | 30.9 |
| 中山市 | 1999—2008 年 | 16.9 | 6.6 | 38.9 |
|  | 2009—2017 年 | 9.8 | 3.7 | 37.7 |
|  | 1999—2017 年 | 13.3 | 5.1 | 38.6 |

（七）海南省

海南省除了省會海口市外，其餘1個地級市（三亞市）經濟增長核算結果見表5-8。總體來看，1999—2008年，三亞市經濟增長率、全要素生產率增長率以及全要素生產率增長率對經濟增長的貢獻率均高於2009—2017年。分城市TFP增長率來看，三亞市TFP增長率為-0.3%。分城市TFP增長率對經濟增長的貢獻率來看，三亞市在整個時間段內為-2.3%。

表5-8　海南省地級市（三亞市）經濟增長核算結果　　單位:%

| 城市 | 時間區間 | 產出增長率 | TFP 增長率 | TFP 增長率對經濟增長的貢獻率 |
|---|---|---|---|---|
| 三亞市 | 1999—2008 年 | 14.0 | 4.3 | 30.5 |
|  | 2009—2017 年 | 10.9 | -4.7 | -42.8 |
|  | 1999—2017 年 | 12.4 | -0.3 | -2.3 |

二、中部地區

（一）山西省

山西省除了省會太原市外，其餘10個地級市經濟增長核算結果見表5-9。總體來看，1999—2008年，10個地級市經濟增長率、全要素生產率增長率以及全要素生產率增長率對經濟增長的貢獻率均高於2009—2017年。分城市TFP增長率來看，大同市、長治市、臨汾市、運城市和晉城市均超過1%，朔州市、陽泉市和晉中市高於0，呂梁地區低於0，忻州市最低，僅為-1%。分城市TFP增長率對經濟增長的貢獻率來看，大同市、長治市、臨汾市、運城

市和晉城市在整個時間段內均超過10%，朔州市、陽泉市和晉中市則超過0，其餘城市為負數。

表 5-9　山西省地級市增長核算結果　　　　　　單位：%

| 城市 | 時間區間 | 產出增長率 | TFP 增長率 | TFP 增長率對經濟增長的貢獻率 |
|---|---|---|---|---|
| 大同市 | 1999—2008 年 | 11.4 | 5.1 | 44.7 |
| | 2009—2017 年 | 7.9 | -1.6 | -20.5 |
| | 1999—2017 年 | 9.6 | 1.7 | 17.5 |
| 朔州市 | 1999—2008 年 | 12.2 | 3.6 | 29.2 |
| | 2009—2017 年 | 8.1 | -3.0 | -37.0 |
| | 1999—2017 年 | 10.1 | 0.2 | 2.3 |
| 陽泉市 | 1999—2008 年 | 10.0 | 3.6 | 35.7 |
| | 2009—2017 年 | 7.1 | -2.6 | -35.9 |
| | 1999—2017 年 | 8.5 | 0.5 | 5.4 |
| 長治市 | 1999—2008 年 | 12.1 | 4.5 | 37.2 |
| | 2009—2017 年 | 7.9 | -2.2 | -28.6 |
| | 1999—2017 年 | 10.0 | 1.1 | 10.8 |
| 運城市 | 1999—2008 年 | 12.7 | 4.6 | 36.4 |
| | 2009—2017 年 | 7.7 | -1.2 | -15.8 |
| | 1999—2017 年 | 10.2 | 1.7 | 16.3 |
| 忻州市 | 1999—2008 年 | 10.1 | 3.4 | 33.5 |
| | 2009—2017 年 | 8.0 | -5.2 | -64.2 |
| | 1999—2017 年 | 9.1 | -1.0 | -10.8 |
| 呂梁地區 | 1999—2008 年 | 12.6 | 2.0 | 16.2 |
| | 2009—2017 年 | 6.9 | -3.7 | -53.6 |
| | 1999—2017 年 | 9.7 | -0.9 | -8.9 |
| 晉中市 | 1999—2008 年 | 11.7 | 3.7 | 31.4 |
| | 2009—2017 年 | 8.6 | -2.8 | -32.3 |
| | 1999—2017 年 | 10.1 | 0.4 | 4.0 |

表5-9(續)

| 城市 | 時間區間 | 產出增長率 | TFP增長率 | TFP增長率對經濟增長的貢獻率 |
|---|---|---|---|---|
| 臨汾市 | 1999—2008年 | 12.0 | 5.5 | 45.7 |
| | 2009—2017年 | 7.5 | -2.4 | -32.3 |
| | 1999—2017年 | 9.7 | 1.5 | 15.0 |
| 晉城市 | 1999—2008年 | 12.0 | 4.5 | 37.1 |
| | 2009—2017年 | 8.0 | -1.3 | -16.3 |
| | 1999—2017年 | 10.0 | 1.5 | 15.3 |

(二) 安徽省

安徽省除了省會合肥市外，其餘15個地級市經濟增長核算結果見表5-10。總體來看，1999—2008年，15個地級市經濟增長率、全要素生產率增長率以及全要素生產率增長率對經濟增長的貢獻率均高於2009—2017年。分城市TFP增長率來看，蕪湖市、蚌埠市、銅陵市、安慶市、滁州市、阜陽市、宿州市和六安市均超過3%，淮南市、馬鞍山市、淮北市、黃山市、池州市和宣城市高於2%，亳州市最低，僅為1.9%。分城市TFP增長率對經濟增長率貢獻率來看，阜陽市、宿州市和六安市在整個時間段內均超過30%，蕪湖市、蚌埠市、淮南市、銅陵市、安慶市、黃山市、滁州市和宣城市則超過25%，馬鞍山市、淮北市和亳州市超過20%，其餘城市超過10%。

表5-10 安徽省地級市經濟增長核算結果　　　　單位:%

| 城市 | 時間區間 | 產出增長率 | TFP增長率 | TFP增長率對經濟增長的貢獻率 |
|---|---|---|---|---|
| 蕪湖市 | 1999—2008年 | 13.2 | 5.3 | 40.4 |
| | 2009—2017年 | 12.7 | 1.7 | 13.5 |
| | 1999—2017年 | 13.0 | 3.5 | 27.1 |
| 蚌埠市 | 1999—2008年 | 10.5 | 6.0 | 57.0 |
| | 2009—2017年 | 11.5 | 0.4 | 3.5 |
| | 1999—2017年 | 11.0 | 3.2 | 28.7 |

表5-10(續)

| 城市 | 時間區間 | 產出增長率 | TFP 增長率 | TFP 增長率對經濟增長的貢獻率 |
|---|---|---|---|---|
| 淮南市 | 1999—2008 年 | 11.4 | 5.4 | 47.6 |
| | 2009—2017 年 | 8.7 | -0.3 | -3.0 |
| | 1999—2017 年 | 10.0 | 2.5 | 25.3 |
| 馬鞍山市 | 1999—2008 年 | 14.6 | 6.1 | 41.9 |
| | 2009—2017 年 | 11.0 | -0.2 | -1.4 |
| | 1999—2017 年 | 12.8 | 2.9 | 23.0 |
| 亳州市 | 1999—2008 年 | 7.9 | 1.7 | 21.0 |
| | 2009—2017 年 | 10.7 | 2.1 | 19.9 |
| | 1999—2017 年 | 9.3 | 1.9 | 20.4 |
| 淮北市 | 1999—2008 年 | 10.7 | 4.8 | 45.3 |
| | 2009—2017 年 | 9.5 | -0.6 | -5.9 |
| | 1999—2017 年 | 10.1 | 2.1 | 20.8 |
| 銅陵市 | 1999—2008 年 | 13.7 | 7.3 | 53.0 |
| | 2009—2017 年 | 11.3 | -0.1 | -0.8 |
| | 1999—2017 年 | 12.5 | 3.5 | 28.2 |
| 安慶市 | 1999—2008 年 | 10.3 | 4.1 | 39.5 |
| | 2009—2017 年 | 10.4 | 2.0 | 19.6 |
| | 1999—2017 年 | 10.4 | 3.0 | 29.4 |
| 黃山市 | 1999—2008 年 | 10.8 | 3.7 | 34.4 |
| | 2009—2017 年 | 9.7 | 1.5 | 15.5 |
| | 1999—2017 年 | 10.2 | 2.6 | 25.4 |
| 池州市 | 1999—2008 年 | 10.9 | 3.2 | 29.6 |
| | 2009—2017 年 | 10.8 | 1.1 | 10.1 |
| | 1999—2017 年 | 10.9 | 2.2 | 19.8 |
| 滁州市 | 1999—2008 年 | 8.4 | 4.3 | 51.0 |
| | 2009—2017 年 | 11.6 | 1.6 | 14.1 |
| | 1999—2017 年 | 10.0 | 3.0 | 29.6 |

表5-10(續)

| 城市 | 時間區間 | 產出增長率 | TFP 增長率 | TFP 增長率對經濟增長的貢獻率 |
|---|---|---|---|---|
| 阜陽市 | 1999—2008 年 | 6.2 | 2.7 | 44.0 |
|  | 2009—2017 年 | 10.6 | 3.3 | 30.7 |
|  | 1999—2017 年 | 8.4 | 3.0 | 35.7 |
| 宿州市 | 1999—2008 年 | 9.5 | 5.5 | 58.6 |
|  | 2009—2017 年 | 11.0 | 1.6 | 14.2 |
|  | 1999—2017 年 | 10.2 | 3.5 | 34.5 |
| 六安市 | 1999—2008 年 | 9.8 | 5.0 | 51.1 |
|  | 2009—2017 年 | 9.8 | 1.4 | 14.2 |
|  | 1999—2017 年 | 9.8 | 3.2 | 32.5 |
| 宣城市 | 1999—2008 年 | 9.7 | 3.6 | 37.7 |
|  | 2009—2017 年 | 11.1 | 1.8 | 16.1 |
|  | 1999—2017 年 | 10.4 | 2.7 | 26.1 |

(三) 江西省

江西省除了省會南昌市外，其餘10個地級市經濟增長核算結果見表5-11。總體來看，1999—2008年，10個地級市經濟增長率、全要素生產率增長率以及全要素生產率增長率對經濟增長的貢獻率均高於2009—2017年。分城市TFP增長率來看，景德鎮市、九江市和贛州市均超過3%，萍鄉市、新餘市、吉安市、宜春市、撫州市和上饒市高於2%，鷹潭市最低，僅為2.0%。分城市TFP增長率對經濟增長的貢獻率來看，景德鎮市在整個時間段內均超過30%，九江市、贛州市和宜春市則超過25%，萍鄉市、吉安市、撫州市和上饒市超過20%，其餘城市超過10%。

表5-11 江西省地級市經濟增長核算結果　　　　單位:%

| 城市 | 時間區間 | 產出增長率 | TFP 增長率 | TFP 增長率對經濟增長的貢獻率 |
|---|---|---|---|---|
| 景德鎮市 | 1999—2008 年 | 13.7 | 7.5 | 54.7 |
|  | 2009—2017 年 | 10.8 | 0.1 | 0.5 |
|  | 1999—2017 年 | 12.3 | 3.7 | 30.3 |

表5-11(續)

| 城市 | 時間區間 | 產出增長率 | TFP增長率 | TFP增長率對經濟增長的貢獻率 |
|---|---|---|---|---|
| 萍鄉市 | 1999—2008年 | 13.4 | 5.9 | 44.1 |
| | 2009—2017年 | 11.0 | -0.8 | -7.6 |
| | 1999—2017年 | 12.2 | 2.5 | 20.4 |
| 九江市 | 1999—2008年 | 13.1 | 6.3 | 47.7 |
| | 2009—2017年 | 11.3 | 0.2 | 1.4 |
| | 1999—2017年 | 12.2 | 3.2 | 25.9 |
| 新餘市 | 1999—2008年 | 15.1 | 5.9 | 38.9 |
| | 2009—2017年 | 10.1 | -1.3 | -12.9 |
| | 1999—2017年 | 12.6 | 2.2 | 17.6 |
| 撫州市 | 1999—2008年 | 11.8 | 5.7 | 47.8 |
| | 2009—2017年 | 11.0 | 0.0 | 0.0 |
| | 1999—2017年 | 11.4 | 2.8 | 24.5 |
| 鷹潭市 | 1999—2008年 | 13.6 | 5.6 | 41.5 |
| | 2009—2017年 | 10.8 | -1.5 | -13.5 |
| | 1999—2017年 | 12.2 | 2.0 | 16.7 |
| 贛州市 | 1999—2008年 | 11.4 | 6.9 | 60.2 |
| | 2009—2017年 | 11.2 | -0.3 | -2.6 |
| | 1999—2017年 | 11.3 | 3.2 | 28.6 |
| 吉安市 | 1999—2008年 | 12.0 | 6.6 | 54.6 |
| | 2009—2017年 | 11.2 | -0.9 | -8.3 |
| | 1999—2017年 | 11.6 | 2.8 | 23.7 |
| 宜春市 | 1999—2008年 | 11.3 | 6.3 | 56.0 |
| | 2009—2017年 | 11.1 | -0.4 | -3.5 |
| | 1999—2017年 | 11.2 | 2.9 | 26.1 |
| 上饒市 | 1999—2008年 | 12.6 | 5.1 | 40.4 |
| | 2009—2017年 | 11.1 | 0.3 | 2.3 |
| | 1999—2017年 | 11.8 | 2.6 | 22.3 |

### (四) 河南省

河南省除了省會鄭州市外，其餘16個地級市經濟增長核算結果見表5-12。總體來看，1999—2008年，10個地級市經濟增長率、全要素生產率增長率以及全要素生產率增長率對經濟增長的貢獻率均高於2009—2017年。分城市TFP增長率來看，鶴壁市、濮陽市、許昌市和漯河市均超過4%，開封市、平頂山市、安陽市、新鄉市、焦作市、三門峽市、南陽市、商丘市、周口市、駐馬店市和洛陽市高於3%，信陽市最低，僅為2.9%。分城市TFP增長率對經濟增長的貢獻率來看，開封市、濮陽市、許昌市、漯河市、周口市和駐馬店市在整個時間段內均超過35%，平頂山市、安陽市、鶴壁市、新鄉市、焦作市、三門峽市、南陽市、商丘市和洛陽市則超過30%，其餘城市超過20%。

表5-12　河南省地級市經濟增長核算結果　　　　　單位:%

| 城市 | 時間區間 | 產出增長率 | TFP增長率 | TFP增長率對經濟增長的貢獻率 |
|---|---|---|---|---|
| 開封市 | 1999—2008年 | 10.7 | 6.1 | 56.6 |
| | 2009—2017年 | 10.5 | 1.9 | 17.9 |
| | 1999—2017年 | 10.6 | 3.9 | 37.3 |
| 平頂山市 | 1999—2008年 | 12.4 | 7.7 | 61.5 |
| | 2009—2017年 | 8.3 | -1.1 | -13.3 |
| | 1999—2017年 | 10.4 | 3.2 | 30.7 |
| 安陽市 | 1999—2008年 | 13.3 | 7.3 | 54.7 |
| | 2009—2017年 | 9.3 | 0.3 | 3.2 |
| | 1999—2017年 | 11.3 | 3.7 | 33.1 |
| 鶴壁市 | 1999—2008年 | 14.3 | 8.1 | 56.7 |
| | 2009—2017年 | 10.7 | 0.0 | 0.4 |
| | 1999—2017年 | 12.5 | 4.0 | 32.0 |
| 新鄉市 | 1999—2008年 | 12.7 | 6.4 | 50.6 |
| | 2009—2017年 | 10.5 | 1.2 | 11.2 |
| | 1999—2017年 | 11.6 | 3.8 | 32.6 |

表5-12(續)

| 城市 | 時間區間 | 產出增長率 | TFP增長率 | TFP增長率對經濟增長的貢獻率 |
|---|---|---|---|---|
| 焦作市 | 1999—2008年 | 14.4 | 7.2 | 49.9 |
| | 2009—2017年 | 10.2 | 0.3 | 3.2 |
| | 1999—2017年 | 12.3 | 3.7 | 30.2 |
| 濮陽市 | 1999—2008年 | 12.5 | 6.7 | 53.1 |
| | 2009—2017年 | 10.5 | 1.7 | 15.9 |
| | 1999—2017年 | 11.5 | 4.1 | 35.9 |
| 許昌市 | 1999—2008年 | 12.8 | 7.2 | 56.4 |
| | 2009—2017年 | 11.1 | 1.8 | 16.6 |
| | 1999—2017年 | 11.9 | 4.5 | 37.6 |
| 漯河市 | 1999—2008年 | 12.5 | 7.6 | 60.7 |
| | 2009—2017年 | 10.5 | 1.3 | 12.3 |
| | 1999—2017年 | 11.5 | 4.4 | 38.2 |
| 三門峽市 | 1999—2008年 | 12.7 | 6.9 | 54.1 |
| | 2009—2017年 | 9.9 | 0.2 | 1.7 |
| | 1999—2017年 | 11.3 | 3.5 | 30.7 |
| 南陽市 | 1999—2008年 | 11.7 | 6.4 | 54.5 |
| | 2009—2017年 | 9.4 | 0.9 | 9.8 |
| | 1999—2017年 | 10.5 | 3.6 | 34.3 |
| 商丘市 | 1999—2008年 | 11.4 | 5.7 | 50.4 |
| | 2009—2017年 | 9.9 | 1.0 | 9.7 |
| | 1999—2017年 | 10.6 | 3.3 | 31.2 |

(五) 湖北省

湖北省除了省會武漢市外，其餘12個地級市經濟增長核算結果見表5-13。總體來看，1999—2008年，12個地級市經濟增長率、全要素生產率增長率以及全要素生產率增長率對經濟增長的貢獻率均高於2009—2017年。分城市TFP增長率來看，黃石市、宜昌市、鄂州市、黃岡市和襄陽市均超過4%，十堰市、荊州市、荊門市、孝感市、咸寧市和隨州市高於2.5%，恩施土家族苗族自治州最

低，僅為2.1%。分城市 TFP 增長率對經濟增長的貢獻率來看，鄂州市在整個時間段內均超過40%，黃石市、鄂州市、宜昌市、荊門市、隨州市、襄陽市和黃岡市則超過30%，其餘城市超過20%。

表 5-13　湖北省地級市經濟增長核算結果　　　　　　　　單位：%

| 城市 | 時間區間 | 產出增長率 | TFP 增長率 | TFP 增長率對經濟增長的貢獻率 |
|---|---|---|---|---|
| 黃石市 | 1999—2008 年 | 11.9 | 7.7 | 65.0 |
|  | 2009—2017 年 | 10.3 | 1.2 | 12.0 |
|  | 1999—2017 年 | 11.1 | 4.4 | 39.9 |
| 十堰市 | 1999—2008 年 | 10.1 | 5.0 | 50.0 |
|  | 2009—2017 年 | 11.0 | 1.0 | 8.9 |
|  | 1999—2017 年 | 10.5 | 3.0 | 28.4 |
| 荊州市 | 1999—2008 年 | 9.5 | 6.7 | 70.5 |
|  | 2009—2017 年 | 10.5 | 1.2 | 11.8 |
|  | 1999—2017 年 | 10.0 | 3.9 | 39.3 |
| 宜昌市 | 1999—2008 年 | 12.0 | 6.4 | 53.3 |
|  | 2009—2017 年 | 11.1 | 2.7 | 24.1 |
|  | 1999—2017 年 | 11.6 | 4.5 | 39.1 |
| 襄陽市 | 1999—2008 年 | 11.1 | 7.8 | 70.1 |
|  | 2009—2017 年 | 11.7 | 1.1 | 9.5 |
|  | 1999—2017 年 | 11.4 | 4.4 | 38.6 |
| 鄂州市 | 1999—2008 年 | 12.0 | 8.7 | 72.8 |
|  | 2009—2017 年 | 11.4 | 0.9 | 7.6 |
|  | 1999—2017 年 | 11.7 | 4.7 | 40.3 |
| 荊門市 | 1999—2008 年 | 10.8 | 5.6 | 52.1 |
|  | 2009—2017 年 | 11.5 | 2.0 | 17.8 |
|  | 1999—2017 年 | 11.1 | 3.8 | 34.3 |
| 孝感市 | 1999—2008 年 | 10.8 | 6.5 | 60.6 |
|  | 2009—2017 年 | 11.1 | 0.0 | 0.3 |
|  | 1999—2017 年 | 10.9 | 3.2 | 29.5 |

表5-13(續)

| 城市 | 時間區間 | 產出增長率 | TFP 增長率 | TFP 增長率對經濟增長的貢獻率 |
|---|---|---|---|---|
| 黃岡市 | 1999—2008 年 | 9.9 | 6.4 | 65.1 |
| | 2009—2017 年 | 10.9 | 1.8 | 16.4 |
| | 1999—2017 年 | 10.4 | 4.1 | 39.4 |
| 咸寧市 | 1999—2008 年 | 11.6 | 5.9 | 50.7 |
| | 2009—2017 年 | 11.4 | -0.2 | -1.8 |
| | 1999—2017 年 | 11.5 | 2.8 | 24.3 |
| 隨州市 | 1999—2008 年 | 10.5 | 6.4 | 61.1 |
| | 2009—2017 年 | 11.1 | 0.7 | 6.2 |
| | 1999—2017 年 | 10.8 | 3.5 | 32.6 |
| 恩施土家族苗族自治州 | 1999—2008 年 | 7.3 | 1.8 | 25.1 |
| | 2009—2017 年 | 10.8 | 2.4 | 21.9 |
| | 1999—2017 年 | 9.1 | 2.1 | 23.2 |

（六）湖南省

湖南省除了省會長沙市外，其餘13個地級市經濟增長核算結果見表5-14。總體來看，1999—2008年，13個地級市經濟增長率、全要素生產率增長率以及全要素生產率增長率對經濟增長的貢獻率均高於2009—2017年。分城市TFP增長率來看，株洲市、湘潭市、常德市、張家界市、益陽市、永州市和懷化市均超過5%，衡陽市、邵陽市、岳陽市、郴州市和婁底市均高於3.5%，湘西土家族苗族自治州最低，僅為2.3%。分城市TFP增長率對經濟增長的貢獻率來看，常德市在整個時間段內均超過50%，株洲市、湘潭市、衡陽市、張家界市、益陽市、永州市、懷化市和婁底市則超過40%，邵陽市、岳陽市、郴州市超過30%，其餘城市超過20%。

表5-14　湖南省地級市經濟增長核算結果　　　　　　單位:%

| 城市 | 時間區間 | 產出增長率 | TFP 增長率 | TFP 增長率對經濟增長的貢獻率 |
|---|---|---|---|---|
| 株洲市 | 1999—2008 年 | 11.9 | 7.9 | 66.5 |
| | 2009—2017 年 | 11.3 | 2.4 | 20.8 |
| | 1999—2017 年 | 11.6 | 5.1 | 43.9 |

表5-14(續)

| 城市 | 時間區間 | 產出增長率 | TFP 增長率 | TFP 增長率對經濟增長的貢獻率 |
|---|---|---|---|---|
| 湘潭市 | 1999—2008 年 | 12.3 | 7.8 | 63.3 |
| | 2009—2017 年 | 11.5 | 3.1 | 27.3 |
| | 1999—2017 年 | 11.9 | 5.4 | 45.7 |
| 衡陽市 | 1999—2008 年 | 11.0 | 7.4 | 66.9 |
| | 2009—2017 年 | 11.2 | 2.6 | 22.8 |
| | 1999—2017 年 | 11.1 | 4.9 | 44.4 |
| 邵陽市 | 1999—2008 年 | 9.6 | 5.2 | 54.1 |
| | 2009—2017 年 | 10.9 | 2.7 | 25.0 |
| | 1999—2017 年 | 10.3 | 4.0 | 38.5 |
| 婁底市 | 1999—2008 年 | 10.5 | 6.7 | 63.4 |
| | 2009—2017 年 | 10.5 | 2.8 | 26.3 |
| | 1999—2017 年 | 10.5 | 4.7 | 44.8 |
| 岳陽市 | 1999—2008 年 | 12.0 | 5.5 | 45.8 |
| | 2009—2017 年 | 10.9 | 2.0 | 18.0 |
| | 1999—2017 年 | 11.4 | 3.7 | 32.5 |
| 常德市 | 1999—2008 年 | 11.7 | 8.9 | 76.2 |
| | 2009—2017 年 | 11.0 | 2.7 | 24.4 |
| | 1999—2017 年 | 11.4 | 5.8 | 50.7 |
| 張家界市 | 1999—2008 年 | 11.4 | 7.0 | 61.8 |
| | 2009—2017 年 | 10.6 | 3.8 | 35.5 |
| | 1999—2017 年 | 11.0 | 5.4 | 49.0 |
| 益陽市 | 1999—2008 年 | 10.7 | 7.7 | 71.9 |
| | 2009—2017 年 | 10.9 | 2.8 | 25.7 |
| | 1999—2017 年 | 10.8 | 5.2 | 48.3 |
| 湘西土家族苗族自治州 | 1999—2008 年 | 9.2 | 3.4 | 36.8 |
| | 2009—2017 年 | 8.2 | 1.2 | 14.6 |
| | 1999—2017 年 | 8.7 | 2.3 | 26.3 |

表5-14(續)

| 城市 | 時間區間 | 產出增長率 | TFP 增長率 | TFP 增長率對經濟增長的貢獻率 |
|---|---|---|---|---|
| 郴州市 | 1999—2008 年 | 10.6 | 5.4 | 51.1 |
| | 2009—2017 年 | 11.6 | 2.2 | 19.0 |
| | 1999—2017 年 | 11.1 | 3.8 | 34.3 |
| 永州市 | 1999—2008 年 | 11.0 | 6.9 | 62.8 |
| | 2009—2017 年 | 10.8 | 3.1 | 28.3 |
| | 1999—2017 年 | 10.9 | 5.0 | 45.6 |
| 懷化市 | 1999—2008 年 | 10.5 | 7.2 | 68.3 |
| | 2009—2017 年 | 10.4 | 3.0 | 28.5 |
| | 1999—2017 年 | 10.5 | 5.0 | 48.3 |

### 三、西部地區

(一) 內蒙古自治區

內蒙古自治區除了首府呼和浩特市外，其餘 11 個地級市經濟增長核算結果見表5-15。總體來看，1999—2008 年，11 個地級市經濟增長率、全要素生產率增長率以及全要素生產率增長率對經濟增長的貢獻率均高於 2009—2017 年。分城市 TFP 增長率來看，烏海市和烏蘭察布市均超過5%，包頭市、鄂爾多斯市和巴彥淖爾市高於4%，赤峰市、通遼市、呼倫貝爾市、阿拉善盟、錫林郭勒盟高於 2.5%，興安盟最低，僅為 1.9%。分城市 TFP 增長率對經濟增長的貢獻率來看，烏海市、赤峰市、巴彥淖爾市和烏蘭察布市在整個時間段內均超過30%，包頭市、通遼市、鄂爾多斯市、呼倫貝爾市和阿拉善盟則超過20%，其餘城市超過 10%。

表5-15 內蒙古自治區地級市經濟增長核算結果　　　　單位:%

| 城市 | 時間區間 | 產出增長率 | TFP 增長率 | TFP 增長率對經濟增長的貢獻率 |
|---|---|---|---|---|
| 包頭市 | 1999—2008 年 | 20.2 | 9.0 | 44.3 |
| | 2009—2017 年 | 11.1 | 0.5 | 4.1 |
| | 1999—2017 年 | 15.6 | 4.6 | 29.7 |

表5-15(續)

| 城市 | 時間區間 | 產出增長率 | TFP 增長率 | TFP 增長率對經濟增長的貢獻率 |
|---|---|---|---|---|
| 烏海市 | 1999—2008 年 | 19.9 | 9.1 | 45.6 |
| | 2009—2017 年 | 12.4 | 1.3 | 10.8 |
| | 1999—2017 年 | 16.1 | 5.1 | 31.9 |
| 赤峰市 | 1999—2008 年 | 15.7 | 7.3 | 46.8 |
| | 2009—2017 年 | 10.7 | 0.7 | 6.1 |
| | 1999—2017 年 | 13.2 | 3.9 | 30.0 |
| 通遼市 | 1999—2008 年 | 17.6 | 7.6 | 43.3 |
| | 2009—2017 年 | 10.4 | −0.4 | −4.1 |
| | 1999—2017 年 | 13.9 | 3.5 | 25.3 |
| 鄂爾多斯市 | 1999—2008 年 | 23.2 | 8.9 | 38.3 |
| | 2009—2017 年 | 11.9 | −0.1 | −0.8 |
| | 1999—2017 年 | 17.4 | 4.3 | 24.7 |
| 呼倫貝爾市 | 1999—2008 年 | 15.7 | 7.3 | 46.5 |
| | 2009—2017 年 | 10.2 | −0.8 | −8.3 |
| | 1999—2017 年 | 12.9 | 3.2 | 24.4 |
| 巴彥淖爾市 | 1999—2008 年 | 15.0 | 6.5 | 43.6 |
| | 2009—2017 年 | 9.7 | 1.5 | 14.9 |
| | 1999—2017 年 | 12.3 | 4.0 | 32.1 |
| 烏蘭察布市 | 1999—2008 年 | 16.7 | 8.9 | 53.6 |
| | 2009—2017 年 | 10.0 | 1.7 | 17.1 |
| | 1999—2017 年 | 13.3 | 5.3 | 39.6 |
| 錫林郭勒盟 | 1999—2008 年 | 15.9 | 4.5 | 28.2 |
| | 2009—2017 年 | 10.3 | 0.5 | 5.2 |
| | 1999—2017 年 | 13.1 | 2.5 | 19.0 |
| 興安盟 | 1999—2008 年 | 11.9 | 5.5 | 46.3 |
| | 2009—2017 年 | 10.1 | −1.6 | −15.6 |
| | 1999—2017 年 | 11.0 | 1.9 | 17.3 |

表5-15(續)

| 城市 | 時間區間 | 產出增長率 | TFP 增長率 | TFP 增長率對經濟增長的貢獻率 |
|---|---|---|---|---|
| 阿拉善盟 | 1999—2008 年 | 20.3 | 8.2 | 40.2 |
| | 2009—2017 年 | 12.4 | −0.5 | −4.2 |
| | 1999—2017 年 | 16.3 | 3.7 | 22.8 |

(二) 廣西壯族自治區

廣西壯族自治區除了首府南寧市外,其餘 13 個地級市經濟增長核算結果見表 5-16。總體來看,1999—2008 年,13 個地級市經濟增長率、全要素生產率增長率以及全要素生產率增長率對經濟增長的貢獻率均高於 2009—2017 年。分城市 TFP 增長率來看,桂林市、北海市、防城港市、欽州市和崇左市均超過 5%,柳州市、梧州市、貴港市、百色市、賀州市、來賓市和玉林市高於 3%,河池市最低,僅為 2.7%。分城市 TFP 增長率對經濟增長的貢獻率來看,北海市和崇左市在整個時間段內均超過 50%,桂林市、欽州市則超過 40%,其餘城市超過 30%。

表 5-16 廣西壯族自治區地級市經濟增長核算結果　　單位:%

| 城市 | 時間區間 | 產出增長率 | TFP 增長率 | TFP 增長率對經濟增長的貢獻率 |
|---|---|---|---|---|
| 柳州市 | 1999—2008 年 | 13.3 | 8.6 | 64.8 |
| | 2009—2017 年 | 10.5 | −0.4 | −4.1 |
| | 1999—2017 年 | 11.9 | 4.0 | 33.6 |
| 桂林市 | 1999—2008 年 | 11.7 | 7.3 | 62.6 |
| | 2009—2017 年 | 10.0 | 3.2 | 31.8 |
| | 1999—2017 年 | 10.8 | 5.2 | 48.3 |
| 梧州市 | 1999—2008 年 | 12.2 | 7.8 | 64.0 |
| | 2009—2017 年 | 11.5 | 1.7 | 14.9 |
| | 1999—2017 年 | 11.9 | 4.7 | 39.7 |
| 北海市 | 1999—2008 年 | 12.8 | 9.3 | 72.5 |
| | 2009—2017 年 | 14.3 | 6.2 | 43.2 |
| | 1999—2017 年 | 13.6 | 7.7 | 57.0 |

表5-16(續)

| 城市 | 時間區間 | 產出增長率 | TFP增長率 | TFP增長率對經濟增長的貢獻率 |
|---|---|---|---|---|
| 來賓市 | 1999—2008年 | 11.5 | 6.0 | 52.0 |
| | 2009—2017年 | 8.7 | 1.8 | 20.5 |
| | 1999—2017年 | 10.1 | 3.9 | 38.3 |
| 防城港市 | 1999—2008年 | 14.2 | 7.9 | 55.8 |
| | 2009—2017年 | 12.9 | 2.7 | 21.1 |
| | 1999—2017年 | 13.5 | 5.3 | 39.0 |
| 欽州市 | 1999—2008年 | 11.7 | 6.1 | 51.9 |
| | 2009—2017年 | 12.0 | 4.3 | 35.4 |
| | 1999—2017年 | 11.9 | 5.2 | 43.5 |
| 貴港市 | 1999—2008年 | 11.6 | 6.0 | 51.5 |
| | 2009—2017年 | 9.2 | 0.8 | 8.6 |
| | 1999—2017年 | 10.4 | 3.4 | 32.2 |
| 玉林市 | 1999—2008年 | 11.3 | 6.8 | 60.4 |
| | 2009—2017年 | 10.5 | 1.8 | 17.6 |
| | 1999—2017年 | 10.9 | 4.3 | 39.5 |
| 崇左市 | 1999—2008年 | 10.8 | 7.1 | 66.0 |
| | 2009—2017年 | 10.2 | 3.6 | 35.1 |
| | 1999—2017年 | 10.5 | 5.3 | 50.8 |
| 百色市 | 1999—2008年 | 12.6 | 5.2 | 41.6 |
| | 2009—2017年 | 9.9 | 2.1 | 21.5 |
| | 1999—2017年 | 11.2 | 3.7 | 32.7 |
| 賀州市 | 1999—2008年 | 10.3 | 5.0 | 49.2 |
| | 2009—2017年 | 9.0 | 1.8 | 20.4 |
| | 1999—2017年 | 9.6 | 3.4 | 35.6 |
| 河池市 | 1999—2008年 | 9.2 | 4.7 | 51.0 |
| | 2009—2017年 | 6.0 | 0.7 | 12.2 |
| | 1999—2017年 | 7.6 | 2.7 | 35.5 |

### (三) 四川省

四川省除了省會成都市外，其餘20個地級市經濟增長核算結果見表5-17。總體來看，1999—2008年，20個地級市經濟增長率、全要素生產率增長率以及全要素生產率增長率對經濟增長的貢獻率均高於2009—2017年。分城市TFP增長率來看，自貢市、內江市和資陽市均超過6%，瀘州市、德陽市、遂寧市、樂山市、南充市、宜賓市、廣安市和綿陽市高於5%，攀枝花市、廣元市、眉山市、達州市、雅安市、巴中市、涼山彝族自治州、阿壩藏族羌族自治州高於0，甘孜藏族自治州最低，為-0.1%。分城市TFP增長率對經濟增長的貢獻率來看，自貢市、德陽市、內江市和資陽市在整個時間段內均超過50%，攀枝花市、瀘州市、綿陽市、遂寧市、樂山市、南充市、眉山市、宜賓市和廣安市則超過40%，甘孜藏族自治州為-0.8%，其餘城市超過0。

表5-17 四川省地級市經濟增長核算結果　　　　單位:%

| 城市 | 時間區間 | 產出增長率 | TFP增長率 | TFP增長率對經濟增長的貢獻率 |
|---|---|---|---|---|
| 自貢市 | 1999—2008年 | 12.2 | 8.8 | 72.2 |
| | 2009—2017年 | 11.4 | 3.5 | 30.8 |
| | 1999—2017年 | 11.8 | 6.1 | 51.9 |
| 攀枝花市 | 1999—2008年 | 12.2 | 6.8 | 56.0 |
| | 2009—2017年 | 11.0 | 3.0 | 26.9 |
| | 1999—2017年 | 11.6 | 4.9 | 42.1 |
| 瀘州市 | 1999—2008年 | 11.6 | 8.4 | 72.6 |
| | 2009—2017年 | 12.7 | 2.3 | 18.6 |
| | 1999—2017年 | 12.1 | 5.3 | 44.0 |
| 德陽市 | 1999—2008年 | 11.0 | 8.8 | 80.5 |
| | 2009—2017年 | 11.3 | 2.9 | 25.4 |
| | 1999—2017年 | 11.1 | 5.8 | 52.2 |
| 資陽市 | 1999—2008年 | 11.8 | 9.6 | 81.7 |
| | 2009—2017年 | 11.8 | 2.8 | 24.0 |
| | 1999—2017年 | 11.8 | 6.2 | 52.3 |

表5-17(續)

| 城市 | 時間區間 | 產出增長率 | TFP增長率 | TFP增長率對經濟增長的貢獻率 |
|---|---|---|---|---|
| 綿陽市 | 1999—2008年 | 9.9 | 6.9 | 69.9 |
| | 2009—2017年 | 11.4 | 3.4 | 29.7 |
| | 1999—2017年 | 10.6 | 5.1 | 48.1 |
| 廣元市 | 1999—2008年 | 8.3 | 3.9 | 47.8 |
| | 2009—2017年 | 11.6 | 1.7 | 14.8 |
| | 1999—2017年 | 9.9 | 2.8 | 28.5 |
| 遂寧市 | 1999—2008年 | 11.8 | 8.1 | 68.4 |
| | 2009—2017年 | 12.2 | 1.9 | 15.8 |
| | 1999—2017年 | 12.0 | 5.0 | 41.2 |
| 內江市 | 1999—2008年 | 12.4 | 9.2 | 73.9 |
| | 2009—2017年 | 11.4 | 3.6 | 32.0 |
| | 1999—2017年 | 11.9 | 6.4 | 53.6 |
| 阿壩藏族羌族自治州 | 1999—2008年 | 5.2 | -2.1 | -39.9 |
| | 2009—2017年 | 12.6 | 2.9 | 23.2 |
| | 1999—2017年 | 8.8 | 0.4 | 4.5 |
| 樂山市 | 1999—2008年 | 12.9 | 8.3 | 64.0 |
| | 2009—2017年 | 11.6 | 2.8 | 24.3 |
| | 1999—2017年 | 12.2 | 5.5 | 44.9 |
| 南充市 | 1999—2008年 | 12.4 | 10.0 | 80.3 |
| | 2009—2017年 | 11.3 | 0.9 | 8.0 |
| | 1999—2017年 | 11.9 | 5.4 | 45.2 |
| 眉山市 | 1999—2008年 | 12.2 | 7.0 | 57.7 |
| | 2009—2017年 | 11.6 | 2.6 | 22.4 |
| | 1999—2017年 | 11.9 | 4.8 | 40.3 |
| 宜賓市 | 1999—2008年 | 13.1 | 8.3 | 63.2 |
| | 2009—2017年 | 11.3 | 2.4 | 21.3 |
| | 1999—2017年 | 12.2 | 5.3 | 43.5 |

表5-17(續)

| 城市 | 時間區間 | 產出增長率 | TFP 增長率 | TFP 增長率對經濟增長的貢獻率 |
|---|---|---|---|---|
| 甘孜藏族自治州 | 1999—2008 年 | 10.3 | 0.7 | 6.6 |
|  | 2009—2017 年 | 9.7 | -0.8 | -8.7 |
|  | 1999—2017 年 | 10.0 | -0.1 | -0.8 |
| 廣安市 | 1999—2008 年 | 12.4 | 8.3 | 66.6 |
|  | 2009—2017 年 | 11.9 | 1.8 | 15.5 |
|  | 1999—2017 年 | 12.1 | 5.0 | 41.2 |
| 達州市 | 1999—2008 年 | 11.9 | 6.8 | 57.0 |
|  | 2009—2017 年 | 10.5 | 1.0 | 9.5 |
|  | 1999—2017 年 | 11.2 | 3.9 | 34.3 |
| 雅安市 | 1999—2008 年 | 11.4 | 5.2 | 45.8 |
|  | 2009—2017 年 | 11.0 | 2.3 | 21.1 |
|  | 1999—2017 年 | 11.2 | 3.8 | 33.6 |
| 巴中市 | 1999—2008 年 | 10.0 | 5.9 | 58.6 |
|  | 2009—2017 年 | 11.3 | -0.5 | -4.1 |
|  | 1999—2017 年 | 10.7 | 2.6 | 24.8 |
| 涼山彝族自治州 | 1999—2008 年 | 12.7 | 6.7 | 52.6 |
|  | 2009—2017 年 | 10.4 | 0.6 | 5.7 |
|  | 1999—2017 年 | 11.5 | 3.6 | 31.0 |

(四) 貴州省

貴州省除了省會貴陽市外，其餘8個地級市經濟增長核算結果見表5-28。總體來看，1999—2008年，8個地級市經濟增長率、全要素生產率增長率以及全要素生產率增長率對經濟增長的貢獻率均高於2009—2017年。分城市TFP增長率來看，遵義市和黔南布依族苗族自治州均超過6%，六盤水市、安順市、畢節市、黔西南布依族苗族自治州和黔東南苗族侗族自治州高於5%，銅仁市最低，僅為3.7%。分城市TFP增長率對經濟增長的貢獻率來看，遵義市和黔南布依族苗族自治州在整個時間段內均超過50%，六盤水市、安順市、畢節市、黔西南布依族苗族自治州和黔東南苗族侗族自治州則超過40%，其餘城市超過30%。

表 5-18　貴州省地級市經濟增長核算結果　　　單位:%

| 城市 | 時間區間 | 產出增長率 | TFP 增長率 | TFP 增長率對經濟增長的貢獻率 |
|---|---|---|---|---|
| 六盤水市 | 1999—2008 年 | 14.0 | 6.9 | 49.5 |
| | 2009—2017 年 | 13.8 | 4.6 | 32.9 |
| | 1999—2017 年 | 13.9 | 5.7 | 41.2 |
| 遵義市 | 1999—2008 年 | 11.6 | 8.1 | 69.5 |
| | 2009—2017 年 | 14.0 | 6.1 | 43.8 |
| | 1999—2017 年 | 12.8 | 7.1 | 55.4 |
| 安順市 | 1999—2008 年 | 10.8 | 7.1 | 65.3 |
| | 2009—2017 年 | 13.7 | 4.5 | 32.9 |
| | 1999—2017 年 | 12.2 | 5.8 | 47.2 |
| 銅仁市 | 1999—2008 年 | 10.8 | 4.7 | 43.7 |
| | 2009—2017 年 | 13.6 | 2.7 | 19.9 |
| | 1999—2017 年 | 12.2 | 3.7 | 30.4 |
| 畢節市 | 1999—2008 年 | 12.2 | 6.9 | 56.2 |
| | 2009—2017 年 | 14.4 | 4.3 | 30.0 |
| | 1999—2017 年 | 13.3 | 5.6 | 42.0 |
| 黔西南布依族苗族自治州 | 1999—2008 年 | 11.8 | 5.9 | 50.4 |
| | 2009—2017 年 | 13.9 | 5.0 | 36.4 |
| | 1999—2017 年 | 12.8 | 5.5 | 42.9 |
| 黔東南苗族侗族自治州 | 1999—2008 年 | 10.9 | 5.3 | 49.0 |
| | 2009—2017 年 | 13.5 | 5.4 | 40.3 |
| | 1999—2017 年 | 12.2 | 5.4 | 44.3 |
| 黔南布依族苗族自治州 | 1999—2008 年 | 10.6 | 6.7 | 63.3 |
| | 2009—2017 年 | 14.2 | 5.8 | 41.0 |
| | 1999—2017 年 | 12.4 | 6.3 | 50.6 |

(五) 雲南省

雲南省除了省會昆明市外，其餘 15 個地級市經濟增長核算結果見表 5-19。總體來看，1999—2008 年，15 個地級市經濟增長率、全要素生產率增長率以及

全要素生產率增長率對經濟增長的貢獻率均高於 2009—2017 年。分城市 TFP 增長率來看，曲靖市、保山市、文山壯族苗族自治州、楚雄彝族自治州、迪慶藏族自治州和大理白族自治州均超過 4%，玉溪市、昭通市、普洱市、臨滄市、紅河哈尼族彝族自治州、西雙版納傣族自治州和怒江傈僳族自治州超過 3%，德宏傣族景頗族自治州和麗江市最低，僅為 3.0%。分城市 TFP 增長率對經濟增長的貢獻率來看，玉溪市、保山市、楚雄彝族自治州和大理白族自治州在整個時間段內均超過 40%，曲靖市、昭通市、普洱市、文山壯族苗族自治州、紅河哈尼族彝族自治州、西雙版納傣族自治州和怒江傈僳族自治州則超過 30%，其餘城市超過 20%。

表 5-19 雲南省地級市經濟增長核算結果　　　　單位:%

| 城市 | 時間區間 | 產出增長率 | TFP 增長率 | TFP 增長率對經濟增長的貢獻率 |
| --- | --- | --- | --- | --- |
| 曲靖市 | 1999—2008 年 | 11.2 | 5.1 | 45.6 |
|  | 2009—2017 年 | 10.6 | 2.9 | 27.1 |
|  | 1999—2017 年 | 10.9 | 4.0 | 36.6 |
| 玉溪市 | 1999—2008 年 | 5.8 | 2.5 | 42.6 |
|  | 2009—2017 年 | 10.3 | 4.5 | 43.7 |
|  | 1999—2017 年 | 8.0 | 3.5 | 43.3 |
| 保山市 | 1999—2008 年 | 10.4 | 5.4 | 52.0 |
|  | 2009—2017 年 | 12.4 | 3.9 | 31.4 |
|  | 1999—2017 年 | 11.4 | 4.6 | 40.8 |
| 昭通市 | 1999—2008 年 | 8.6 | 3.4 | 39.2 |
|  | 2009—2017 年 | 11.3 | 3.2 | 28.4 |
|  | 1999—2017 年 | 9.9 | 3.3 | 33.1 |
| 德宏傣族景頗族自治州 | 1999—2008 年 | 9.2 | 3.4 | 37.1 |
|  | 2009—2017 年 | 11.5 | 2.6 | 22.8 |
|  | 1999—2017 年 | 10.3 | 3.0 | 29.1 |
| 麗江市 | 1999—2008 年 | 11.3 | 3.6 | 32.0 |
|  | 2009—2017 年 | 11.6 | 2.5 | 21.5 |
|  | 1999—2017 年 | 11.4 | 3.0 | 26.6 |

表5-19(續)

| 城市 | 時間區間 | 產出增長率 | TFP 增長率 | TFP 增長率對經濟增長的貢獻率 |
|---|---|---|---|---|
| 普洱市 | 1999—2008 年 | 10.6 | 3.8 | 35.7 |
| | 2009—2017 年 | 12.2 | 3.1 | 25.6 |
| | 1999—2017 年 | 11.4 | 3.5 | 30.3 |
| 臨滄市 | 1999—2008 年 | 10.5 | 4.6 | 43.5 |
| | 2009—2017 年 | 12.3 | 1.7 | 13.7 |
| | 1999—2017 年 | 11.4 | 3.1 | 27.3 |
| 文山壯族苗族自治州 | 1999—2008 年 | 11.6 | 3.8 | 32.9 |
| | 2009—2017 年 | 12.3 | 4.4 | 35.7 |
| | 1999—2017 年 | 11.9 | 4.1 | 34.3 |
| 怒江傈僳族自治州 | 1999—2008 年 | 12.9 | 5.9 | 45.9 |
| | 2009—2017 年 | 10.3 | 1.5 | 14.4 |
| | 1999—2017 年 | 11.6 | 3.7 | 31.7 |
| 紅河哈尼族彝族自治州 | 1999—2008 年 | 10.7 | 4.9 | 46.1 |
| | 2009—2017 年 | 11.3 | 2.0 | 17.9 |
| | 1999—2017 年 | 11.0 | 3.5 | 31.5 |
| 西雙版納傣族自治州 | 1999—2008 年 | 9.6 | 3.4 | 35.9 |
| | 2009—2017 年 | 11.6 | 4.1 | 35.0 |
| | 1999—2017 年 | 10.6 | 3.8 | 35.4 |
| 楚雄彝族自治州 | 1999—2008 年 | 10.5 | 6.1 | 58.1 |
| | 2009—2017 年 | 11.4 | 3.0 | 26.5 |
| | 1999—2017 年 | 10.9 | 4.5 | 41.6 |
| 大理白族自治州 | 1999—2008 年 | 10.9 | 6.3 | 57.8 |
| | 2009—2017 年 | 11.5 | 4.9 | 42.4 |
| | 1999—2017 年 | 11.2 | 5.6 | 49.9 |
| 迪慶藏族自治州 | 1999—2008 年 | 16.3 | 5.0 | 31.0 |
| | 2009—2017 年 | 14.1 | 3.8 | 26.8 |
| | 1999—2017 年 | 15.2 | 4.4 | 29.0 |

（六）西藏自治區

西藏自治區除了首府拉薩市外，其餘 6 個地級市經濟增長核算結果見表 5-20。總體來看，1999—2008 年，6 個地級市經濟增長率、全要素生產率增長率以及全要素生產率增長率對經濟增長的貢獻率均高於 2009—2017 年。分城市 TFP 增長率來看，日喀則市、林芝市均超過 4%，昌都市、山南市和阿里地區高於 3%，那曲市最低，僅為 3.2%。分城市 TFP 增長率對經濟增長的貢獻率來看，日喀則市、昌都市、林芝市和山南市在整個時間段內均超過 30%，其餘城市超過 20%。

表 5-20　西藏自治區地級市經濟增長核算結果　　　　單位:%

| 城市 | 時間區間 | 產出增長率 | TFP 增長率 | TFP 增長率對經濟增長的貢獻率 |
| --- | --- | --- | --- | --- |
| 日喀則市 | 1999—2008 年 | 13.4 | 6.8 | 50.4 |
| | 2009—2017 年 | 11.2 | 1.7 | 15.1 |
| | 1999—2017 年 | 12.3 | 4.2 | 34.1 |
| 昌都市 | 1999—2008 年 | 12.1 | 5.8 | 47.6 |
| | 2009—2017 年 | 11.2 | 1.3 | 11.7 |
| | 1999—2017 年 | 11.7 | 3.5 | 30.1 |
| 林芝市 | 1999—2008 年 | 14.8 | 7.2 | 48.6 |
| | 2009—2017 年 | 11.7 | 1.4 | 12.3 |
| | 1999—2017 年 | 13.3 | 4.3 | 32.3 |
| 山南市 | 1999—2008 年 | 14.3 | 6.8 | 47.6 |
| | 2009—2017 年 | 11.6 | 1.2 | 10.0 |
| | 1999—2017 年 | 12.9 | 3.9 | 30.5 |
| 那曲市 | 1999—2008 年 | 12.6 | 6.1 | 48.6 |
| | 2009—2017 年 | 10.6 | 0.3 | 3.1 |
| | 1999—2017 年 | 11.6 | 3.2 | 27.4 |
| 阿里地區 | 1999—2008 年 | 14.5 | 6.4 | 43.8 |
| | 2009—2017 年 | 10.8 | 1.2 | 10.7 |
| | 1999—2017 年 | 12.6 | 3.7 | 29.4 |

## (七) 陝西省

陝西省除了省會西安市外，其餘 9 個地級市經濟增長核算結果見表 5-21。總體來看，1999—2008 年，9 個地級市經濟增長率、全要素生產率增長率以及全要素生產率增長率對經濟增長的貢獻率均高於 2009—2017 年。分城市 TFP 增長率來看，銅川市和漢中市均超過 3%，寶雞市、咸陽市和安康市高於 2%，渭南市、榆林市、商洛市高於 1%，延安市最低，僅為-0.6%。分城市 TFP 增長率對經濟增長的貢獻率來看，銅川市和漢中市在整個時間段內均超過 30%，寶雞市、咸陽市和安康市超過 20%，延安市為-5.6%，其餘城市超過 9%。

表 5-21　陝西省地級市經濟增長核算結果　　　　單位:%

| 城市 | 時間區間 | 產出增長率 | TFP 增長率 | TFP 增長率對經濟增長的貢獻率 |
|---|---|---|---|---|
| 銅川市 | 1999—2008 年 | 12.1 | 7.2 | 59.1 |
| 銅川市 | 2009—2017 年 | 12.2 | 0.5 | 4.3 |
| 銅川市 | 1999—2017 年 | 12.1 | 3.8 | 31.2 |
| 寶雞市 | 1999—2008 年 | 12.6 | 6.7 | 53.7 |
| 寶雞市 | 2009—2017 年 | 12.3 | -1.0 | -7.9 |
| 寶雞市 | 1999—2017 年 | 12.5 | 2.8 | 22.6 |
| 咸陽市 | 1999—2008 年 | 12.0 | 6.6 | 54.6 |
| 咸陽市 | 2009—2017 年 | 11.7 | -0.6 | -5.3 |
| 咸陽市 | 1999—2017 年 | 11.9 | 2.9 | 24.5 |
| 渭南市 | 1999—2008 年 | 10.6 | 5.5 | 52.4 |
| 渭南市 | 2009—2017 年 | 11.7 | -3.0 | -25.5 |
| 渭南市 | 1999—2017 年 | 11.1 | 1.2 | 10.7 |
| 商洛市 | 1999—2008 年 | 10.6 | 4.0 | 38.0 |
| 商洛市 | 2009—2017 年 | 12.5 | -1.4 | -11.5 |
| 商洛市 | 1999—2017 年 | 11.5 | 1.2 | 10.8 |
| 延安市 | 1999—2008 年 | 13.5 | 3.8 | 28.2 |
| 延安市 | 2009—2017 年 | 7.8 | -4.8 | -62.0 |
| 延安市 | 1999—2017 年 | 10.6 | -0.6 | -5.6 |

表5-21(續)

| 城市 | 時間區間 | 產出增長率 | TFP 增長率 | TFP 增長率對經濟增長的貢獻率 |
|---|---|---|---|---|
| 漢中市 | 1999—2008 年 | 9.8 | 5.6 | 57.3 |
| | 2009—2017 年 | 12.5 | 2.1 | 16.6 |
| | 1999—2017 年 | 11.2 | 3.8 | 34.4 |
| 榆林市 | 1999—2008 年 | 16.7 | 4.6 | 27.7 |
| | 2009—2017 年 | 10.5 | -2.1 | -19.7 |
| | 1999—2017 年 | 13.5 | 1.2 | 9.0 |
| 安康市 | 1999—2008 年 | 9.4 | 3.3 | 35.4 |
| | 2009—2017 年 | 13.3 | 2.4 | 17.9 |
| | 1999—2017 年 | 11.3 | 2.9 | 25.2 |

(八)甘肅省

甘肅省除了省會蘭州市外,其餘13個地級市經濟增長核算結果見表5-22。總體來看,1999—2008年,13個地級市經濟增長率、全要素生產率增長率以及全要素生產率增長率對經濟增長的貢獻率均高於2009—2017年。分城市TFP增長率來看,金昌市、白銀市、嘉峪關市和張掖市均超過4%,天水市、武威市、平涼市、慶陽市、定西市、隴南市和臨夏回族自治州均高於2%,酒泉市高於1%,甘南藏族自治州最低,僅為0.4%。分城市TFP增長率對經濟增長的貢獻率來看,金昌市、白銀市和張掖市在整個時間段內均超過40%,天水市、嘉峪關市和臨夏回族自治州超過30%,武威市、平涼市、酒泉市、慶陽市、定西市和隴南市超過15%,其餘城市超過4%。

表5-22 甘肅省地級市經濟增長核算結果　　單位:%

| 城市 | 時間區間 | 產出增長率 | TFP 增長率 | TFP 增長率對經濟增長的貢獻率 |
|---|---|---|---|---|
| 金昌市 | 1999—2008 年 | 13.8 | 8.1 | 58.5 |
| | 2009—2017 年 | 10.1 | 2.5 | 24.9 |
| | 1999—2017 年 | 12.0 | 5.3 | 44.1 |

表5-22(續)

| 城市 | 時間區間 | 產出增長率 | TFP 增長率 | TFP 增長率對經濟增長的貢獻率 |
|---|---|---|---|---|
| 白銀市 | 1999—2008 年 | 11.5 | 7.6 | 65.7 |
| | 2009—2017 年 | 9.8 | 1.7 | 17.4 |
| | 1999—2017 年 | 10.7 | 4.6 | 43.1 |
| 天水市 | 1999—2008 年 | 10.7 | 6.3 | 58.7 |
| | 2009—2017 年 | 9.9 | 0.0 | 0.1 |
| | 1999—2017 年 | 10.3 | 3.1 | 30.1 |
| 嘉峪關市 | 1999—2008 年 | 13.1 | 3.2 | 24.5 |
| | 2009—2017 年 | 11.5 | 6.4 | 55.7 |
| | 1999—2017 年 | 12.3 | 4.8 | 39.0 |
| 甘南藏族自治州 | 1999—2008 年 | 10.6 | 3.8 | 35.6 |
| | 2009—2017 年 | 8.8 | −2.9 | −32.7 |
| | 1999—2017 年 | 9.7 | 0.4 | 4.1 |
| 武威市 | 1999—2008 年 | 11.3 | 6.7 | 59.2 |
| | 2009—2017 年 | 9.5 | −0.7 | −7.3 |
| | 1999—2017 年 | 10.4 | 2.9 | 28.2 |
| 張掖市 | 1999—2008 年 | 10.6 | 5.2 | 49.3 |
| | 2009—2017 年 | 9.4 | 3.4 | 36.4 |
| | 1999—2017 年 | 10.0 | 4.3 | 43.2 |
| 平涼市 | 1999—2008 年 | 11.1 | 5.0 | 45.2 |
| | 2009—2017 年 | 10.0 | 1.0 | 9.9 |
| | 1999—2017 年 | 10.6 | 3.0 | 28.3 |
| 酒泉市 | 1999—2008 年 | 11.6 | 5.9 | 51.1 |
| | 2009—2017 年 | 10.4 | −2.0 | −19.4 |
| | 1999—2017 年 | 11.0 | 1.9 | 17.1 |
| 臨夏回族自治州 | 1999—2008 年 | 10.5 | 5.7 | 54.6 |
| | 2009—2017 年 | 10.6 | 0.9 | 9.0 |
| | 1999—2017 年 | 10.5 | 3.3 | 31.4 |

表5-22(續)

| 城市 | 時間區間 | 產出增長率 | TFP 增長率 | TFP 增長率對經濟增長的貢獻率 |
|---|---|---|---|---|
| 慶陽市 | 1999—2008 年 | 11.2 | 3.9 | 34.7 |
| | 2009—2017 年 | 11.6 | 0.2 | 2.0 |
| | 1999—2017 年 | 11.4 | 2.0 | 17.9 |
| 定西市 | 1999—2008 年 | 10.2 | 5.6 | 54.6 |
| | 2009—2017 年 | 9.7 | -1.2 | -12.4 |
| | 1999—2017 年 | 10.0 | 2.1 | 21.5 |
| 隴南市 | 1999—2008 年 | 10.6 | 6.9 | 65.1 |
| | 2009—2017 年 | 9.8 | -1.9 | -19.5 |
| | 1999—2017 年 | 10.2 | 2.4 | 23.6 |

(九) 青海省

青海省除了省會西寧市外，其餘7個地級市經濟增長核算結果見表5-23。總體來看，1999—2008 年，7個地級市經濟增長率、全要素生產率增長率以及全要素生產率增長率對經濟增長的貢獻率均高於 2009—2017 年。分城市 TFP 增長率來看，海東市和海西蒙古族藏族自治州均超過4%，海南藏族自治州高於 0，海北藏族自治州、黃南藏族自治州和玉樹藏族自治州低於 -1.2%，果洛藏族自治州最低，為-1.4%。分城市 TFP 增長率對經濟增長的貢獻率來看，海東市和海西蒙古族藏族自治州在整個時間段內均超過30%，海南藏族自治州超過 2%，其餘城市為負數。

表5-23　青海省地級市經濟增長核算結果　　　　單位:%

| 城市 | 時間區間 | 產出增長率 | TFP 增長率 | TFP 增長率對經濟增長的貢獻率 |
|---|---|---|---|---|
| 海東市 | 1999—2008 年 | 12.5 | 7.8 | 62.3 |
| | 2009—2017 年 | 14.0 | 2.5 | 18.0 |
| | 1999—2017 年 | 13.3 | 5.1 | 38.6 |
| 海北藏族自治州 | 1999—2008 年 | 11.7 | 1.9 | 16.3 |
| | 2009—2017 年 | 8.9 | -3.3 | -37.0 |
| | 1999—2017 年 | 10.3 | -0.7 | -7.0 |

表5-23(續)

| 城市 | 時間區間 | 產出增長率 | TFP 增長率 | TFP 增長率對經濟增長的貢獻率 |
|---|---|---|---|---|
| 黃南藏族自治州 | 1999—2008 年 | 7.8 | 2.3 | 29.2 |
| | 2009—2017 年 | 6.5 | -4.5 | -69.6 |
| | 1999—2017 年 | 7.1 | -1.2 | -16.8 |
| 海南藏族自治州 | 1999—2008 年 | 11.5 | 2.3 | 20.3 |
| | 2009—2017 年 | 10.2 | -1.8 | -17.7 |
| | 1999—2017 年 | 10.8 | 0.2 | 2.2 |
| 果洛藏族自治州 | 1999—2008 年 | 9.5 | 2.8 | 29.8 |
| | 2009—2017 年 | 8.9 | -5.5 | -62.0 |
| | 1999—2017 年 | 9.2 | -1.4 | -15.5 |
| 玉樹藏族自治州 | 1999—2008 年 | 10.6 | 3.1 | 29.3 |
| | 2009—2017 年 | 8.9 | -5.3 | -60.2 |
| | 1999—2017 年 | 9.8 | -1.2 | -12.3 |
| 海西蒙古族藏族自治州 | 1999—2008 年 | 17.6 | 8.2 | 46.8 |
| | 2009—2017 年 | 11.0 | 1.0 | 9.2 |
| | 1999—2017 年 | 14.2 | 4.6 | 32.1 |

（十）寧夏回族自治區

寧夏回族自治區除了首府銀川市外，其餘 4 個地級市經濟增長核算結果見表5-24。總體來看，1999—2008 年，4 個地級市經濟增長率、全要素生產率增長率以及全要素生產率增長率對經濟增長的貢獻率均高於 2009—2017 年。分城市 TFP 增長率來看，石嘴山市、吳忠市和固原市均超過 3%，中衛市最低，僅為 1.5%。分城市 TFP 增長率對經濟增長的貢獻率來看，石嘴山市在整個時間段內均超過 30%，吳忠市和固原市超過 25%，中衛市為 14.3%。

表 5-24　寧夏地級市經濟增長核算結果　　　　單位:%

| 城市 | 時間區間 | 產出增長率 | TFP 增長率 | TFP 增長率對經濟增長的貢獻率 |
| --- | --- | --- | --- | --- |
| 石嘴山市 | 1999—2008 年 | 12.0 | 5.7 | 47.3 |
|  | 2009—2017 年 | 9.9 | 1.0 | 9.7 |
|  | 1999—2017 年 | 10.9 | 3.3 | 30.0 |
| 吳忠市 | 1999—2008 年 | 11.8 | 6.2 | 52.5 |
|  | 2009—2017 年 | 10.5 | 0.5 | 5.1 |
|  | 1999—2017 年 | 11.1 | 3.3 | 29.9 |
| 固原市 | 1999—2008 年 | 11.4 | 5.1 | 44.4 |
|  | 2009—2017 年 | 10.6 | 1.1 | 9.9 |
|  | 1999—2017 年 | 11.0 | 3.0 | 27.6 |
| 中衛市 | 1999—2008 年 | 11.8 | 3.4 | 28.5 |
|  | 2009—2017 年 | 9.9 | -0.2 | -2.4 |
|  | 1999—2017 年 | 10.8 | 1.5 | 14.3 |

(十一) 新疆維吾爾自治區

新疆維吾爾自治區除了首府烏魯木齊市外，其餘 13 個地級市經濟增長核算結果見表 5-25。總體來看，1999—2008 年，13 個地級市經濟增長率、全要素生產率增長率以及全要素生產率增長率對經濟增長的貢獻率均高於 2009—2017 年。分城市 TFP 增長率來看，吐魯番市、哈密市、阿克蘇地區、塔城地區和昌吉回族自治州均超過 4%，和田地區、喀什地區、阿勒泰地區、克孜勒蘇柯爾克孜自治州、巴音郭楞蒙古自治州、博爾塔拉蒙古自治州和伊犁哈薩克自治州高於 1.5%，克拉瑪依市最低，僅為-0.8%。分城市 TFP 增長率對經濟增長的貢獻率來看，吐魯番市、哈密市、阿克蘇地區、塔城地區和博爾塔拉蒙古自治州在整個時間段內均超過 30%，和田地區、喀什地區、阿勒泰地區、克孜勒蘇柯爾克孜自治州、巴音郭楞蒙古自治州、昌吉回族自治州和伊犁哈薩克自治州超過 10%，克拉瑪依市為負數。

表 5-25　新疆維吾爾自治區地級市經濟增長核算結果　　單位:%

| 城市 | 時間區間 | 產出增長率 | TFP 增長率 | TFP 增長率對經濟增長的貢獻率 |
|---|---|---|---|---|
| 克拉瑪依市 | 1999—2008 年 | 8.3 | -0.6 | -7.4 |
| | 2009—2017 年 | 4.7 | -0.9 | -19.5 |
| | 1999—2017 年 | 6.5 | -0.8 | -11.8 |
| 吐魯番市 | 1999—2008 年 | 17.7 | 11.6 | 65.8 |
| | 2009—2017 年 | 5.0 | -2.0 | -40.3 |
| | 1999—2017 年 | 11.2 | 4.6 | 41.2 |
| 哈密市 | 1999—2008 年 | 12.7 | 8.1 | 64.0 |
| | 2009—2017 年 | 16.0 | 3.3 | 20.5 |
| | 1999—2017 年 | 14.3 | 5.7 | 39.6 |
| 和田地區 | 1999—2008 年 | 9.8 | 3.5 | 35.4 |
| | 2009—2017 年 | 11.5 | -0.5 | -4.2 |
| | 1999—2017 年 | 10.6 | 1.5 | 13.9 |
| 博爾塔拉蒙古自治州 | 1999—2008 年 | 10.7 | 5.1 | 47.8 |
| | 2009—2017 年 | 13.0 | 2.5 | 19.1 |
| | 1999—2017 年 | 11.8 | 3.8 | 32.0 |
| 阿克蘇地區 | 1999—2008 年 | 11.9 | 6.2 | 52.2 |
| | 2009—2017 年 | 12.6 | 1.8 | 14.4 |
| | 1999—2017 年 | 12.3 | 4.0 | 32.6 |
| 喀什地區 | 1999—2008 年 | 14.6 | 8.0 | 55.1 |
| | 2009—2017 年 | 12.1 | -1.4 | -11.7 |
| | 1999—2017 年 | 13.3 | 3.2 | 24.0 |
| 塔城地區 | 1999—2008 年 | 11.1 | 6.7 | 59.9 |
| | 2009—2017 年 | 11.8 | 2.5 | 21.4 |
| | 1999—2017 年 | 11.4 | 4.6 | 40.0 |
| 阿勒泰地區 | 1999—2008 年 | 10.8 | 4.2 | 39.1 |
| | 2009—2017 年 | 9.7 | -0.2 | -1.9 |
| | 1999—2017 年 | 10.3 | 2.0 | 19.5 |

表5-25(續)

| 城市 | 時間區間 | 產出增長率 | TFP 增長率 | TFP 增長率對經濟增長的貢獻率 |
|---|---|---|---|---|
| 伊犁哈薩克自治州 | 1999—2008 年 | 11.6 | 5.3 | 45.3 |
|  | 2009—2017 年 | 12.0 | -1.0 | -8.2 |
|  | 1999—2017 年 | 11.8 | 2.1 | 17.8 |
| 克孜勒蘇柯爾克孜自治州 | 1999—2008 年 | 11.1 | 4.7 | 42.5 |
|  | 2009—2017 年 | 13.0 | -0.3 | -2.4 |
|  | 1999—2017 年 | 12.0 | 2.2 | 18.0 |
| 巴音郭楞蒙古自治州 | 1999—2008 年 | 12.7 | 5.2 | 41.2 |
|  | 2009—2017 年 | 6.8 | -1.7 | -25.2 |
|  | 1999—2017 年 | 9.7 | 1.7 | 17.5 |
| 昌吉回族自治州 | 1999—2008 年 | 13.3 | 6.8 | 51.4 |
|  | 2009—2017 年 | 13.6 | 1.3 | 9.3 |
|  | 1999—2017 年 | 13.5 | 4.0 | 29.8 |

### 四、東北地區

#### (一) 遼寧省

遼寧省除了省會沈陽市和大連市外，其餘12個地級市經濟增長核算結果見表5-26。總體來看，1999—2008年，12個地級市經濟增長率、全要素生產率增長率以及全要素生產率增長率對經濟增長的貢獻率均高於2009—2017年。分城市TFP增長率來看，鞍山市和葫蘆島市均超過5%，撫順市、本溪市、丹東市、錦州市、營口市和遼陽市高於4%，阜新市、鐵嶺市和朝陽市高於2%，盤錦市最低，僅為0.4%。分城市TFP增長率對經濟增長的貢獻率來看，鞍山市、撫順市、本溪市、丹東市、錦州市、遼陽市和葫蘆島市在整個時間段內均超過40%，營口市、阜新市、鐵嶺市和朝陽市超過25%，盤錦市為4.9%。

表 5-26　遼寧省地級市經濟增長核算結果　　　單位：%

| 城市 | 時間區間 | 產出增長率 | TFP 增長率 | TFP 增長率對經濟增長的貢獻率 |
|---|---|---|---|---|
| 鞍山市 | 1999—2008 年 | 13.8 | 10.0 | 72.3 |
| | 2009—2017 年 | 6.9 | 1.0 | 15.0 |
| | 1999—2017 年 | 10.3 | 5.4 | 52.5 |
| 撫順市 | 1999—2008 年 | 13.2 | 7.7 | 58.6 |
| | 2009—2017 年 | 7.2 | 1.8 | 24.2 |
| | 1999—2017 年 | 10.2 | 4.7 | 46.2 |
| 本溪市 | 1999—2008 年 | 13.2 | 8.3 | 62.5 |
| | 2009—2017 年 | 7.4 | 1.3 | 17.8 |
| | 1999—2017 年 | 10.3 | 4.7 | 46.0 |
| 丹東市 | 1999—2008 年 | 13.2 | 8.7 | 65.9 |
| | 2009—2017 年 | 7.5 | 0.7 | 9.4 |
| | 1999—2017 年 | 10.3 | 4.6 | 44.9 |
| 錦州市 | 1999—2008 年 | 13.6 | 9.3 | 68.4 |
| | 2009—2017 年 | 7.6 | 0.2 | 2.2 |
| | 1999—2017 年 | 10.6 | 4.7 | 44.1 |
| 營口市 | 1999—2008 年 | 16.9 | 7.6 | 44.6 |
| | 2009—2017 年 | 8.7 | 0.6 | 6.9 |
| | 1999—2017 年 | 12.7 | 4.0 | 31.5 |
| 阜新市 | 1999—2008 年 | 13.6 | 6.9 | 51.1 |
| | 2009—2017 年 | 5.4 | -0.6 | -10.1 |
| | 1999—2017 年 | 9.4 | 3.1 | 33.1 |
| 遼陽市 | 1999—2008 年 | 13.6 | 7.4 | 54.3 |
| | 2009—2017 年 | 8.1 | 2.0 | 24.4 |
| | 1999—2017 年 | 10.8 | 4.7 | 43.0 |
| 盤錦市 | 1999—2008 年 | 7.7 | -0.9 | -11.9 |
| | 2009—2017 年 | 8.0 | 1.7 | 21.2 |
| | 1999—2017 年 | 7.9 | 0.4 | 4.9 |

表5-26(續)

| 城市 | 時間區間 | 產出增長率 | TFP 增長率 | TFP 增長率對經濟增長的貢獻率 |
|---|---|---|---|---|
| 鐵嶺市 | 1999—2008 年 | 15.2 | 7.8 | 51.4 |
| | 2009—2017 年 | 5.7 | -1.0 | -18.1 |
| | 1999—2017 年 | 10.3 | 3.3 | 31.9 |
| 朝陽市 | 1999—2008 年 | 14.0 | 6.6 | 47.2 |
| | 2009—2017 年 | 6.7 | -1.2 | -17.3 |
| | 1999—2017 年 | 10.3 | 2.7 | 25.8 |
| 葫蘆島市 | 1999—2008 年 | 13.3 | 8.6 | 64.3 |
| | 2009—2017 年 | 7.2 | 1.6 | 21.7 |
| | 1999—2017 年 | 10.2 | 5.0 | 49.0 |

(二) 吉林省

吉林省除了省會長春市外,其餘 8 個地級市經濟增長核算結果見表 5-27。總體來看,1999—2008 年,8 個地級市經濟增長率、全要素生產率增長率以及全要素生產率增長率對經濟增長的貢獻率均高於 2009—2017 年。分城市 TFP 增長率來看,吉林市、四平市、白山市和白城市均超過3%,通化市高於2.8%,遼源市、松原市和延邊朝鮮族自治州最低,僅為 2.6%。分城市 TFP 增長率對經濟增長的貢獻率來看,四平市在整個時間段內均超過40%,其餘城市為 20%以上。

**表 5-27 吉林省地級市經濟增長核算結果** 單位:%

| 城市 | 時間區間 | 產出增長率 | TFP 增長率 | TFP 增長率對經濟增長的貢獻率 |
|---|---|---|---|---|
| 吉林市 | 1999—2008 年 | 13.9 | 8.1 | 58.5 |
| | 2009—2017 年 | 8.9 | -1.4 | -15.3 |
| | 1999—2017 年 | 11.4 | 3.3 | 28.8 |
| 四平市 | 1999—2008 年 | 15.8 | 12.0 | 76.2 |
| | 2009—2017 年 | 9.7 | -0.8 | -7.8 |
| | 1999—2017 年 | 12.7 | 5.4 | 42.9 |

表5-27(續)

| 城市 | 時間區間 | 產出增長率 | TFP增長率 | TFP增長率對經濟增長的貢獻率 |
|---|---|---|---|---|
| 遼源市 | 1999—2008年 | 15.1 | 7.4 | 48.8 |
| | 2009—2017年 | 10.4 | -1.9 | -18.4 |
| | 1999—2017年 | 12.8 | 2.6 | 20.6 |
| 通化市 | 1999—2008年 | 14.6 | 8.3 | 57.2 |
| | 2009—2017年 | 8.3 | -2.5 | -30.0 |
| | 1999—2017年 | 11.4 | 2.8 | 24.3 |
| 白山市 | 1999—2008年 | 14.0 | 8.4 | 60.1 |
| | 2009—2017年 | 10.9 | -1.8 | -16.2 |
| | 1999—2017年 | 12.4 | 3.2 | 25.8 |
| 松原市 | 1999—2008年 | 15.2 | 9.5 | 62.1 |
| | 2009—2017年 | 8.4 | -3.9 | -46.5 |
| | 1999—2017年 | 11.8 | 2.6 | 21.7 |
| 白城市 | 1999—2008年 | 15.5 | 8.7 | 55.9 |
| | 2009—2017年 | 11.0 | -1.4 | -12.4 |
| | 1999—2017年 | 13.2 | 3.5 | 26.7 |
| 延邊朝鮮族自治州 | 1999—2008年 | 11.7 | 6.1 | 51.8 |
| | 2009—2017年 | 9.9 | -0.8 | -8.3 |
| | 1999—2017年 | 10.8 | 2.6 | 23.7 |

(三) 黑龍江省

黑龍江省除了省會哈爾濱市外，其餘12個地級市經濟增長核算結果見表5-28。總體來看，1999—2008年，12個地級市經濟增長率、全要素生產率增長率以及全要素生產率增長率對經濟增長的貢獻率均高於2009—2017年。分城市TFP增長率來看，雞西市、佳木斯市、綏化市、大興安嶺地區均超過4%，齊齊哈爾市、大慶市、牡丹江市、七臺河市和黑河市高於3%，雙鴨山市為2.3%，鶴崗市為1.8%，伊春市最低，僅為1.5%。分城市TFP增長率對經濟增長的貢獻率來看，雞西市、大慶市、綏化市和大興安嶺地區在整個時間段內均超過40%，齊齊哈爾市、牡丹江市、佳木斯市、七臺河市和黑河市超過

30%，其餘城市為19%以上。

表 5-28 黑龍江省地級市經濟增長核算結果　　　單位:%

| 城市 | 時間區間 | 產出增長率 | TFP 增長率 | TFP 增長率對經濟增長的貢獻率 |
|---|---|---|---|---|
| 齊齊哈爾市 | 1999—2008 年 | 10.1 | 6.9 | 68.6 |
| | 2009—2017 年 | 9.0 | 0.7 | 7.8 |
| | 1999—2017 年 | 9.6 | 3.8 | 39.4 |
| 鶴崗市 | 1999—2008 年 | 10.5 | 4.6 | 44.1 |
| | 2009—2017 年 | 4.9 | -0.9 | -18.8 |
| | 1999—2017 年 | 7.7 | 1.8 | 23.6 |
| 雙鴨山市 | 1999—2008 年 | 11.5 | 6.3 | 54.4 |
| | 2009—2017 年 | 7.2 | -1.5 | -20.2 |
| | 1999—2017 年 | 9.3 | 2.3 | 24.9 |
| 雞西市 | 1999—2008 年 | 11.1 | 8.2 | 74.5 |
| | 2009—2017 年 | 8.4 | 1.4 | 16.2 |
| | 1999—2017 年 | 9.7 | 4.7 | 48.9 |
| 大慶市 | 1999—2008 年 | 9.7 | 5.6 | 57.3 |
| | 2009—2017 年 | 6.5 | 1.3 | 19.3 |
| | 1999—2017 年 | 8.1 | 3.4 | 41.8 |
| 伊春市 | 1999—2008 年 | 10.0 | 4.5 | 44.5 |
| | 2009—2017 年 | 5.8 | -1.4 | -23.5 |
| | 1999—2017 年 | 7.9 | 1.5 | 19.1 |
| 牡丹江市 | 1999—2008 年 | 10.8 | 7.1 | 65.8 |
| | 2009—2017 年 | 11.4 | -0.3 | -2.7 |
| | 1999—2017 年 | 11.1 | 3.3 | 30.1 |
| 佳木斯市 | 1999—2008 年 | 11.3 | 7.6 | 67.0 |
| | 2009—2017 年 | 10.7 | 1.2 | 11.4 |
| | 1999—2017 年 | 11.0 | 4.4 | 39.6 |

表5-28(續)

| 城市 | 時間區間 | 產出增長率 | TFP增長率 | TFP增長率對經濟增長的貢獻率 |
|---|---|---|---|---|
| 七臺河市 | 1999—2008年 | 12.8 | 6.8 | 52.6 |
|  | 2009—2017年 | 6.5 | -0.6 | -9.8 |
|  | 1999—2017年 | 9.6 | 3.0 | 31.2 |
| 黑河市 | 1999—2008年 | 9.4 | 6.2 | 65.5 |
|  | 2009—2017年 | 9.3 | 0.7 | 7.1 |
|  | 1999—2017年 | 9.4 | 3.4 | 36.1 |
| 綏化市 | 1999—2008年 | 10.2 | 8.5 | 83.1 |
|  | 2009—2017年 | 10.2 | 1.7 | 16.4 |
|  | 1999—2017年 | 10.2 | 5.0 | 49.2 |
| 大興安嶺地區 | 1999—2008年 | 7.5 | 4.6 | 62.4 |
|  | 2009—2017年 | 10.0 | 4.1 | 41.5 |
|  | 1999—2017年 | 8.7 | 4.4 | 50.5 |

## 第三節　技術進步方向比較及其結構性影響因素分析

### 一、平均技術進步偏向比較

我們按照第四章的方法計算出300個地級市的平均技術進步偏向，結果見表5-29。統計分析表中平均技術進步偏向指數可見，最大值為-0.000,138,7，最小值為-0.000,155,3，均值為-0.000,148,5，標準偏誤為2.98e-06，這表明各地區差異不大，但是地區間差異相對於32個省會城市與副省級城市較大。各省之間也存在相當大的差異，其中平均技術進步偏向最低為-0.000,153,1，最高達到-0.000,146,3。

表 5-29  300個其他地級市平均技術進步偏向

| 省、自治區 | 地區（市、地區、自治州、盟） | 技術進步偏向 |
| --- | --- | --- |
| 河北 | 唐山 | -0.000,143,9 |
| | 秦皇島 | -0.000,145,7 |
| | 邯鄲 | -0.000,147,8 |
| | 邢臺 | -0.000,148,1 |
| | 保定 | -0.000,147,9 |
| | 張家口 | -0.000,148,8 |
| | 承德 | -0.000,148,7 |
| | 滄州 | -0.000,148,4 |
| | 廊坊 | -0.000,144,5 |
| | 衡水 | -0.000,146,8 |
| 山西 | 大同 | -0.000,147,3 |
| | 朔州 | -0.000,147,8 |
| | 陽泉 | -0.000,146,5 |
| | 長治 | -0.000,148 |
| | 忻州 | -0.000,150,6 |
| | 呂梁 | -0.000,150,2 |
| | 晉中 | -0.000,149,2 |
| | 臨汾 | -0.000,149,2 |
| | 運城 | -0.000,150,2 |
| | 晉城 | -0.000,147,6 |

表5-29(續)

| 省、自治區 | 地區（市、地區、自治州、盟） | 技術進步偏向 |
|---|---|---|
| 內蒙古 | 包頭 | -0.000,143,7 |
| | 烏海 | -0.000,144,9 |
| | 赤峰 | -0.000,149,5 |
| | 通遼 | -0.000,148,1 |
| | 鄂爾多斯 | -0.000,143,6 |
| | 呼倫貝爾 | -0.000,146,5 |
| | 巴彥淖爾 | -0.000,146,3 |
| | 烏蘭察布 | -0.000,148,7 |
| | 錫林郭勒 | -0.000,145,1 |
| | 興安 | -0.000,149,4 |
| | 阿拉善 | -0.000,144 |
| 福建 | 三明 | -0.000,145,7 |
| | 泉州 | -0.000,145,4 |
| | 漳州 | -0.000,145,8 |
| | 南平 | -0.000,147 |
| | 龍岩 | -0.000,147,6 |
| | 寧德 | -0.000,148,2 |
| 江西 | 景德鎮 | -0.000,148,3 |
| | 萍鄉 | -0.000,148,1 |
| | 九江 | -0.000,150,1 |
| | 新餘 | -0.000,148,8 |
| | 鷹潭 | -0.000,149,7 |
| | 贛州 | -0.000,151,9 |
| | 吉安 | -0.000,151 |
| | 宜春 | -0.000,150,8 |
| | 撫州 | -0.000,150,7 |
| | 上饒 | -0.000,152 |

表5-29(續)

| 省、自治區 | 地區（市、地區、自治州、盟） | 技術進步偏向 |
|---|---|---|
| 山東 | 淄博 | -0.000,143,9 |
| | 棗莊 | -0.000,148,4 |
| | 東營 | -0.000,141,2 |
| | 煙臺 | -0.000,143,1 |
| | 濰坊 | -0.000,145,7 |
| | 濟寧 | -0.000,147,3 |
| | 泰安 | -0.000,147,4 |
| | 威海 | -0.000,141,8 |
| | 日照 | -0.000,147,5 |
| | 萊蕪 | -0.000,146,4 |
| | 臨沂 | -0.000,149,1 |
| | 德州 | -0.000,148,1 |
| | 聊城 | -0.000,149,5 |
| | 濱州 | -0.000,147,5 |
| | 菏澤 | -0.000,152,3 |
| 廣西 | 賀州 | -0.000,149,6 |
| | 河池 | -0.000,15 |
| | 來賓 | -0.000,149,9 |
| | 崇左 | -0.000,148,6 |
| 海南 | 三亞 | -0.000,147,2 |

表5-29(續)

| 省、自治區 | 地區（市、地區、自治州、盟） | 技術進步偏向 |
|---|---|---|
| 四川 | 自貢 | -0.000,150,1 |
| | 攀枝花 | -0.000,144,9 |
| | 瀘州 | -0.000,150,5 |
| | 德陽 | -0.000,148,2 |
| | 綿陽 | -0.000,148,2 |
| | 廣元 | -0.000,151 |
| | 遂寧 | -0.000,149,6 |
| | 內江 | -0.000,150,3 |
| | 樂山 | -0.000,149,5 |
| | 南充 | -0.000,151,3 |
| | 眉山 | -0.000,15 |
| | 宜賓 | -0.000,151,1 |
| | 廣安 | -0.000,151 |
| | 達州 | -0.000,151 |
| | 雅安 | -0.000,148,8 |
| | 巴中 | -0.000,152,4 |
| | 資陽 | -0.000,151 |
| | 阿壩 | -0.000,147,6 |
| | 甘孜 | -0.000,150,3 |
| | 涼山 | -0.000,151,5 |
| 貴州 | 六盤水 | 0.000,150,8 |
| | 遵義 | -0.000,150,6 |
| | 安順 | -0.000,152,9 |
| | 銅仁 | -0.000,155,1 |
| | 畢節 | -0.000,155,3 |
| | 黔西南 | -0.000,153,6 |
| | 黔東南 | -0.000,153,3 |
| | 黔南 | -0.000,152,9 |

表5-29(續)

| 省、自治區 | 地區（市、地區、自治州、盟） | 技術進步偏向 |
|---|---|---|
| 遼寧 | 鞍山 | −0.000,142 |
| | 撫順 | −0.000,144,9 |
| | 本溪 | −0.000,144,5 |
| | 丹東 | −0.000,146,2 |
| | 錦州 | −0.000,147,7 |
| | 營口 | −0.000,146,2 |
| | 阜新 | −0.000,149,7 |
| | 遼陽 | −0.000,145,2 |
| | 盤錦 | −0.000,142,8 |
| | 鐵嶺 | −0.000,147,8 |
| | 朝陽 | −0.000,151 |
| | 葫蘆島 | −0.000,147,5 |
| 吉林 | 吉林 | −0.000,143,4 |
| | 四平 | −0.000,148 |
| | 遼源 | −0.000,147 |
| | 通化 | −0.000,146,7 |
| | 白山 | −0.000,145,6 |
| | 松原 | −0.000,147,4 |
| | 白城 | −0.000,149,1 |
| | 延邊 | −0.000,146,5 |

表5-29(續)

| 省、自治區 | 地區(市、地區、自治州、盟) | 技術進步偏向 |
|---|---|---|
| 黑龍江 | 齊齊哈爾 | -0.000,149,2 |
| | 鶴崗 | -0.000,146,5 |
| | 雙鴨山 | -0.000,146,5 |
| | 雞西 | -0.000,147,2 |
| | 大慶 | -0.000,140,4 |
| | 伊春 | -0.000,147,5 |
| | 牡丹江 | -0.000,146,8 |
| | 佳木斯 | -0.000,148,3 |
| | 七臺河 | -0.000,146,8 |
| | 黑河 | -0.000,147,9 |
| | 綏化 | -0.000,149 |
| | 大興安嶺 | -0.000,145,4 |
| 江蘇 | 無錫 | -0.000,140,2 |
| | 徐州 | -0.000,145,7 |
| | 常州 | -0.000,142,9 |
| | 蘇州 | -0.000,141,3 |
| | 南通 | -0.000,144,8 |
| | 連雲港 | -0.000,146,3 |
| | 淮陰 | -0.000,147,4 |
| | 鹽城 | -0.000,146,1 |
| | 揚州 | -0.000,144,8 |
| | 鎮江 | -0.000,142,8 |
| | 泰州 | -0.000,145,6 |
| | 宿遷 | -0.000,149,4 |

表5-29(續)

| 省、自治區 | 地區（市、地區、自治州、盟） | 技術進步偏向 |
|---|---|---|
| 河南 | 開封 | -0.000,150,8 |
| | 洛陽 | -0.000,147,7 |
| | 平頂山 | -0.000,149,3 |
| | 安陽 | -0.000,150,1 |
| | 鶴壁 | -0.000,148,6 |
| | 新鄉 | -0.000,148,7 |
| | 焦作 | -0.000,147,7 |
| | 濮陽 | -0.000,149,5 |
| | 許昌 | -0.000,148,4 |
| | 漯河 | -0.000,148,9 |
| | 三門峽 | -0.000,146,6 |
| | 南陽 | -0.000,149,9 |
| | 商丘 | -0.000,151,8 |
| | 信陽 | -0.000,151,2 |
| | 周口 | -0.000,152,6 |
| | 駐馬店 | -0.000,152,8 |
| 湖北 | 黃石 | -0.000,146,9 |
| | 十堰 | -0.000,149,8 |
| | 荊州 | -0.000,147,3 |
| | 宜昌 | -0.000,146,3 |
| | 襄樊 | -0.000,138,7 |
| | 鄂州 | -0.000,150,7 |
| | 荊門 | -0.000,150,1 |
| | 孝感 | -0.000,15 |
| | 黃岡 | -0.000,149,4 |
| | 咸寧 | -0.000,148,9 |
| | 隨州 | -0.000,149,8 |
| | 恩施 | -0.000,152,2 |

表5-29(續)

| 省、自治區 | 地區（市、地區、自治州、盟） | 技術進步偏向 |
|---|---|---|
| 湖南 | 株洲 | −0.000,147,3 |
| | 湘潭 | −0.000,147 |
| | 衡陽 | −0.000,150,4 |
| | 邵陽 | −0.000,152,6 |
| | 岳陽 | −0.000,148,2 |
| | 常德 | −0.000,148,9 |
| | 張家界 | −0.000,150,5 |
| | 益陽 | −0.000,150,2 |
| | 郴州 | −0.000,149,4 |
| | 永州 | −0.000,150,2 |
| 雲南 | 曲靖 | −0.000,151,3 |
| | 玉溪 | −0.000,146 |
| | 保山 | −0.000,152,6 |
| | 昭通 | −0.000,154,2 |
| | 麗江 | −0.000,151,2 |
| | 普洱 | −0.000,153,6 |
| | 臨滄 | −0.000,152,7 |
| | 文山 | −0.000,155,1 |
| | 紅河 | −0.000,150 |
| | 西雙版納 | −0.000,149 |
| | 楚雄 | −0.000,151,1 |
| | 大理 | −0.000,151,2 |
| | 德宏 | −0.000,151,4 |
| | 怒江 | −0.000,151,8 |
| | 迪慶 | −0.000,149,4 |

表5-29(續)

| 省、自治區 | 地區（市、地區、自治州、盟） | 技術進步偏向 |
|---|---|---|
| 西藏 | 日喀則 | -0.000,151,5 |
| | 昌都 | -0.000,150,5 |
| | 林芝 | -0.000,145,6 |
| | 山南 | -0.000,149,8 |
| | 那曲 | -0.000,151 |
| | 阿里 | -0.000,147,4 |
| 陝西 | 銅川 | -0.000,148,1 |
| | 寶雞 | -0.000,148,1 |
| | 咸陽 | -0.000,148,5 |
| | 渭南 | -0.000,152,2 |
| | 延安 | -0.000,147,7 |
| | 漢中 | -0.000,150,7 |
| | 榆林 | -0.000,150,3 |
| | 安康 | -0.000,151,3 |
| | 商洛 | -0.000,151,4 |
| 甘肅 | 金昌 | -0.000,146,5 |
| | 白銀 | -0.000,149,4 |
| | 天水 | -0.000,153,1 |
| | 嘉峪關 | -0.000,143,3 |
| | 武威 | -0.000,151,3 |
| | 張掖 | -0.000,149,1 |
| | 平涼 | -0.000,151,6 |
| | 酒泉 | -0.000,146,1 |
| | 慶陽 | -0.000,151,6 |
| | 定西 | -0.000,154,4 |
| | 隴南 | -0.000,154,4 |
| | 臨夏 | -0.000,154,4 |
| | 甘南 | -0.000,152,3 |

表5-29(續)

| 省、自治區 | 地區（市、地區、自治州、盟） | 技術進步偏向 |
|---|---|---|
| 浙江 | 溫州 | -0.000,146,1 |
| | 嘉興 | -0.000,143,9 |
| | 湖州 | -0.000,143,9 |
| | 紹興 | -0.000,143,2 |
| | 金華 | -0.000,145,5 |
| | 衢州 | -0.000,146,3 |
| | 舟山 | -0.000,144,6 |
| | 臺州 | -0.000,145,4 |
| | 麗水 | -0.000,147,8 |
| 安徽 | 蕪湖 | -0.000,146,3 |
| | 蚌埠 | -0.000,149,1 |
| | 淮南 | -0.000,150,7 |
| | 馬鞍山 | -0.000,146,4 |
| | 淮北 | -0.000,148,3 |
| | 銅陵 | -0.000,149,7 |
| | 安慶 | -0.000,149,7 |
| | 黃山 | -0.000,148 |
| | 滁州 | -0.000,149,2 |
| | 阜陽 | -0.000,151,8 |
| | 宿州 | -0.000,152,2 |
| | 六安 | -0.000,152,7 |
| | 亳州 | -0.000,152,9 |
| | 池州 | -0.000,150,4 |
| | 宣城 | -0.000,148,6 |
| 福建 | 莆田 | -0.000,148,8 |
| 湖南 | 懷化 | -0.000,150,9 |
| | 婁底 | -0.000,150,1 |
| | 湘西 | -0.000,153,1 |

表5-29(續)

| 省、自治區 | 地區（市、地區、自治州、盟） | 技術進步偏向 |
|---|---|---|
| 廣東 | 珠海 | -0.000,142,5 |
| | 汕頭 | -0.000,145,6 |
| | 韶關 | -0.000,146,5 |
| | 佛山 | -0.000,143,4 |
| | 江門 | -0.000,144,7 |
| | 湛江 | -0.000,148,3 |
| | 茂名 | -0.000,147,2 |
| | 肇慶 | -0.000,145,7 |
| | 惠州 | -0.000,145,9 |
| | 梅州 | -0.000,150,2 |
| | 汕尾 | -0.000,147,8 |
| | 河源 | -0.000,149,9 |
| | 陽江 | -0.000,147,9 |
| | 清遠 | -0.000,149,1 |
| | 東莞 | -0.000,149,7 |
| | 中山 | -0.000,145,5 |
| | 潮州 | -0.000,147,4 |
| | 揭陽 | -0.000,147,4 |
| | 雲浮 | -0.000,147,3 |
| 廣西 | 柳州 | -0.000,149,1 |
| | 桂林 | -0.000,147,9 |
| | 梧州 | -0.000,150,3 |
| | 北海 | -0.000,146 |
| | 防城港 | -0.000,147,5 |
| | 欽州 | -0.000,151,5 |
| | 貴港 | -0.000,153,2 |
| | 玉林 | -0.000,152,1 |
| | 百色 | -0.000,150,9 |

表5-29(續)

| 省、自治區 | 地區（市、地區、自治州、盟） | 技術進步偏向 |
|---|---|---|
| 青海 | 海東 | -0.000,150,7 |
| | 海北 | -0.000,151 |
| | 黃南 | -0.000,148,7 |
| | 海南 | -0.000,150,6 |
| | 果洛 | -0.000,150,6 |
| | 玉樹 | -0.000,150,8 |
| | 海西 | -0.000,142,6 |
| 寧夏 | 石嘴山 | -0.000,145 |
| | 吳忠 | -0.000,147,5 |
| | 固原 | -0.000,153,2 |
| | 中衛 | -0.000,151 |
| 新疆 | 克拉瑪依 | -0.000,138,9 |
| | 吐魯番 | -0.000,145,5 |
| | 哈密 | -0.000,146 |
| | 和田 | -0.000,153,7 |
| | 阿克蘇 | -0.000,149,7 |
| | 喀什 | -0.000,152,1 |
| | 塔城 | -0.000,147,3 |
| | 阿勒泰 | -0.000,146,8 |
| | 克孜勒蘇 | -0.000,151,7 |
| | 巴音郭楞 | -0.000,143,3 |
| | 昌吉 | -0.000,146,3 |
| | 博爾塔拉 | -0.000,148 |
| | 伊犁 | -0.000,152,3 |

## 二、二元經濟結構與技術進步偏向

我們對300個其他地級市面板數據用固定效應迴歸方法進行分析，結果見表5-30。從表中可以看出，人均收入水準和人均資本存量的對數均對偏向有顯著的負面影響，這意味著經濟發展程度越高，技術進步越偏向於勞動。對於

我們關注的核心解釋變量（dual，就業結構）而言，無論有沒有添加控制變量，其係數都顯著為正，這同樣表明：二元經濟結構程度越高，即第一產業就業占比越高，技術進步越偏向於資本。

表 5-30　300 個其他地級市平均技術進步偏向

| 變量 | （1） | （2） | （3） | （4） |
|---|---|---|---|---|
| Dual | 0.000,643 *** (6.36e-05) | 7.06e-05 *** (1.63e-05) | 7.23e-05 *** (1.66e-05) | 5.87e-05 *** (1.48e-05) |
| lny |  | -0.000,193 *** (3.32e-06) |  | -5.04e-05 *** (8.71e-06) |
| lnk |  |  | -0.000,154 *** (2.58e-06) | -0.000,117 *** (6.68e-06) |
| Constant | -0.000,404 *** (2.98e-05) | 0.001,79 *** (3.68e-05) | 0.001,54 *** (3.16e-05) | 0.001,65 *** (3.42e-05) |
| R-squared | 0.302 | 0.882 | 0.919 | 0.924 |

# 第六章 主要結論

本章綜合分析全書，得出如下主要結論：

（1）從省級層面總體來看，以十年為時間段，改革開放 40 年（1978—2017 年）來，第一個十年技術進步速度較快，對經濟增長的貢獻較大，而且隨著改革開放的深入推進，第二個十年和第三個十年中，技術進步的作用進一步增強，但是在最近的十年中，隨著經濟增長放緩，技術進步速度及其對經濟增長的貢獻在下降。

（2）從地級數據層面總體來看，1999—2007 年技術進步速度和對經濟增長的貢獻遠高於 2008—2017 年，分時段異質性非常明顯，基本印證了省級層面的結論。

（3）技術進步速度分地區差異明顯。以省級層面數據分四大地區來看，2018 年東部（10 省、直轄市）、中部（6 省）、西部（12 省、直轄市、自治區）、東北（3 省）基本數據比較見表 6-1。東部國土面積不到全國的 1/10，但是承載的人口超過全國的 40%，地區生產總值占比為全國的 55%，人均生產總值占比超過全國的 35%。中部與東北地區人均生產總值相差無幾，但比西部高。

表 6-1　2018 年不同區域基本數據比較

| 區域 | 生產總值 數額/億元 | 生產總值 占全國GDP比重/% | 人口 數量/萬人 | 人口 占全國比重/% | 國土面積 面積/平方千米 | 國土面積 占全國比重/% | 人均生產總值 數額/元 | 人均生產總值 與全國人均GDP之比 |
|---|---|---|---|---|---|---|---|---|
| 東部 | 480,996 | 54.8 | 53,750 | 40.5 | 929,768 | 9.9 | 89,487 | 1.35 |
| 中部 | 156,232 | 17.8 | 30,212 | 22.8 | 816,764 | 8.7 | 51,713 | 0.78 |
| 西部 | 184,302 | 21.0 | 37,956 | 28.6 | 6,881,556 | 72.9 | 48,557 | 0.73 |
| 東北 | 56,752 | 6.5 | 10,836 | 8.2 | 808,400 | 8.6 | 52,371 | 0.79 |

四大區域經濟增長核算結果比較見表 6-2。改革開放 40 年（1978—2017 年）來，東部地區全要素生產率增長率年均 3.6%，對經濟增長的貢獻率為

33.9%，東部地區全要素生產率增長率在四個區域中最低且對經濟增長的貢獻率最小；中部地區全要素生產率增長率年均4.3%，對經濟增長的貢獻率為43.4%，中部地區全要素生產率增長率在四個區域中最高且對經濟增長的貢獻率最大；西部部地區全要素生產率增長率年均4.2%，對經濟增長的貢獻率為42.2%；東北地區全要素生產率增長率年均3.0%，對經濟增長的貢獻率為34.9%。分時段來看，1978—1987年，東部、中部、西部和東北地區全要素生產率增長率分別為2.9%、4.9%、4.2%和2.1%，東北地區最低，其次是東部地區，中部和西部地區較高；1988—1997年，東部、中部、西部和東北地區全要素生產率增長率分別為4.3%、4.7%、4.9%和3.2%，東北地區最低，東部、中部和西部地區均較高；1998—2007年，東部、中部、西部和東北地區全要素生產率增長率分別為4.3%、4.5%、4.2%和5.3%，東北地區最高，東部、中部和西部地區均較高；2008—2017年，東部、中部、西部和東北地區全要素生產率增長率分別為3.0%、3.2%、3.5%和1.5%，東北地區最低，其次是東部地區，中部和西部地區較高，但是也明顯低於前一時間段。

表6-2　不同區域經濟增長核算比較

| 地區 | 時間段 | 產出增長率/% | 全要素生產率增長率/% | TFP增長率對經濟增長的貢獻率/% |
| --- | --- | --- | --- | --- |
| 東部 | 1978—1987年 | 10.3 | 2.9 | 28.4 |
| | 1988—1997年 | 12.0 | 4.3 | 35.5 |
| | 1998—2007年 | 11.6 | 4.3 | 36.9 |
| | 2008—2017年 | 9.0 | 3.0 | 33.5 |
| | 1978—2017年 | 10.7 | 3.6 | 33.9 |
| 中部 | 1978—1987年 | 9.7 | 4.9 | 50.6 |
| | 1988—1997年 | 9.6 | 4.7 | 48.5 |
| | 1998—2007年 | 10.3 | 4.5 | 43.4 |
| | 2008—2017年 | 10.0 | 3.2 | 32.3 |
| | 1978—2017年 | 9.9 | 4.3 | 43.4 |

表3-3(續)

| 地區 | 時間段 | 產出增長率/% | 全要素生產率增長率/% | TFP增長率對經濟增長的貢獻率/% |
|---|---|---|---|---|
| 西部 | 1978—1987年 | 9.0 | 4.2 | 46.6 |
|  | 1988—1997年 | 9.3 | 4.9 | 52.6 |
|  | 1998—2007年 | 10.4 | 4.2 | 40.2 |
|  | 2008—2017年 | 10.5 | 3.7 | 35.1 |
|  | 1978—2017年 | 9.8 | 4.2 | 43.2 |
| 東北 | 1978—1987年 | 8.1 | 2.1 | 25.2 |
|  | 1988—1997年 | 8.0 | 3.2 | 40.1 |
|  | 1998—2007年 | 10.2 | 5.3 | 51.8 |
|  | 2008—2017年 | 8.4 | 1.5 | 18.4 |
|  | 1978—2017年 | 8.7 | 3.0 | 34.9 |

（4）省會與副省級城市同其他地級市在技術進步速度方面有一定差異。1999—2007年，省會與副省級城市技術進步速度均值為0.030,44，其他地級市為0.039,08；2008—2017年，省會與副省級城市技術進步速度均值為0.005,64，其他地級市為0.003,32。總體來看，前一時間段省會與副省級城市技術進步速度平均較慢，而後一時間段略快。這與平均貢獻率低於50%有關，也表明省會與副省級城市更有可能是要素驅動增長型的。

（5）技術進步方向方面，無論是省級層面還是地級市層面均表明，資本效率增長率低於勞動效率增長率。由於省級層面替代彈性低於1，導致技術進步偏向資本；但是地級層面替代彈性高於1，因此技術進步偏向勞動。

（6）二元經濟結構影響技術進步偏向。無論是省級城市層面數據、省會與副省級城市層面數據，還是一般地級市層面數據都表明了這一點：二元經濟結構程度越高，即第一產業就業占比越高，技術進步越偏向資本。

（7）經濟發展程度影響技術進步偏向。三個層面的數據均表明：以人均收入或人均資本存量度量的經濟發展程度負向影響技術進步偏向指數，這意味著經濟發展程度越高，技術進步越偏向勞動。

# 參考文獻

[1] 蔡昉. 中國的人口紅利還能持續多久 [J]. 經濟學動態, 2011 (6).

[2] 蔡昉. 勞動力短缺：我們是否應該未雨綢繆 [J]. 中國人口科學, 2005 (6).

[3] 蔡曉陳. 中國資本投入：1978—2007——基於年齡-效率剖面的測量 [J]. 管理世界, 2009 (11).

[4] 蔡曉陳. 中國二元經濟結構變動與全要素生產率週期性 [J]. 管理世界, 2012 (6).

[5] 曹吉雲. 中國總量生產函數與技術進步貢獻率 [J]. 數量經濟技術經濟研究, 2007 (11).

[6] 曹乾. 中國保險業營運效率問題研究 [J]. 產業經濟研究, 2006 (11).

[7] 陳曉玲, 連玉君. 資本-勞動的替代彈性地區經濟增長 [J]. 經濟學 (季刊), 2012 (1).

[8] 陳曉玲, 徐舒. 要素替代彈性、有偏技術進步對中國工業能源強度的影響 [J]. 數量經濟技術經濟研究, 2015 (3).

[9] 戴天仕, 徐現祥. 中國的技術進步方向 [J]. 世界經濟, 2010 (11).

[10] 單豪杰. 中國資本存量K的再估算：1952—2006年 [J]. 數量經濟技術經濟研究, 2008 (10).

[11] 鄧明. 人口年齡結構與中國省際技術進步方向 [J]. 經濟研究, 2014 (3).

[12] 鄧明. 技術進步偏向與中國地區經濟波動 [J]. 經濟科學, 2015 (1).

[13] 董直慶, 安佰珊. 勞動收入占比下降源於技術進步偏向性嗎？ [J]. 吉林大學社會科學學報, 2013, 53 (4).

[14] 董直慶, 蔡嘯. 技術進步方向、城市用地規模和環境質量 [J].

經濟研究，2014（10）.

[15] 董直慶，陳銳. 技術進步偏向性變動對全要素生產率增長的影響[J]. 管理學報，2014，11（8）.

[16] 董直慶，戴杰，陳銳. 技術進步方向及其勞動收入分配效應檢驗[J]. 上海財經大學學報，2013，15（5）.

[17] 董直慶，徐曉莉. 技術進步方向及其對全要素生產率的作用效應檢驗[J]. 東南大學學報，2016，18（2）.

[18] 段國蕊. 製造業部門技術進步的偏向性水準分析：基於區域特徵視角[J]. 華東經濟管理，2014，28（4）.

[19] 段文斌，尹向飛. 中國全要素生產率研究評述[J]. 南開經濟研究，2009（2）.

[20] 傅曉霞，吳利學. 全要素生產率在中國地區差異中的貢獻：兼與彭國華和李靜等商榷[J]. 世界經濟，2006（9）.

[21] 傅曉霞，吳利學. 前沿分析方法在中國經濟增長核算中的適用性[J]. 世界經濟，2007（7）.

[22] 郭磊磊，郭劍雄. 基於農業要素收益率視角的「劉易斯拐點」判斷[J]. 經濟經緯，2018（3）.

[23] 郭慶旺，賈俊雪. 中國全要素生產率的估算：1979—2004[J]. 經濟研究，2005（6）.

[24] 郭慶旺，趙志耘，賈俊雪. 中國省份經濟的全要素生產率分析[J]. 世界經濟，2005（5）.

[25] 胡鞍鋼. 未來經濟增長取決於全要素生產率提高[J]. 政策，2003（1）.

[26] 黃紅梅，石柱鮮. 技術進步偏向、週期波動分解與產業結構分析[J]. 經貿研究，2014（1）.

[27] 黃先海，徐聖. 中國勞動收入比重下降成因分析：基於勞動節約型技術進步的視角[J]. 經濟研究，2009（7）.

[28] 亢霞，劉秀梅. 中國糧食生產的技術效率分析：基於隨機前沿分析方法[J]. 中國農村觀察，2005（4）.

[29] 科埃利，等. 效率與生產率分析引論（第二版）[M]. 王忠玉，譯. 北京：中國人民大學出版社，2009.

[30] 雷欽禮. 偏向性技術進步的測算與分析[J]. 統計研究，2013，30（4）.

[31] 雷欽禮，徐家春. 技術進步偏向、要素配置偏向與中國 TFP 的增長 [J]. 統計研究，2015，32（8）.

[32] 李賓，曾志雄. 中國全要素生產率變動的再測算：1978—2007 年 [J]. 數量經濟技術經濟研究，2009（3）.

[33] 李博文，孫樹強. 基於部門偏向技術進步的工業與農業部門間生產率差異解釋 [J]. 商業研究，2015（8）.

[34] 李京文. 生產率與中美日經濟增長研究 [M]. 北京：中國社會科學出版社，1993.

[35] 李京文，龔飛鴻，明安書. 生產率與中國經濟增長 [J]. 數量經濟技術經濟研究，2006（12）.

[36] 李京文，鐘學義. 中國生產率分析前沿 [M]. 北京：社會科學文獻出版社，1998.

[37] 李培. 中國城市經濟增長的效率與差異 [J]. 數量經濟技術經濟研究，2007（7）.

[39] 劉麗. 工業化進程中實際工資的變化：技術進步偏向視角的分析 [J]. 經濟評論，2008（4）.

[40] 劉小玄. 中國工業企業的所有制結構對效率差異的影響 [J]. 經濟研究，2000（2）.

[41] 劉岳平，文餘源. 制度變遷、技術進步偏向與要素收入分配 [J]. 武漢理工大學學報，2016，29（2）.

[42] 劉志恒，王林輝. 相對增進型技術進步和中國要素收入分配：來自產業層面的證據 [J]. 財經研究，2015，41（2）.

[43] 劉志恒，王林輝. 中國進口貿易結構的技術偏向與優化調整 [J]. 學習與實踐，2016（2）.

[44] 陸雪琴，章上峰. 技術進步偏向定義及其測度 [J]. 數量經濟技術經濟研究，2013（8）.

[45] 呂振東，郭菊娥. 中國能源 CES 生產函數的計量估算及選擇 [J]. 中國人口·資源與環境，2009，19（4）.

[46] 潘士遠. 最優專利制度、技術進步方向與工資不平等 [J]. 經濟研究，2008（1）.

[47] 宋東林，王林輝，董直慶. 資本體現式技術進步及其對經濟增長的貢獻率（1981—2007）[J]. 中國社會科學，2011（2）.

[48] 速水佑次郎，弗農·拉坦. 技術與制度變革理論 [M]//郭熙保，

發展經濟學經典論著選. 北京：中國經濟出版社, 1998: 386-411.

［49］孫琳琳, 任若恩. 中國資本投入和全要素生產率的估算［J］. 世界經濟, 2005 (12).

［50］孫焱林, 溫湖煒. 中國省際技術進步偏向測算與分析：1978—2012年［J］. 中國科技論壇, 2014 (11).

［51］涂正革, 肖耿. 中國的工業生產力革命：用隨機前沿生產模型對中國大中型工業企業全要素生產率增長的分解及分析［J］. 經濟研究, 2005 (3).

［52］汪克亮, 楊力. 考慮技術進步偏向性的全要素生產率及其演變［J］. 軟科學, 2014, 28 (3).

［53］王班班, 齊紹洲. 中國工業技術進步的偏向是否節約能源［J］. 中國人口·資源與環境, 2015, 25 (7).

［54］王光棟. 有偏技術進步、技術路徑與就業增長［J］. 工業技術經濟, 2014 (12).

［55］王光棟, 蘆歡歡. 技術進步來源的就業增長效應：以技術進步的要素偏向性為視角［J］. 工業技術經濟, 2015 (8).

［56］王林輝, 蔡嘯. 中國技術進步技能偏向性水準：1979—2010［J］. 經濟學動態, 2014 (4).

［57］王林輝, 韓麗娜. 技術進步偏向性及其要素收入分配效應［J］. 求是學刊, 2012, 39 (1).

［58］王林輝, 趙景. 技術進步偏向性及其收入分配效應：來自地區面板數據的分位數迴歸［J］. 求是學刊, 2015, 42 (4).

［59］王林輝, 趙景, 李金城. 勞動收入份額 U 形演變規律的新解釋：要素稟賦結構與技術進步方向的視角［J］. 財經研究, 2015, 41 (10).

［60］王林輝, 袁禮. 要素豐裕度、技術進步偏向性與中國農業部門要素收入分配結構［J］. 東北師範大學學報（哲學社會科學版）, 2015 (1).

［61］王小魯, 中國經濟增長的可持續性與制度變革, 經濟研究, 2000 (7).

［62］王燕, 陳歡. 技術進步偏向、政府稅收與中國勞動收入份額［J］. 財貿研究, 2015 (1).

［63］王永保. 提高中國裝備製造業全要素生產率的途徑探討［J］. 煤炭經濟研究, 2007 (9).

［64］王爭, 鄭京海, 史晉川. 中國地區工業生產績效：結構差異、制度衝

擊及動態表現 [J]. 經濟研究, 2006 (11).

[65] 王志剛, 龔六堂, 陳玉宇. 地區間生產效率與全要素生產率增長率分解 [J]. 中國社會科學, 2006 (2).

[66] 魏權齡. 評價相對有效性的 DEA 方法: 運籌學的新領域 [M]. 北京: 中國人民大學出版社, 1988.

[67] 項松林. 異質性企業偏向性技術變遷與動態比較優勢 [J]. 中國經濟問題, 2013 (5).

[68] 謝千里, 羅斯基, 鄭玉歆. 論國營工業生產率 [J]. 經濟研究, 1994 (10).

[69] 謝千里, 羅斯基, 鄭玉歆. 改革以來中國工業生產率變動趨勢的估計及其可靠性分析 [J]. 經濟研究, 1995 (12).

[70] 顏鵬飛, 王兵. 技術效率、技術進步與生產率增長: 基於 DEA 的實證分析 [J]. 經濟研究, 2004 (12).

[71] 楊艷, 李雨佳. 技術進步偏向與勞動力要素的關係研究: 以中國製造為例 [J]. 雲南財經大學學報, 2015 (2).

[72] 楊振兵, 邵帥. 生產比較優勢、棘輪效應與中國工業技術進步的資本偏向 [J]. 數量經濟技術經濟研究, 2015 (9).

[73] 楊振兵. 中國製造業創新技術進步要素偏向及其影響因素研究 [J]. 統計研究, 2016, 33 (1).

[74] 姚洋. 非國有經濟成分對中國工業企業技術效率的影響 [J]. 經濟研究, 1998 (12).

[75] 姚毓春, 袁禮. 中國工業部門要素收入分配格局: 基於技術進步偏向性視角的分析 [J]. 中國工業經濟, 2014 (8).

[76] 姚戰琪. 生產率增長與要素再配置效應: 中國的經驗研究 [J]. 經濟研究, 2009 (11).

[77] 姚戰琪. 中國生產率增長與要素結構變動的關係研究 [J]. 社會科學輯刊, 2011 (4).

[78] 易綱, 樊綱, 李岩. 關於中國經濟增長與全要素生產率的理論思考 [J]. 經濟研究, 2003 (8).

[79] 易信, 劉鳳良. 中國技術進步偏向資本的原因探析 [J]. 上海經濟研究, 2013 (10).

[80] 餘思勤, 蔣迪娜, 盧劍超. 中國交通運輸業全要素生產率變動分析 [J]. 同濟大學學報 (自然科學版), 2004 (6).

[81] 袁志剛，解棟棟. 中國勞動力錯配對 TFP 的影響分析 [J]. 經濟研究, 2011 (7).

[82] 岳書敬，劉朝明. 人力資本與區域全要素生產率分析 [J]. 經濟研究, 2004 (4).

[83] 張健華，王鵬. 中國全要素生產率：基於分省份資本折舊率的再估計 [J]. 管理世界, 2012 (10).

[84] 張軍，吳桂英，張吉鵬. 中國省際物質資本存量估算：1952—2000 [J]. 經濟研究, 2004 (10).

[85] 張莉. 國際貿易、偏向型技術進步與要素分配 [J]. 經濟學, 2012, 11 (2).

[86] 張莉俠，劉榮茂，孟令杰. 中國乳製品業全要素生產率變動分析：基於非參數 Malmquist 指數方法 [J]. 中國農村觀察, 2006 (6).

[87] 章祥蓀，貴斌威. 中國全要素生產率分析：Malmquist 指數法評述與應用 [J]. 數量經濟技術經濟研究, 2008 (6).

[88] 鄭京海，胡鞍鋼. 中國改革時期省際生產率增長變化的實證分析 [J]. 經濟學（季刊）, 2005 (2).

[89] 鄭京海，劉小玄. 1980-1994 期間中國國有企業的效率、技術進步和最佳實踐 [J]. 經濟學（季刊）, 2002 (4).

[90] 鄭猛，楊先明. 有偏技術進步下的要素替代與經濟增長 [J]. 山西財經大學學報, 2015 (37).

[91] 鄭玉歆. 全要素生產率的測度及經濟增長方式的階段性規律：由東亞經濟增長方式的爭論談起 [J]. 經濟研究, 1999 (5).

[92] 鄭玉歆，張曉，張思奇. 技術效率、技術進步及其對生產率的貢獻：沿海工業企業調查的初步分析 [J]. 數量經濟技術經濟研究, 1995 (12).

[93] 鐘世川. 要素替代彈性、技術進步偏向與中國工業行業經濟增長 [J]. 當代經濟科學, 2014, 36 (1).

[94] 鐘世川. 技術進步偏向與中國工業行業全要素生產率增長 [J]. 經濟學家, 2014 (7).

[95] 鐘世川. 技術進步偏向對製造業就業增長的影響 [J]. 西部論壇, 2015, 25 (6).

[96] 鐘世川，劉岳平. 中國工業技術進步偏向研究 [J]. 雲南財經大學學報, 2014 (2).

[97] 祝侃，於忠軍，盛力. 全要素生產率與企業的發展 [J]. 山東科技

大学学报（社会科学版），1999（4）．

[98] ABRAMOWITZ M. Resource and output trends in the United States since 1870 [J]. American Economic Review, 1956 (46).

[99] D ACEMOGLU. Patterns of Skill Premia [J]. Review of Economic Studies, 2003, 70 (2).

[100] D ACEMOGLU. Equilibrium Bias of Technology [J]. Econometrica, 2007, 75 (5).

[101] D ACEMOGLU, U AKCIGIT, D HANLEY, W KERR. Transition to Clean Technology [J]. Journal of Political Economy, 2016, 124 (1).

[102] D ACEMOGLU. Introduction to Modern Economic Growth [M]. New Jersey: Princeton University Press, 2009.

[103] D ACEMOGLU, F ZILIBOTTI. Producitivity differences [J]. Quaterly Journal of Economics, 2011 (116).

[104] AGHION PHILLIPPE, PETER HOWITT. The Economics of Growth [M]. Cambridge MA: MIT Press, 2009.

[105] S AHMAD. On the Theory of Induced Invention [J]. The Economic Journal, 1966, 76 (6).

[106] D J AIGNER, C A K LOVELL, P SCHMIDT. Formulation and Estimation of Stochastic Frontier Production Function Models [J]. Journal of Econometrics, 1977 (6).

[107] R D BANKER, A CHARNES, W W COOPER. Some models for estimating technical and scale Inefficiencies in data envelopment analysis [J]. Management Science, 1984, 30 (9).

[108] BARRO R X, XAVIER SALA I MARTIN. Economic Growth (2nd Edition) [M]. London: MIT Press, 2004.

[109] BARRO R X, XAVIER SALA I MARTIN. Regional growth and migration: a Japan-United states comparison [J]. Journal of Japanese and International Economies, 1992, 6 (4).

[110] BARRO R X, XAVIER SALA I MARTIN. Convergence [J]. Journal of Political Economy, 1992, 100 (2).

[111] BARRY BOSWORTH, SUSAN M COLLINS. Accounting for growth: comparing China and India [J]. NBER Working Paper, No. 12943, 2007.

[112] BARTON G, AND M. COOPER. Relation of agricultural production to

inputs [J]. The Review of Economics and Statistics, 1948 (30).

[113] E BATTESE, T COELLI. Frontier production functions, technical efficiency and panel data: with application to paddy farmers in India [J]. Journal of Productivity Analysis, 1992 (3).

[114] E BATTESE, T COELLI. A model of technical inefficiency effects in stochastic frontier production for panel data [J]. Empirical Economics, 1995 (20).

[115] OLIVIER J BLANCHARD. The Medium Run [J]. Brookings Papers on Economic Activity, 1997 (2).

[116] CAVES D W, CHRISTENSEN L R, W E DIEWART. The economic theory of index numbers and measurement of input, output and productivity [J]. Econometrica, 1982, 50 (6).

[117] A CHARNES, W W COOPER. E RHODES. Measuring the Efficiency of Decision Making Units [J]. European Journal of Operational Research, 1978, 2 (6).

[118] CHOW, C GREGORY. Capital Formation and Economic Growth in China [J]. Quarterly Journal of Economics, 1993, 108 (3).

[119] CHRISTENSEN L, AND D. JORGENSON. The measurement of U. S. real capital input, 1929-1967 [J]. Review of Income and Wealth, 1969 (15).

[120] CHRISTENSEN L, D JORGENSON. U. S. real product and real factor input, 1929-1967 [J]. Review of Income and Wealth, 1970 (16).

[121] CHRISTENSEN L, D. JORGENSON, L LAU. Transcendental logarithmic production frontiers [J]. The Review of Economics and Statistics, 1973 (55).

[122] DAVID P A, VAN DE KLUNDERT T, Biased efficiency growth and capital labor substitution in the US, 1899-1960 [J]. American Economic Review, 1965, 55 (3).

[123] DENISON E. The sources of economic growth in the United States and the alternatives before Us. [M]. New York: Committee for Economic Development, 1962.

[124] DENSION E. Why growth rates differ [M]. Washington D C: Brookings Institute, 1967.

[125] DIEWERT E. Exact superlative index numbers [J]. Journal of Econometrics 1976 (4).

[126] FÄRE R, GROSSKOPF S, NORRIS M. Index Numbers: Essays in

Honor of Stem Malmquist [M]. Boston: Kluwer Academic Publishers, 1998.

[127] FARRELL J M. The measurement of productive efficiency [J]. Journal of the Royal Statistical Society, Series A (3).

[128] FEI JOHN C H, GUSTAV RANIS. Development of the Labor Surplus Economy: Theory and Policy [M]. Irwin: Homewood, 1964.

[129] FELLER WILLIAM. Two Propositions in the Theory of Induced innovation [J]. Economics Journal, 1961, 71 (282).

[130] FRAUMENI B, F GALLOP, D JORGENSON. Productivity and U. S. economic growth [M]. Cambridge, MA: Harvard University Press, 1987.

[131] GOLDSMITH R W. A perpetual inventory national wealth [J/EB] //Studies in Income and Wealth, 1951 (14) http://www.nber.org/books/unkn51-2.

[132] GUILLOCHES Z, D JORGENSON. Sources of measured productivity change: Capital input [J]. American Economic Review, 1966 (56).

[133] HARROD R F. Review of John Robinson's Essays in the Theory of Employment [J]. Economic Journal, 1937, 47 (188).

[134] HARROD R F. Towards Dynamic Economics: Some Recent Development of Economic Theory and their applications to Policy [M]. London: Macmillan, 1948.

[135] HICKS J R. The Theory of Wages [M]. London: Macmillan, 1932.

[136] HULTEN C R. Total factor productivity: a short biography [J]. NBER Working Paper No. 7471, 2000.

[137] ORGENSON D. The embodiment hypothesis [J]. Journal of Political Economy, 1966 (74).

[138] JORGENSON D, Z GUILLOCHES. The Explanation of Productivity Change [J]. Review of Economic Studies, 1967, 34 (3).

[139] JORGENSON D, B FRAUMENI. Investment in education and U. S. economic growth [J]. Scandinavian Journal of Economics, 1992 (94).

[140] JORGENSON D, Z GUILLOCHES. The explanation for productivity change [J]. Review of Economic Studies, 1967 (34).

[141] JORGENSON D, Productivity, Volume 1: Postwar U. S. Economic Growth [M]. Cambridge MA: MIT Press, 1995.

[142] KENDRICK J. Productivity trends: Capital and labor [J]. The Review of Economics and Statistics, 1956 (38).

[143] KENDRICK J. Productivity trends in the United States [M]. Princeton: Princeton University Press, 1961.

[144] KENDRICK J, C JONES. Gross national farm product in constant dollars, 1910-50 [J]. Survey of Current Business, 1951 (31).

[145] KENNEDY C. Induced Bias in Innovation and the Theory of Distribution [J]. Economic Journal, 1964, 74 (295).

[146] P KLENOW, A RODRIGUEZ-CLARE. The neoclassical revival in growth economics: has It gone too far? [J]. NBER Macroeconomics Annual, 1997 (12).

[147] R P KLUMP. MacAdam, A Willman. Factor Substitution and Factor Augmenting Technical Progress in the US: A Normalized Supply-Side System Approach [J]. Review of Economics and Statistics, 2007, 89 (1).

[148] S KUMBHAKAR, C LOVELL. Stochastic frontier analysis [M]. New York: Cambridge University Press, 2000.

[149] S KUZNETS. Modern economic growth, findings and reflections [J]. American Economic Review, 1973 (63).

[150] LAURITS R CHRISTENSEN, DALE W JORGENSON, J LAWRENCE. Transcendental logarithmic production frontiers [J]. The Review of Economics and Statistics, 1973 (55).

[151] Lewis Arthur. Economic Development with Unlimited Supplies of Labor [J]. Manchester School Economic and Social Studies, 1954, 22 (2).

[152] Lucas R E. On the mechanics of economic development [J]. Journal of Monetary Economics, 1988 (22).

[153] N MURAKAMI, D LIU, K OTSUKA. Market Reform, Division of Labor and Increasing Advantage of Small Scale Enterprises: The Case of Machine Tool Industry in China [J]. Journal of Comparative Economics, 1996 (23).

[154] NORDHAUS W D. Some Skeptical Thoughts on the Theory of Induced Innovation [J]. Quarterly Journal of Economics, 1973, 87 (2).

[155] OECD. Measuring Productivity-OECD Manual [M]. https://www.oecd-ilibrary.org, 2001.

[156] R SATO, T MORITA. Quantity or Quality: The Impact of Labor-Saving Innovation on US and Japanese Growth Rates 1960—2004 [J]. Japanese Economic Review, 2009, 60 (4).

[157] SCHMOOKLER J. The changing efficiency of the American economy 1869–1938 [J]. The Review of Economics and Statistics, 1952 (34).

[158] SOLOW R. Technical change and the aggregate production function [J]. The Review of Economics and Statistics, 1957 (39).

[159] SOLOW R M. Investment and Technical Progress [M]//ARROW K, KARLIN S. Mathematical Methods in the Social Sciences. Stanford: Stanford University Press, 1960.

[160] STIGLER G. Trends in output and employment [M]. Cambridge, MA: NBER, 1947.

[161] SUABLE C, KUMBHAKAR. A Reexamination of Returns to Scale, Density and Technical Progress in U. S. Airlines [J]. Southern Economic Journal, 1990, 57 (2).

[162] SYVERSON C. What determines productivity? [J]. Journal of Economic Literature, 2011, 49 (2).

[163] TINBERGEN J. Zur Theorie der Langfristigen Wirtschaftsentwicklung [On the theory of long-term economic growth [J]. Weltwirtschaftliches Archiv, 1942 (55).

[164] YOUNG A. The tyranny of numbers: Confronting the statistical realities of the East Asian growth experience [J]. Quarterly Journal of Economics, 1995 (110).

# 中國各區域的技術進步速度與方向比較研究

| 作　　者：蔡曉陳 著
| 發 行 人：黃振庭
| 出 版 者：財經錢線文化事業有限公司
| 發 行 者：財經錢線文化事業有限公司
| E-mail：sonbookservice@gmail.com
| 粉 絲 頁：https://www.facebook.com/sonbookss/
| 網　　址：https://sonbook.net/
| 地　　址：台北市中正區重慶南路一段六十一號八樓 815 室
| Rm. 815, 8F., No.61, Sec. 1, Chongqing S. Rd., Zhongzheng Dist., Taipei City 100, Taiwan (R.O.C)
| 電　　話：(02)2370-3310
| 傳　　真：(02) 2388-1990
| 總 經 銷：紅螞蟻圖書有限公司
| 地　　址：台北市內湖區舊宗路二段 121 巷 19 號
| 電　　話：02-2795-3656
| 傳　　真：02-2795-4100
| 印　　刷：京峯彩色印刷有限公司（京峰數位）

**國家圖書館出版品預行編目資料**

中國各區域的技術進步速度與方向比較研究 / 蔡曉陳著 . -- 第一版 . -- 臺北市：財經錢線文化事業有限公司 , 2020.11
　　面；　公分
POD 版
ISBN 978-957-680-484-7( 平裝 )
1. 區域經濟 2. 經濟發展 3. 比較研究 4. 中國
552.2　　109016913

官網

臉書

- **版權聲明** -
本書版權為西南財經大學出版社所有授權崧博出版事業有限公司獨家發行電子書及繁體書繁體字版。若有其他相關權利及授權需求請與本公司聯繫。

定　　價：420 元
發行日期：2020 年 11 月第一版
◎本書以 POD 印製

# 提升實力 ONE STEP GO-AHED

## 會計人員提升成本會計實戰能力

### 透過 Excel 進行成本結算定序的實用工具

您有看過成本會計理論，卻不知道如何實務應用嗎？
您知道如何依產品製程順序，由低階製程至高階製程採堆疊累加方式計算產品成本？

【成本結算工具軟體】是一套輕巧易學的成本會計實務工具，搭配既有的 Excel 資料表，透過軟體設定的定序工具，使成本結轉由低製程向高製程堆疊累加。《結構順序》由本工具軟體賦予，讓您容易依既定《結轉順序》計算產品成本，輕鬆完成當期檔案編製、產生報表、完成結帳分錄。

【成本結算工具軟體】試用版免費下載：http://cosd.com.tw/

訂購資訊：

成本資訊企業社 統編 01586521

EL 03-4774236 手機 0975166923　游先生

EMAIL y4081992@gmail.com